AF238357

ACCESO GRATIS a la Lectura en la Nube

Para visualizar el libro electrónico en la nube de lectura envíe junto a su nombre y apellidos una fotografía del código de barras situado en la contraportada del libro y otra del ticket de compra a la dirección:

ebooktirant@tirant.com

En un máximo de 72 horas laborales le enviaremos el código de acceso con sus instrucciones.

ESTUDIOS SOBRE RESPONSABILIDAD CIVIL

El principio de la reparación integral del daño

ESTUDIOS SOBRE RESPONSABILIDAD CIVIL

El principio de la reparación integral del daño

Ponencias presentadas en el seminario temático anual del Instituto Chileno de Responsabilidad Civil, 23 y 24 de marzo de 2023, Universidad de los Andes

Editor:

GIAN FRANCO ROSSO ELORRIAGA

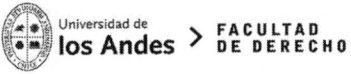 

Universidad de los Andes > FACULTAD DE DERECHO

ICHRC |
Instituto Chileno de Responsabilidad Civil

tirant lo blanch
Valencia, 2024

© Gian Franco Rosso Elorriaga

© TIRANT LO BLANCH
EDITA: TIRANT LO BLANCH
C/ Artes Gráficas, 14 - 46010 - Valencia
TELFS.: 96/361 00 48 - 50
FAX: 96/369 41 51
Email: tlb@tirant.com
www.tirant.com
Librería virtual: www.tirant.es
ISBN: 978-84-1056-930-0

Si tiene alguna queja o sugerencia, envíenos un mail a: *atencioncliente@tirant. com*. En caso de no ser atendida su sugerencia, por favor, lea en *www.tirant. net/index.php/empresa/politicas-de-empresa* nuestro procedimiento de quejas.

Responsabilidad Social Corporativa: http://www.tirant.net/Docs/RSCTirant.pdf

Índice

Prefacio 9

GIAN FRANCO ROSSO ELORRIAGA

CAPÍTULO I
REVISIÓN DEL ESTADO ACTUAL DE LOS FUNDAMENTOS
DEL PRINCIPIO DE LA REPARACIÓN INTEGRAL

La reparación integral: entre evidencias y dudas 27

AUDE DENIZOT

*Algunas notas sobre el principio de reparación integral del daño desde
una visión comparada* 55

CARMEN DOMÍNGUEZ HIDALGO

*Inexistencia de la reparación integral del daño como principio: un ideal
sin contenido normativo o simple equidad* 61

GIAN FRANCO ROSSO ELORRIAGA

*Principio de reparación integral. Su relación con el fundamento y los
fines de la responsabilidad civil* 87

CRISTIÁN AEDO BARRENA

*El principio de reparación integral del daño y la (mal) denominada
responsabilidad por acto lícito* 121

CARLOS CÉSPEDES MUÑOZ

CAPÍTULO II
DELIMITACIONES INTRÍNSECAS O LIMITACIONES
EXTRÍNSECAS AL PRINCIPIO DE LA REPARACIÓN INTEGRAL

*La responsabilidad de las niñas, los niños y los adolescentes en el dere-
cho civil alemán a propósito del estudio del principio de reparación
integral del daño* 149

CAROLINA RIVEROS FERRADA

La compensatio lucri cum damno: algunos apuntes acerca de su aplicación en el derecho chileno *161*
PAMELA PRADO LÓPEZ

La acción indemnizatoria reconocida a propósito de la garantía legal y sus limitaciones a la reparación integral *185*
ERIKA ISLER SOTO

Indemnización contractual de perjuicios previsibles y principio de reparación integral del daño *201*
HERNÁN CORRAL TALCIANI

Aproximación a los criterios de avaluación del daño moral *211*
LILIAN C. SAN MARTÍN NEIRA

CAPÍTULO III
EL PRINCIPIO DE LA REPARACIÓN INTEGRAL DE LOS DAÑOS FRENTE A LOS DERECHOS ESENCIALES DE LA PERSONA HUMANA

La reparación integral de la víctima por vulneración de los derechos de la personalidad: una revisión desde el derecho civil chileno *237*
PATRICIA VERÓNICA LÓPEZ DÍAZ

Reparación integral del daño por incumplimiento de deber de informar de médico en la relación clínica *265*
EDISON CALAHORRANO LATORRE

CAPÍTULO IV
COMPATIBILIDAD DEL PRINCIPIO DE LA REPARACIÓN INTEGRAL DE LOS DAÑOS CON LA FUNCIÓN PUNITIVA DE LA RESPONSABILIDAD CIVIL

Sobre la función punitiva de la responsabilidad civil: reflexiones en torno a su pertinencia *295*
RENZO MUNITA MARAMBIO

La función de los daños punitivos en la responsabilidad extracontractual .. *327*
RODRIGO BARCIA LEHMANN

Prefacio

El Instituto Chileno de Responsabilidad Civil (ICHRC) es una agrupación de investigadores e investigadoras cuyo objeto es promover el desarrollo de la disciplina de la responsabilidad contractual y extracontractual en Chile. Para dicho efecto organiza, ejecuta y coordina variadas actividades de extensión e investigación con sus integrantes, además de promover vínculos orgánicos y funcionales con organizaciones de la misma naturaleza.

En tal contexto, el ICHRC convoca anualmente a sus miembros a un seminario temático sobre materias de Responsabilidad Civil, a fin de exponer y debatir acerca del asunto propuesto.

El año 2023, el citado seminario versó sobre el "principio de la reparación integral del daño", recayendo su organización en la Facultad de Derecho de la Universidad de los Andes, con el patrocinio del "Magíster de Derecho de Daños y Responsabilidad Civil" de la misma Casa de Estudios, programa del cual el suscrito es su Director.

En la ocasión, los ponentes y asistentes, tuvieron la posibilidad de exponer sus reflexiones, posturas y opiniones relativas al señalado tema, dando cuenta de la importancia que ha adquirido la temática para los estudiosos de la responsabilidad civil, jueces, abogados y, en general, profesionales del Derecho. Asimismo, y a pesar de la recurrencia con que se le cita en la actualidad, se pudieron apreciar las divergencias existentes a su respecto, tanto a través de apreciaciones dirigidas a su crítica como a su defensa.

En términos generales, cuando autores y tribunales aluden al principio de la reparación integral del daño, entienden que este daría a la víctima el derecho a quedar indemne, o sea, sin perjuicio alguno. Esto se traduciría en que se le repare por el victimario completamente el daño probado y que le sea imputable, sin que la sentencia a favor constituya fuente de enriquecimiento.

Pues bien, tales ideas son las que han sido sometidas a examen por los profesores intervinientes en el seminario temático del año 2023 a través de las ponencias presentadas, cuyas versiones escritas conforman la obra que a continuación les presento, y que han sido sistemadas para su mejor seguimiento en cuatro capítulos.

En el capítulo I, hemos reunido las ponencias presentadas que, aunque desde posiciones distintas, tratan al principio de la reparación integral del daño con vocación general, configurando, mediante los diversos puntos estudiados por los autores, un cierto estado actual a su respecto.

Dicho capítulo lo abre el trabajo basado en la clase magistral dictada por la ponente invitada Aude Denizot, quien se refirió al actual panorama del principio en la doctrina y jurisprudencia francesa. En este contexto, trata los cuestionamientos a la existencia del principio, bajo el entendimiento de comprender la exigencia de una reparación absoluta de los perjuicios causados, lo que ha propiciado críticas y dudas acerca del sentido que le es propio, lo que lleva a poner de manifiesto los distintos valores que se le atribuyen: normativo, declarativo y preventivo. En su concepto, surgen así variadas amenazas al principio tanto de la doctrina como del legislador, analizando en particular los riesgos que se ciernen sobre el mismo a partir de la introducción por iniciativa de este último de los baremos Macron, del proyecto *Data just* y de las tablas de indemnización.

Igualmente, en la segunda parte de su exposición, la profesora trata las herramientas de la reparación integral pues, si bien el juez debería seguir una metodología para reparar de forma integral, la gran pregunta en definitiva es cuál metodología. La problemática la ilustra a través de tres ejemplos: el daño ecológico, las nomenclaturas y las tablas de capitalización.

La perspectiva del principio de reparación integral desde el derecho comparado es continuada por la profesora Carmen Domínguez, quien plantea la extrañeza de que pueda debatirse acerca de si el principio debe ser o no acogido, puesto que ha imperado en los sistemas de la familia romano- germánica y recogido en los sistemas jurídicos vigentes. Esta recepción sí, con la semejanza que la reparación atiende únicamente la magnitud del daño pero, también, con algunas diferencias, en cuanto a su rango normativo (constitucional o legal), y a la comprensión del principio que deriva de la noción del daño a partir de la cual un ordenamiento jurídico construya su sistema de reparación.

Domínguez también se hace cargo de la utilidad que tiene el principio de la reparación integral del daño, recalcando que es un principio y no una regla y, por lo mismo, permite zanjar un problema resarcitorio en los casos en que se carece de norma. Así, tendría una función auxiliar, de modo que su utilidad se encontraría en dar orientación en la interpretación y aplicación de las normas vigentes. En esta línea, a su juicio, el adjetivo integral es el que ha complicado su comprensión, como si integral fuera absoluto (cuestión que ya Denizot colocaba como base de las críticas), en especial respecto de su aplicación a los daños extrapatrimoniales. El principio solo recogería el esfuerzo por una reparación razonable, sujeta a la realidad del daño, y a otras consideraciones jurídicas y económicas. Por lo mismo, descarta toda función punitiva, respecto de la cual el principio perdería sentido.

Precisamente, compartiendo las críticas al principio, y a las que Denizot en parte se refería en el panorama francés, como asimismo efectuando el contrapunto a la profesora Domínguez respecto a la extrañeza que le causa que se ponga en duda la existencia del principio, el Capítulo I continua con la exposición de este Editor, quien reafirma la inexistencia del principio.

En esta línea, el artículo del suscrito intenta ilustrar, a través de la jurisprudencia nacional, la falta de contenido normativo del principio, pues no provee a los jueces de reglas que le permitan determinar el *an debeatur* ni el *quantum debeatur*. Así, el principio básicamente cumpliría una función declamatoria. Por otra parte, se constataría que en la práctica el principio tiene en realidad función normativa cuando constituye expresión de la equidad. De manera que existe en la práctica confusión entre el principio y la equidad. Por lo mismo, debería más bien profundizarse el estudio de esta última que insistir con un principio inexistente al que se le intenta atribuir independencia de la equidad.

Como puede apreciarse, esto último conduce a que la postura del Editor no sea completamente antagónica a la posición de Domínguez, pues hay coincidencia en que el principio cumple una función integradora o interpretativa. La diferencia radica en cambio en que para el suscrito dicha función no es más que una aplicación de la equidad y no del principio como regla autónoma del sistema de responsabilidad civil.

Finalmente, se explica como antecedente al planteamiento del Editor, que la expansión del principio con una supuesta función normativa, ha llevado en realidad a que los tribunales lo traduzcan en un imperativo de favorecer a las víctimas, debiendo ser siempre reparadas y en la mayor medida posible, particularmente en materia de daño moral (a cuyo respecto también Domínguez verifica las principales dificultades por la aplicación al mismo del adjetivo integral). Esta tendencia ha terminado por desdibujar la función reparadora, propia de la responsabilidad civil, pues finalmente el principio se usa para revestir de juridicidad decisiones que favorecen a las víctimas, satisfaciéndoles con indemnizaciones los más diversos intereses alegados como daños.

Sigue el capítulo con el trabajo del profesor Cristián Aedo. Frente a las discusiones que el principio ha suscitado, plantea que la aproximación al mismo exige una mirada diferente, pues resulta necesario distinguir entre el fundamento de la reparación del fundamento de la responsabilidad, esto es, el por qué una persona tiene derecho a recibir una compensación por el daño que ha sufrido (*an debeatur*), de los motivos por los cuales se debiera imponer la reparación a un demandado (*quantum respondetur*). En este último caso, a su vez, es distinto el fundamento de la obligación de reparar que el modo por el cual se repara. El primer fundamento estaría gobernado por la justicia distributiva mientras que el segundo fundamento por la justicia correctiva.

Lo anterior sería relevante dado que incide en los fines y las funciones. La justicia distributiva sustentaría no sólo la búsqueda de la reparación sino que también otras finalidades como la prevención. Por otra parte, la justicia correctiva impediría admitir una finalidad punitiva, además de la reparatoria. Respecto de esta última, entiende Aedo que no se puede pensar en un fin reparatorio sin fijar adecuadamente el concepto mismo de reparación, dado que esto permitiría determinar si el régimen lograría este propósito.

Sobre el particular, si bien es tradicional afirmar que existe una reparación restitutoria, en especie e indemnizatoria, según el autor, la reparación es siempre compensatoria, tratándose del daño patrimonial o extrapatrimonial. Ello porque el resultado que impone la justicia correctiva, como es dejar a la víctima en idéntico estado anterior al evento dañoso, sería habitualmente imposible, lo que por cierto es mayormente problemático respecto del daño moral. Es el carácter compensatorio antes que restaurativo lo que finalmente llevaría a que el principio de la reparación integral sea criticado. Parafraseando al autor, si se consigue la compensación que del régimen se esperaba, existiría una reparación integral. Si se espera más, las críticas al principio se justificarían. De ahí que las distinciones en la materia serían de la mayor importancia pues, el principio quedaría determinado por el fundamento del régimen y las funciones que pretende.

Cierra el primer capítulo el artículo del profesor Céspedes, quien se ocupa de un área del derecho de daños donde los fundamentos invocados para aplicar el principio de la reparación integral no se presentan, dando cuenta la situación de graves confusiones en la práctica.

A este respecto, habitual ha sido la referencia a la "responsabilidad civil por hechos lícitos", denominación dada al conjunto de supuestos que si bien producen pérdidas o menoscabos a un sujeto que la ley ordena indemnizar conforme los requisitos que dispone, su causa se encuentra en conductas de terceros ajustadas a derecho. En vez de constituir una transgresión a un deber jurídico de actuación, constituyen más bien el ejercicio de un derecho de actuación. En variadas sentencias, los tribunales de justicia (o los litigantes), han invocado el principio en comento para sustentar sus decisiones.

El citado autor aclara la equívoca denominación, pues a pesar de la obligación indemnizatoria que conllevan las hipótesis correspondientes, ellas nada tienen que ver con responsabilidad. Se trata por tanto de un ámbito en que no tiene lugar el principio. Argumenta que la responsabilidad civil solo tiene lugar cuando se trata de daños injustificados, los que no concurren en las situaciones que comprenden la temática. La licitud de los actos involucrados implica que no puedan ser concebidos como injustificados, por lo que el perjuicio a indemnizar es ordenado por la ley por razones de justicia material o equidad. Estaríamos frente clásicos ejemplos de indemnizaciones o compensaciones por sacrificio.

Destaca Céspedes que el fundamento de éstas se encuentra en el restablecimiento del equilibrio patrimonial roto por la disposición que admite el comportamiento dañoso y que, se logra, mediante el pago del valor objetivo o de cambio del derecho o interés sacrificado. En otras palabras, las indemnizaciones de las que hablamos no están fundadas en la justicia correctiva o distributiva, sino en la justicia restitutoria.

Ideas aludidas en precedencia, como que el principio no es absoluto o que la reparación es siempre compensatoria, dan cuenta de una real imposibilidad de restablecer a la víctima al estado anterior al evento dañoso pero, también, de las delimitaciones intrínsecas o limitaciones extrínsecas, según las posturas, que concurren respecto al principio en estudio.

A ellas hemos dedicado el Capítulo II, el cual se inicia con el texto de la profesora Riveros, el cual aborda comparativamente la responsabilidad de los niños, niñas y adolescentes cuyas acciones causan daños en el sistema chileno y el sistema alemán. Decíamos en un comienzo, al describir el principio de reparación integral del daño, que este comprende la imposición de un deber reparatorio al victimario, no solo de los perjuicios en su completitud, sino que siempre y cuando le sean imputables.

El problema del cual se ocupa la autora radica en que las legislaciones chilena y alemana contemplan en relación a los niños, niñas y adolescentes incapacidades resarcitorias, las que se deberían traducir en una restricción interna o externa a la indemnización de los perjuicios. Por cierto, en ambos sistemas se observa la introducción de un deber reparatorio al que son sujetos quienes estuviesen al cuidado de ellos, salvo cuando dicha exigencia cesa en virtud de la prueba de haberse cumplido con el deber de vigilancia e igualmente se hubiese producido el hecho, lo que llevaría a la no reparación del daño sufrido por la víctima.

A pesar de lo dicho, expone dos casos ocurridos en Alemania, por daños causados por menores incapaces, a pesar de lo cual sus padres son condenados al pago de la indemnización de perjuicios, y en que la infracción al deber de vigilancia es dudosa. Pareciera primar entonces una idea de que el principio de reparación integral del daño es un principio del todo o nada, de modo que existiendo el daño, simplemente se debe reparar íntegramente, sin importar si se actuó con culpa o con dolo.

Prosigue el capítulo con lo que fuera la ponencia de la profesora Prado, quien se ocupó de la figura *"compensatio lucri cum damno"*, traducida como compensación de beneficios. A su juicio, se sustenta en el principio de reparación integral, lo que es coherente con el enunciado del primero en cuanto a que la víctima debe ser reparada en el daño y nada más que en el daño, sin que la reparación constituya fuente de enriquecimiento, el cual no tendría causa. Desde esta perspectiva, la figura intrínseca o extrínsecamente constituiría una limitación para la pretensión de la víctima. La autora efectúa entonces una presentación general de ella, consistente en las ventajas económicas que ha obtenido la víctima en virtud del perjuicio causado. En relación a ellas, aborda los cuestionamientos acerca de la aplicación de la *compensatio lucri cum damno*, en particular, los beneficios que habrían de descontarse.

Por otra parte, expone el desconocimiento de la figura en Chile, lo que se traduciría en la poca frecuencia con que los demandados alegan esta compensación en vistas a rebajar el monto de indemnización alegado por el actor, como asimismo la baja utilización por parte de los magistrados. Estas aseveraciones las ilustra mediante tres casos jurisprudenciales. Uno, referido al lucro cesante demandado por accidentes de trabajo cuando un trabajador obtiene una pensión de invalidez por incapacidad parcial; un segundo, correspondiente a los beneficios obtenidos por la familia de un funcionario policial que muere en acto de servicio; y, finalmente, un tercero, relativo al daño moral demandado por las víctimas por repercusión en causas de lesa humanidad.

Ahora bien, una de las disposiciones legales en que se ha entendido recepcionado legislativamente el principio, es el art. 3 inc. 1 letra e) de la Ley de Protección a los Consumidores. La profesora Isler precisamente aborda a continuación las discusiones que la deficiente redacción de la norma ha generado en el ámbito del Derecho de consumo, y que han llevado a que ciertos daños resulten de compensación incierta, lo que se alejaría del espíritu del principio.

Particularmente, centra esta problemática en la acción indemnizatoria que el legislador reconoce a propósito de las garantías de conformidad pero que, debido a la técnica legislativa utilizada, su disciplina resulta confusa e incierta, no existiendo claridad en torno a su procedencia y contenido. Así, estudia los motivos que explican el por qué la acción indemnizatoria otorgada a consumidores puede verse limitada en su procedencia y alcance.

En esta línea, se cuestiona si el consumidor pudiese solicitar resarcimiento únicamente de los daños en el producto o también los perjuicios causados por el bien comercializado. Asimismo, la anomalía generada al producto será normalmente de carácter patrimonial, pero las generadas a causa de dicha anomalía podrían ser extrapatrimoniales. Si bien la argumentación es dirigida a una ampliación resarcitoria en ambas situaciones, la reglamentación legal podría llevar por el contrario a una limitación legislativa del *quantum respondetur*.

Prosigue el capítulo II con el trabajo del profesor Corral, quien se ocupa de uno de los temas recurrentes a la hora de hablar de limitaciones al principio de la reparación integral del daño, como es la cuestión de si el test de la previsibilidad contractual dispuesto en el art. 1558 del Código Civil, constituye una excepción al mismo.

Su parecer es negativo pues, si hay incumplimiento por culpa, y el daño era imprevisible a la época del contrato, el perjuicio derivado de la infracción contractual no sería realmente un daño. Es la misma ley la que descartaría que las consecuencias negativas para el acreedor sean efectivamente indemnizables.

Cuestión distinta es la complejidad del juicio de previsibilidad, lo que dependerá de la naturaleza de cada contrato.
Esto último abre la puerta a un segundo problema, como es
la resarcibilidad de los daños extrapatrimoniales. Mas, por
regla general, opina que no debieran indemnizarse, sea porque lo normal es que tengan el carácter de imprevisibles,
sea porque aunque previsibles, no constituyen materia de la
relación contractual.

Y apropósito de los daños extrapatrimoniales, finaliza el
segundo capítulo con la versión escrita de la ponencia de la
profesora San Martín, que tiene a dichos perjuicios como su
objeto de estudio. Partiendo de la base que los enunciados del
principio de la reparación integral del daño debieran plasmar-
se en la sentencia, esta operación resultaría especialmente di-
ficultosa precisamente en materia de daño moral, ámbito en
que el juez tiene mayores facultades discrecionales. ¿Cómo
cerciorarse de que se ha respetado el principio, tanto respecto
del demandante como del demandado? Es la pregunta que en
definitiva afronta.

La autora dirige su análisis a la determinación de cuáles
serían los parámetros que debieran considerar los tribunales
frente a una demanda por daño moral. Sin perjuicio de algunas consideraciones dogmáticas de carácter general, así como
relativas al actuar de los tribunales y del legislador, se estudian
para esta ocasión en particular, como posibles criterios que debieran o podrían considerar los sentenciadores, la magnitud
de las consecuencias físicas, síquicas o sociales experimentadas por la víctima; la duración de la lesión; la intensidad de la
culpa del agente; las facultades económicas del victimario y/o
víctima; y las circunstancias personales de éstos.

En el capítulo III hemos reunido aquellas ponencias que
estuvieron dedicadas a la operatividad del principio de la reparación integral de los daños cuando tiene lugar una infracción
a derechos esenciales de la persona humana.

El primero de los artículos corresponde a la profesora López, quien afronta la problemática de la reparación integral de
la víctima cuando el hecho ilícito consiste en la vulneración de
algún derecho de la personalidad, como lo son a la imagen,
a la integridad física y la integridad psíquica. Observa en este
ámbito que la doctrina chilena ha concebido la indemnización
de perjuicios como eficiente y como una garantía de plenitud
personal mas, en su concepto, la noción de "reparar" debiera
ir más allá.

En esta línea, considera que no se han estudiado suficientemente formas de reparación *in natura*, y no concebirlas ni
articularlas termina privando a las víctimas de la posibilidad de
optar por ellas autónomamente o de modo complementario a
la indemnización. Ello a pesar de que, sea por el tenor del art.
2329 del Código Civil, o por disposición de leyes especiales, se
trata de alternativas legalmente posibles. Así, su trabajo analiza
algunos supuestos en que se vulneran determinados derechos
de la personalidad, como la publicidad denigratoria, la denigración a la imagen de la mujer y prácticas agresivas dirigidas al
consumidor. Luego, explora cómo integrar las distintas modalidades de reparación *in natura* a fin de lograr una reparación
integral de la víctima en tales casos. Desde esta perspectiva, el
concebir dichas modalidades *in natura*, encontraría su base en
el principio en estudio.

El segundo de los artículos del capítulo que presentamos,
tiene por autor al profesor Calahorrano, cuyo objeto es el
tratamiento del incumplimiento de un concreto derecho de
las personas, como es el deber de informar por parte del médico en la relación clínica. El texto, pone de manifiesto que
la infracción vulnera la autodeterminación del paciente, en
circunstancias que la autonomía decisoria es un derecho de
la personalidad. De ahí que su transgresión cause un daño extrapatrimonial, el cual considera también autónomo respecto
de daños corporales.

En cuanto a su reparación, pone énfasis en la problemática de la valoración de este tipo de daño y cómo se puede lograr la mayor reparación integral, lo que lo lleva a tratar los criterios a considerar en su fijación y fundamentación, todo dirigido por la prudencia del juez. De hecho, constata que la jurisprudencia nacional ha ampliado su concepción respecto del daño moral a fin de facilitar la reparación de todos los perjuicios.

Por cierto, todo lo anterior en el plano de que la vía de la reparación integral sea la indemnizatoria. Esto pues, y es lo que nos interesa destacar en relación al trabajo que le precede, debido a que se plantea que dicha reparación integral pudiera conseguirse mediante un resarcimiento *in natura* como forma más perfeccionada de reparación. No obstante, a diferencia de la profesora López, a su juicio, esta modalidad de reparación, a pesar de ser la más precisa y apegada a la noción de compensación adecuada que manifiesta el principio de reparación integral, no parecería aplicable a la hipótesis estudiada, concluyendo que debiera recurrirse, en definitiva, a la compensación pecuniaria con base en la gravedad del daño, sus consecuencias y la calificación de deber de garante del tratante.

Finalmente, en el capítulo IV aglutinamos aquellas ponencias que se cuestionaron la función sancionadora y la situación de los daños punitivos ante el principio de reparación integral del daño; y que, según la manera en que este es enunciado, se impondrían heterónomamente y al margen del mismo.

El primer trabajo que comprende el capítulo pertenece al profesor Munita, quien observa que si bien la función punitiva de la responsabilidad hoy aparece como secundaria, en definitiva en la realidad se advierte una cierta hipocresía. Además de encontrar en el Código Civil diversas normas en que se observa una intención punitiva del legislador, a nivel jurisprudencial en variados casos el deseo de sancionar predomina por sobre el de resarcir, imperando en la decisión un matiz punitivo. Esto último especialmente cuando las actuaciones que producen daño revelan una notable reprochabilidad. Asimismo, se observa fuertemente en materia de daños extrapatrimoniales, de modo particular, en la fijación de indemnizaciones en bloque. Pero la expresión de la función sancionatoria de la responsabilidad civil no se agotaría en lo dicho, pues se concreta de modo singular en los daños punitivos, recogidos en algunas leyes nacionales. Dichos daños obedecerían a que la nocividad del comportamiento tendría que reflejarse en el *quantum* de la indemnizatorio, incrementándolo.

No está de acuerdo por tanto Munita en el rechazo de la función sancionadora de la responsabilidad civil, entendiendo que su postura puede defenderse desde la perspectiva del principio de la reparación integral del daño, además del repudio al enriquecimiento sin causa, el principio *nulla peona sine lege*, el principio del *non bis in idem* y de la contradicción a la crítica de ser los daños punitivos un trasplante incompatible.

Sobre el principio de la reparación integral del daño, apunta al hecho de que no está exento de críticas, tratándose de una especial interpretación de normas no inmutable. Aceptada la conveniencia de que la responsabilidad civil pueda cobijar una proyección punitiva, cuya consecuencia sería la aceptación de un limitado principio de reparación integral del daño, sin perjuicio de que no pueden dejarse de lado los costes sociales de éste, los que lograrían su resarcimiento por la vía punitiva y, desde esta perspectiva, existiría más bien cumplimiento del principio.

Incluso más, la responsabilidad civil perseguiría algo más que una mera reparación de daños aritmética y, por ello, el recurso al daño punitivo no necesariamente implicaría salir de la órbita de la justicia correctiva, dado que la reparación puede incorporar aspectos que van más allá de los meramente numéricos, comprendiendo otros remedios satisfactivos de la dignidad humana. Luego, o su aceptación importa una objeción a la clásica lectura del principio de la reparación integral del daño, o conduce a una nueva lectura del mismo.

La postura de Munita indefectiblemente nos regresa a los trabajos iniciales, que expresan más bien incompatibilidad entre el principio y una función sancionadora de la responsabilidad civil. Sobre todo, al artículo de Aedo y su idea de que debe distinguirse entre el fundamento de la reparación del fundamento de la responsabilidad. Si la justicia correctiva sustentaría a ésta, excluiría una finalidad punitiva. A los ojos de Aedo, Munita se movería en el ámbito del fundamento de la reparación, que estaría fundado en la justicia distributiva, la que admitiría otras finalidades. El debate, entonces, queda abierto.

El segundo artículo del capítulo IV, y que cierra la obra, tiene por autor al profesor Barcia, el cual que centra su estudio en los daños punitivos y su función en la responsabilidad extracontractual, también constatando que el derecho común mantiene un fin sancionatorio encubierto.

A diferencia de Munita, no intenta una lectura que pudiese compatibilizar dichos daños con el principio del resarcimiento integral del daño, sino que derechamente excluye tal posibilidad. Aún más, comparte las críticas al principio y lo advierte en franco retroceso, tanto desde consideraciones de la justicia distributiva, como desde la justicia correctiva y preventiva. Y si se quisiera insistir en el principio, los daños punitivos jugarían como un mecanismo de aseguramiento o corrección del sistema de responsabilidad civil.

Junto con la conceptuación de los daños punitivos, el autor afirma que serían una consecuencia de la responsabilidad civil, constituyendo una forma de resarcir el daño producido. Cuestión distinta es que corresponde aplicarlos dentro de un sistema preventivo, caracterizando una suerte de "daños ejemplares", permitiendo cumplir una función preventiva y disuasiva de daños futuros. Función esta última que exigiría la distinción, especialmente en las sentencias, de qué parte de la condena constituirían daños propiamente tales y qué parte se atribuyen en calidad de daños punitivos, sin perjuicio de considerar los costos terciarios y la necesidad o no de su establecimiento.

Finalmente, el académico se hace cargo del problema de que los daños punitivos deben ser disuasorios, y no más que ello, existiendo el peligro de resultar redundantes o excesivos, lo que se ha considerado una sobrerreacción del ordenamiento jurídico nacional, con críticas a su legalidad y constitucionalidad. El tema resultaría relevante en la materia pues al ser los daños punitivos excepcionales, deberían tener unos contornos y límites precisos. De lo contrario, se correría un peligro regulatorio y podría verse afectada la justicia material.

Presentada la obra, este Editor y el Instituto Chileno de Responsabilidad Civil, esperan que ella en su conjunto y los textos particulares que la componen, se traduzcan en un efectivo aporte para los gentiles lectores, como asimismo en una contribución significativa para la disciplina.

GIAN FRANCO ROSSO ELORRIAGA
Editor
Universidad de los Andes, Chile

CAPÍTULO I
REVISIÓN DEL ESTADO ACTUAL DE LOS FUNDAMENTOS DEL PRINCIPIO DE LA REPARACIÓN INTEGRAL

La reparación integral: entre evidencias y dudas

AUDE DENIZOT[*]

RESUMEN: Aunque, desde tiempo atrás, la Corte de Casación francesa se ha fundamentado regularmente en el principio de reparación integral para justificar diversas sentencias, los debates suscitados por dicho principio no han dejado de renovarse y enriquecerse. Si las críticas doctrinales parecen haberse pacificado, el legislador contemporáneo ha multiplicado las embestidas contra la reparación integral, y ha llegado incluso a fragilizar otros principios e ideales del Derecho francés. Paralelamente a estos debates teóricos, jueces, profesionales y la doctrina siguen buscando las mejores vías para reparar integralmente el perjuicio. Nada es sencillo en este tema porque los momentos de certeza alternan con períodos de oscilaciones e incertidumbres, y las herramientas parecen destinadas a estar en constante reconstrucción como si la reparación fuera un ideal que se aleja a medida que nos acercamos a él. Por lo tanto, tanto el enfoque teórico como las aplicaciones prácticas del principio de reparación integral conducen a un constante balance entre las evidencias y las dudas. Pero ¿no es gracias a estos cuestionamientos que el derecho logrará ser más justo?

PALABRAS CLAVES: responsabilidad, reparación, baremo, perjuicio ecológico, nomenclatura.

Como muchos otros principios de derecho, el principio de reparación integral, a veces, nos parece evidente y otras veces nos llena de dudas. Hay muchas evidencias y curiosamente al-

---

[*] Doctorado en Derecho Privado, Universidad Paris I (Panthéon-Sorbonne), profesora en la Universidad Le Mans Francia, aude.denizot@univ-lemans.fr

gunas son favorables al principio, mientras que otras justifican su cuestionamiento. En primer lugar, parece evidente que el daño debe ser reparado integralmente. Los trabajos preparatorios del Código Civil Napoleónico lo demuestran: el principio no es objeto de ningún artículo específico, pero se da por supuesto, y parece obvio[1]. Existe un sentimiento casi instintivo de la necesidad de una justicia correctiva que exige, según Aristóteles, borrar aritméticamente[2] el desequilibrio creado por el hecho dañoso. Este sentimiento, esta intuición es tan fuerte que encontramos el principio de reparación integral en muchos ámbitos, en derecho privado, en derecho público y en muchos derechos de la Unión europea[3].

Al mismo tiempo, y a pesar del rol de los seguros que permitieron la implementación del principio[4], también parece evidente que nunca hay reparación integral del daño y que ella es un mito. En efecto, salvo algunos casos muy sencillos, la reparación integral no existe en la práctica. No existe cada vez que hay un daño moral o un daño corporal. No existe cada vez que la ley misma establece una tarifa obligatoria o un baremo imperativo, lo que ocurre con frecuencia. La evidencia aquí es que el principio no es más que una ilusión.

Con estas dos evidencias, nos sumergimos en dudas. ¿Qué significa aún el principio de reparación integral hoy en día? ¿Ha perdido su sentido? ¿Se puede considerar que es un principio anticuado que se puede empezar a olvidar? Y el debate es muy importante. Por ejemplo, actualmente se está discutiendo

---

[1]   Varios autores (FENET (1836), p. 474 y p. 488 ; PLANIOL (1905), p. 297).

[2]   ARISTÓTELES, ¿Ética a Nicómaco? (AÑO DE LA EDICIÓN CONSULTADA 2004 éd. GF), L. 5, ch. 4, 1131b, 26, p. 131.

[3]   Varios autores (PIERRE y LEDUC (2012) ; COUTANT-LAPALLUS (2002), §44 y §184).

[4]   VINEY (2019), §21.

en Francia la posibilidad de introducir la obligación de la víctima a minimizar su daño[5]. Y esta novedad plantea precisamente la cuestión de la importancia que se desea conservar del principio de reparación integral.

Surgen también muchas dudas al aplicar este principio. ¿Cómo hacerlo? ¿Cómo calcular la cantidad exacta, ni un euro más ni un euro menos que el perjuicio por el cual se solicita la reparación[6]? ¿Cómo hacer, por ejemplo, cuando se debe evaluar un perjuicio ecológico: si un estanque está contaminado, ¿en qué consiste la reparación integral?

Estas evidencias y dudas nos reúnen en este análisis. Esta exposición tiene como objetivo analizar un poco lo que está pasando en Francia con el principio de reparación integral. Y, como lo saben, nos planteamos allá como aquí más o menos las mismas preguntas y dudas alrededor de ese principio. Entonces, elegí algunos temas, algunos ejemplos que tuvieron un eco especial en 2022 ¿Qué ha sucedido durante un año en relación al principio de reparación integral? Muchas cosas.

En el año 2022, tuvimos alrededor de 250 sentencias de la Corte de Casación en las cuales o las partes o la Corte mencionan este principio. Más precisamente, se presentaron 115 sentencias de la Corte de Casación que giran específicamente en torno al tema de reparación integral. Y lo que me parece aún más interesante: hubo 60 sentencias que se fundamentaron expresamente sobre este principio para anular la sentencia de la Corte de Apelación. Es decir, que tuvimos 60 sentencias en el 2022 en las cuales la Corte de Casación dijo: "considerando el principio de reparación integral, ...la Corte de Apelación se equivocó".

---

[5]   Varios autores (VINEY (2017), p. 166; TISSEYRE (2016), p. 59).
[6]   QUISTREBERT (2019), p. 7.

Es posible que en algunas sentencias el principio no tenga
más que una función declaratoria. Pero no creo que sea el caso
para todas. A veces, el principio implica y justifica soluciones
técnicas. En efecto, en derecho francés, los jueces pueden fun-
damentarse sobre principios de derecho, sin que sea necesario
referirse a una norma legal determinada[7]. En otras palabras,
el principio de reparación integral tiene un valor normativo,
equivalente al valor que tendría si existiera un artículo de ley
dedicado al tema. Así la Corte de Casación condena la evaluación global, a tanto alzado del perjuicio[8]. En un caso que involucraba a cincuenta empleados, la Corte de Casación reprocha
a la Corte de Apelación por haber otorgado 2000 euros a cada
uno: era necesario valorar la amplitud del perjuicio sufrido por
cada uno de los empleados en función de su situación personal
y profesional particular[9].

Otro ejemplo: en un caso que involucraba a una peluquera, víctima de un accidente de tráfico, la Corte de Apelación
había compensado a la víctima por la pérdida de ingresos profesionales, capitalizando la totalidad del salario de referencia.
De hecho, esta víctima ya no podía ejercer como peluquera
debido a su incapacidad para estar de pie y moverse. La Corte
de Casación considera que la Corte de Apelación hubiera debido haber investigado si la víctima no podía ejercer otra actividad: la reparación integral prohibía considerar que no podía
trabajar en absoluto[10].

---

[7]   MORVAN (1999), §72.
[8]   Corte de Casación, Cámara comercial, 30 noviembre 2022, n°21-
       17.703.
[9]   Corte de Casación, Cámara social, 28 septiembre 2022, n°21-10.839.
[10]   Corte de Casación, Cámara civil 2ª, 24 noviembre 2022, n°21-17.323.

Otro ejemplo de aplicación del principio: si la Corte de Apelación evaluó el perjuicio en 199 922, 32 euros, no puede redondear y condenar el responsable a pagar 200 000 euros[11].

Último ejemplo con una sentencia del 2023: una corte de apelación había compensado, por un lado, la disminución de las ganancias de la empresa de la víctima, y por otro lado, la contratación de un empleado que debía realizar tareas que la víctima ya no podía hacer en su empresa. La Corte de Casación señala que estos gastos de salario ya habían sido tomados en cuenta en la disminución de las ganancias de la empresa[12]. La idea es que un salario es un gasto que reduce las ganancias. Si se compensa por la disminución de las ganancias, entonces, ya se han cubierto los gastos de salario. Podemos apreciar, entonces, cómo la Corte de Casación se apoya, se fundamenta en el principio.

Además, en el 2022, se presentaron dos sentencias de una cámara mixta de la Corte de casación —es decir, sentencias importantes— que se centraron en dos puntos[13]. Se trataba de saber si, a la luz de la reparación integral, se debía reparar el perjuicio de angustia de una muerte inminente de manera distinta al perjuicio por el sufrimiento padecido y, en el segundo caso, si se debía reparar un perjuicio para las víctimas por rebote en el contexto de un atentado terrorista, un perjuicio de espera y preocupación de manera distinta al perjuicio de afección. Y, como lo hicieron las cortes de apelación, esta cámara mixta reconoció ambos perjuicios, fundamentándose en la reparación integral. Esto significa que algunas de las sentencias más importantes del año 2022 invocaron la reparación integral.

---

[11]   Corte de Casación, Cámara civil 3ª, 16 marzo 2022, n°21-11.358.
[12]   Corte de Casación, Cámara civil, 2ª, 9 febrero 2023, n°21-21.217.
[13]   Corte de Casación, Cámara mixta, 25 marzo 2022, n°20-15.624 y n°20-17.072.

Por supuesto, esta vivacidad jurisprudencial suscita muchas reflexiones doctrinales. Tengo la sensación de que el principio está siendo revitalizado por la doctrina, al mismo tiempo que está siendo amenazado y fragilizado. Durante los años 90[14] hasta principios de los 2000, varios autores cuestionaron el principio[15] e incluso propusieron que se convirtiera en la excepción[16]. Otros propusieron la reducción de su alcance[17] o su "desacralización"[18]. Hoy en día, el principio es nuevamente respaldado por la joven doctrina que parece estar mucho más comprometida con él[19].

Es posible que dos factores expliquen este interés. Primero: el desarrollo de investigaciones numerosas e importantes en materia de reparación del daño corporal y de reparación del perjuicio ecológico. Se han realizado obras, reflexiones, tesis de doctorado sobre puntos técnicos: ¿cuánto obtienen las víctimas, ¿cuántos euros reciben? Es decir que la doctrina se ha dedicado a explorar con precisión la última etapa de la reparación integral. Entre otros, podemos destacar los trabajos del profesor Quezel-Ambrunaz y de su equipo de la Universidad Savoie Mont-Blanc.

Otro factor de interés: el desarrollo de la inteligencia artificial y el uso de los algoritmos. Existe una forma de angustia, de

---

[14] Aunque hubo críticas fuertes mucho antes: STARCK (1947), p. 397 (según el cual el desarrollo de la responsabilidad objetiva no es compatible con dicho principio).

[15] Varios autores (CADIET (1997), p. 37 y (2000), p. 495 ; CARBONNIER (2004), §1202; VINEY, JOURDAIN y CARVAL (2017), §118; ROUJOU de BOUBEE (1974), pp. 288 -296). HEUZÉ et al. (2008), p. 112.

[16] GRARE (2005), §272.

[17] LE TOURNEAU (2023), 2321.101 y 0113.00.

[18] BORGHETTI (2020), p. 1086.

[19] Varios autores (COUTANT-LAPALUS (2002); BONDON (2020)).

temor y de fascinación frente a la utilización de software para calcular el monto de la indemnización. Surgen entonces reflexiones sobre los riesgos de las bases de datos y los baremos. Y es posible que esas amenazas expliquen por qué el principio ha ganado mayor importancia.

Haré mi exposición en dos partes. La primera estará dedicada a las amenazas del principio: veremos algunos ejemplos de amenazas y la reacción de los juristas frente a ellas (I). En la segunda parte hablaremos sobre las herramientas del principio de reparación integral, o más precisamente, sobre algunas herramientas que están en boca de todos en este momento (II).

I. AMENAZAS DEL PRINCIPIO DE REPARACIÓN INTEGRAL

Desde hace mucho tiempo, el principio de reparación integral ha sido objeto de numerosas críticas[20]. Además de su costo, se le reprocha alimentar una cierta ideología de la reparación[21]. Tener que reparar todo es entrar en un círculo vicioso, con víctimas que siempre exigen una mayor indemnización[22]. El argumento de que el principio de reparación integral es costoso debe ser fuertemente matizado porque con frecuencia el principio mismo de reparación integral evita que la víctima reciba más que el monto del perjuicio[23]. Muchos fallos de la Corte de Casación están orientados a evitar la doble indemnización del mismo perjuicio. En consecuencia, no se debe creer que el principio favorezca sistemáticamente a la víctima. Pero

---

[20]   A favor de la reparación integral: CHARTIER (1996), p. 33.

[21]   Varios autores (BORGHETTI (2008), p. 145; CADIET (1998), p. 37).

[22]   LE TOURNEAU (2022), §148 y §252.

[23]   Varios autores (BACACHE-GIBEILI (2021), §607 ; LE TOURNEAU (2022), § 2321.172).

las amenazas no vienen solamente de parte de la doctrina, sino también del legislador: veremos para empezar el problema de los baremos Macron (1) y, después, hablaremos del proyecto *Data just* y de las tablas de indemnización (2).

1. Los baremos Macron

Hace siglos que el legislador viola el principio de reparación integral. Lo hizo en 1898 con la ley sobre accidentes laborales y un mecanismo de reparación a tanto alzado del perjuicio del trabajador. Y hoy, tenemos varios textos que establecen tarifas obligatorias. Este principio de reparación integral no tiene en Francia valor constitucional[24], de tal manera, que todas esas violaciones legales son posibles, a menos que haya violación de una norma internacional. Y en ese tema, acabamos de tener en Francia muchos debates y sentencias a propósito de los baremos Macron[25].

¿Qué son los baremos Macron y por qué han suscitado tantas críticas? Son baremos introducidos en el 2017[26], que se suman a otras medidas que reducen los derechos de los trabajadores[27]. Los baremos Macron limitan y fijan con anticipación la reparación en un caso muy particular: el despido sin causa real y seria, es decir el despido injustificado. Por lo tanto, nos encontramos en el caso en que el empleador ha cometido una falta y, naturalmente, el trabajador tiene derecho a la reparación de su daño. Sin embargo, los baremos Macron han establecido límites a esta compensación.

---

[24]   Consejo Constitucional, 11 junio 2020, QPC n°2010-2.
[25]   BACACHE-GIBEILI (2021), §605.
[26]   Ordonnance n°2017-1387 de 22 septiembre 2017.
[27]   RADÉ (2015), p. 441.

Inicialmente, los jueces de primera instancia y de las cortes de apelación se negaron a aplicar el baremo[28]. Hubo un verdadero movimiento de rebelión contra los baremos. Y los jueces pudieron hacerlo observando que su aplicación no permitía una reparación adecuada en el sentido del derecho europeo o del derecho de la OIT. Desafortunadamente, la Corte de Casación, aunque muy apegada al principio de reparación integral, validó el baremo en el 2022, probablemente por razones políticas[29]. Podemos hacer tres críticas al baremo[30]. Primera crítica: los topes de compensación muy bajos; segunda crítica: la falta de disuasión de la indemnización otorgada; tercera crítica: la falta de poder de apreciación del juez.

Repasemos estas críticas. Los límites muy bajos de indemnización son una clara violación del principio de reparación integral, así como del principio de reparación adecuada en el derecho europeo. Aunque esto se discute, parece que una reparación adecuada según el derecho europeo puede no ser integral. Pero aquí, los topes son tan bajos que de todas formas no permiten una reparación adecuada (aunque la Corte de Casación diga lo contrario).

En efecto, el baremo se basa únicamente en un criterio: la antigüedad del trabajador en la empresa. Hubo un caso muy interesante que subraya los defectos del baremo y la necesidad de una reparación integral, es decir, una reparación individualizada: una pareja vendió una empresa a un tercero, y la empresa contrató a la pareja. Era parte del negocio. Poco después, hubo un despido injustificado de la pareja. La aplicación del baremo los llevaba a recibir una indemnización ridícula ya que acababan de ser contratados. En este caso, era obvio que

---

[28]   Varios autores (MOULY (2019), p. 234; COLLET-THIRY (2018), p. 1150; LOISEAU y SAUVAGE (2021), p. 12).

[29]   Varios autores (ADAM (2022), p. 739; LOISEAU (2022), p. 1151).

[30]   Consejo Constitucional, 18 junio 2010, QPC n°2010-8, § 18.

debían tenerse en cuenta estas circunstancias particulares y en especial el hecho de que la pareja era mayor y que tanto el señor como la señora se encontraban sin trabajo a una edad en la que es difícil encontrar empleo.

Segunda crítica: el carácter no disuasivo de la indemnización. Es un punto importante. Muchos han demostrado que una reparación tanto baja como fija conduce a que la responsabilidad civil ya no tenga ninguna función preventiva. El responsable sabe de antemano lo que tendrá que pagar. Por lo tanto, puede organizar la gestión económica de su empresa para cometer la falta: es un gasto como cualquier otro, como pagar el alquiler o la luz. Mientras que si el monto de la reparación se deja al poder soberano del juez, siempre existe una incertidumbre, un riesgo; y es ese riesgo lo que va a incentivar al empleador a no cometer la falta.

Tercera crítica: la falta de poder de apreciación del juez. El juez es privado de su poder. El juez ya no es más que una máquina que dice lo que prevé el baremo. La doctrina ha demostrado que el baremo Macron lleva a una transformación profunda de la justicia, cuya misión ya no es decir el derecho, sino administrarlo[31]. Con el baremo, hay una neutralización del pensamiento jurídico. Con esta crítica, se ve que la reparación integral tiene un interés mucho más allá de la sola responsabilidad civil: garantiza la función del juez y, por lo tanto, la idea misma de justicia, a diferencia de un sistema burocrático y automático.

Este caso de los baremos Macron ha puesto de relieve dos puntos importantes: la reparación integral no solo está ahí para garantizar la función reparadora de la responsabilidad civil, sino que también sirve para asegurar su función preventiva,

---

[31]   Varios autores (ROUVIÈRE (2021), p. 634 ; MOULY y MARGUÉ-
       NAUD (2023), p. 14).

como lo ha explicado el profesor Aedo en su presentación. Segundo punto: la reparación integral es esencial para la misión del juez: un juez que no repara integralmente ya no es un juez. Es solo un personal administrativo.

Es una de las ventajas del principio de reparación integral: obligar a los jueces a realizar un trabajo de motivación y precisión al estimar el monto de la reparación[32]. Así ocurre, por ejemplo, en casos de pérdida de oportunidad. Para reparar integralmente una pérdida de oportunidad, el juez debe motivar cuidadosamente su decisión mostrando un cálculo en el cual aparece el monto del perjuicio total y el porcentaje de indemnización escogido, porque sabemos que la reparación de la pérdida de oportunidad nunca puede corresponder al monto del perjuicio total[33]. Obviamente, este trabajo de motivación, de explicación para un caso concreto, se pierde un poco si hay tablas de indemnización. Es lo que vamos a ver con la segunda amenaza, relativa a las tablas de indemnización.

2. Las tablas de indemnización y el proyecto *Data just*

Defender el principio de la reparación integral supone, como hemos visto, dejar al juez un poder soberano de apreciación. Sin embargo, tan pronto como se le da al juez un poder soberano de apreciación, hay riesgos de divergencias en el monto de las reparaciones concedidas. Y, de hecho, eso es lo que sucede. Cuando se analiza el monto de las reparaciones concedidas, se nota que existen divergencias que a veces parecen inexplicables. Las víctimas no son tratadas de manera igualitaria.

---

[32] VINEY, JOURDAIN y CARVAL (2017), p. 156.
[33] CHARTIER (2000), p. 853.

Por supuesto, hay ocasiones en las que el juez no respeta en absoluto el principio, y la Corte de Casación está ahí para censurarlo. Tal será el caso, por ejemplo, cuando un juez considere erróneamente que un perjuicio estético permanente excluye que haya un perjuicio estético temporal[34]. ¡Pero el juez se equivoca en todos los ámbitos! Por lo tanto, este argumento no es decisivo.

El problema más complicado radica en las desigualdades. Así, para daños idénticos, las compensaciones otorgadas por los jueces administrativos no son en absoluto del mismo orden de magnitud que aquellas otorgadas por los jueces judiciales (he oído decir que también es el caso en el derecho colombiano). Pero incluso en el ámbito judicial, hay grandes desigualdades. Tan pronto como se profundiza en las cifras exactas de las compensaciones, se constata que las cosas no son perfectas. Se han detectado por ejemplo grandes desigualdades entre las indemnizaciones otorgadas a hombres y a mujeres[35].

La desigualdad incita a muchos juristas a proponer y utilizar tablas de indemnización que existen desde hace bastante tiempo. En Francia, contamos con una referencia muy importante en materia de daños corporales, que es la tabla de las cortes de apelación, llamada el referencial Mornet, del nombre del magistrado que lo propuso[36]. Hay que entender que esta tabla no tiene un carácter oficial: son los propios magistrados quienes han diseñado esta herramienta, por su propia iniciativa. Los

---

[34] QUÉZEL-AMBRUNAZ (2022).

[35] QUÉZEL-AMBRUNAZ (2022).

[36] MORNET (2020). El referencial de las cortes de apelación también contiene un enfoque metodológico que es de gran utilidad. Este enfoque educativo es esencial, ya que muchos especialistas en daños corporales destacan la importancia de la formación de los actores de la reparación.

jueces no pueden referirse expresamente a ella en sus sentencias, pero pueden usarla.

Un estudio muy interesante fue realizado con los jueces y los abogados para preguntarles qué pensaban de esta tabla Mornet[37]. Los magistrados son muy favorables. El 95 % de los magistrados utilizan sistemáticamente el referencial Mornet; para ellos, el uso de un referencial es una evidencia. En cambio, los abogados son mucho más prudentes: tienen dudas. Y sobre todo los abogados especialistas en la indemnización del daño corporal: menos de la mitad (44 %) considera que es una buena idea. Los abogados han entendido muy bien que el uso del referencial no es necesariamente favorable para las partes.

De hecho, creo que hay que tener mucho cuidado con estas tablas de indemnización[38]. ¿Por qué? Primero, es importante ser consciente de que estos baremos se construyen utilizando datos de sentencias que se han dictado en el pasado. Sin embargo, sabemos que no todas estas sentencias han sido muy bien dictadas. Algunas, incluso, son completamente sorprendentes porque el juez ha aplicado mal la norma jurídica. Por lo tanto, es curioso que nos basemos en el promedio de estas cifras para construir un baremo[39].

Otro inconveniente es que las tablas conducen a congelar los montos de compensación, y son pocos los jueces que se atreven a desviarse de la tabla. Un juez vacilará en evaluar el perjuicio muy por encima o muy por debajo del rango de la tabla. E incluso hay abogados que sostienen que no se puede pedir más que lo que está escrito en la tabla. Por supuesto,

---

[37]   RIVOLLIER (2020).
[38]   Varios autores (GROUTAL (2006), p. 1; BACACHE-GIBEILI (2021), §651).
[39]   Varios autores (SAYN y RIVOLIER (2021); BACACHE-GIBEILI (2021), §652).

están equivocados, pero vemos cómo gradualmente el referencial se convierte, no en una propuesta, sino en una norma que se impone poco a poco. Un referencial opcional termina siempre teniendo el efecto de una tarifa obligatoria[40]. Y de este modo, se fija la reparación, incluso si el referencial evoluciona, ya que hay nuevas versiones actualizadas regularmente. Pero el referencial rompe la dinámica de la reparación integral, su capacidad de evolución y adaptación a cada caso.

Por supuesto, la tarifa tiene una enorme ventaja: garantiza la igualdad entre las víctimas. Sin embargo, hay que tener en cuenta que esta supuesta igualdad puede estar bastante lejos de una reparación integral[41]. Hablo de supuesta igualdad porque la tarifa puede implicar tratar de la misma manera víctimas que están en situaciones distintas. Y el consejo constitucional nos enseña que se viola el principio de igualdad en este caso: no podemos tratar igualmente a personas que no están en la misma situación.

Pero lo peor es que no sabemos si este tratamiento igualitario se acerca a la reparación integral. De hecho, el estudio al que me refería nos enseña que las tablas utilizadas son obsoletas. Es decir, todas las víctimas tienen lo mismo, pero esto está muy por debajo de la reparación integral. Existe un verdadero problema de actualización: los jueces, los abogados utilizan tablas antiguas y proponen o conceden indemnizaciones demasiado bajas a las víctimas.

En Francia, tuvimos un proyecto que causó muchos debates: el proyecto *Data just*. En marzo del 2020, en plena crisis sanitaria, se publicó un decreto para crear un tratamiento automatizado de datos que recopilaba el monto de las indemnizaciones solicitadas y ofrecidas a las víctimas de daños corporales. La

---

[40]   QUEZEL-AMBRUNAZ (2022).
[41]   LAMBERT-FAIVRE, PORCHY-SIMON (2022), §39.

idea era, como aquí creo, poner esta base de datos a disposición del público. Este proyecto fue abandonado por el Ministerio de Justicia en enero del 2022, porque no se ha logrado crear una herramienta que funcione correctamente. Las decisiones judiciales son demasiado complejas para que la inteligencia artificial las comprenda bien, por el momento. Por ejemplo, no es fácil para la inteligencia artificial tomar en cuenta una sentencia en la cual se reduce el monto de la indemnización por culpa de la víctima[42]. A veces, la sentencia no menciona la edad de la víctima: ¿qué hacer con esta sentencia?, ¿con la cifra de la indemnización si no conocemos la edad de la víctima?

Es un alivio para todos que *Data just* haya sido abandonado. Este proyecto había sido criticado porque el uso de la inteligencia artificial exacerba los inconvenientes de las tablas[43] : se produce, con los algoritmos, un efecto performativo, es decir que poco a poco las indemnizaciones se parecerán cada vez más hasta ser exactamente iguales. Al contrario, puede ocurrir un riesgo de inflación descontrolada del baremo, si los jueces empiezan a otorgar un poco más que la tabla oficial, porque la tabla es actualizada con los datos de las sentencias recientes. Un ejemplo: imaginemos un baremo de 100, los jueces tienen tendencia a otorgar 110; el año siguiente, el baremo va a decir 110 y los jueces siguen con su costumbre de otorgar más: 120; el año siguiente, el baremo dice 120 y el juez otorgará 130, etc.

¿Volverá *Data just* cuando la inteligencia artificial sea más eficiente? Es muy probable, porque existen herramientas similares en el sector privado, ya utilizadas por las compañías de seguros y por algunos abogados. Y es quizás por esta razón que el principio de reparación integral está ganando cada vez más importancia.

---

[42]   QUEZEL-AMBRUNAZ (2022).
[43]   CAYOL (2022).

Hoy, la doctrina relaciona el principio de reparación integral con el derecho fundamental de acceso al juez[44]. En efecto, la algoritmización de la reparación tiene como objetivo oficial limitar la cantidad de litigios. La idea es mostrar a la víctima que no vale la pena ir ante el juez, que es mejor aceptar la propuesta de la compañía de seguros. De tal manera que este derecho fundamental de acceso al juez se ve vulnerado. Es una crítica que tiene mucho peso porque el acceso a la justicia está protegido a nivel europeo. Obviamente, las compañías de seguros como los tribunales tienen mucho interés en limitar los litigios. No es siempre el caso para las víctimas.

Conclusión de esta primera parte: podemos ver de qué manera, en el siglo XXI, la reparación integral está en peligro, y me parece aún más interesante ver cómo, a través de las amenazas que mencioné, se amenazan también otros ideales normativos, como el rol de juez y el acceso a la justicia.

II. LAS HERRAMIENTAS DEL PRINCIPIO

En esta segunda parte, mencionaré algunas herramientas de la reparación integral. Se reconoce, y es evidente, que el juez debe seguir una metodología para reparar de forma integral. Pero ¿cuál metodología? Tres ejemplos nos permitirán abordar este punto delicado: el caso particular del daño ecológico, el tema de las nomenclaturas y la cuestión específica de las tablas de capitalización.

---

[44]   FABRE-MAGNAN (2021), §504.

1. Incertidumbres relativas al perjuicio ecológico

Lo que me interesa con el perjuicio ecológico es que las herramientas que nos parecen evidentes, finalmente, no lo son. En un primer momento, pareció evidente que el perjuicio ecológico debía ser reparado en especie[45]. No se concebía que fuera de otra manera, y los textos que se adoptaron previeron esta reparación en especie. Así, en el código civil francés, tenemos el artículo 1249 que dice: "La reparación del perjuicio ecológico se realiza prioritariamente en especie"[46]. Prioritariamente, la idea de este texto era que tan pronto como la reparación en especie fuera posible, debía ser ordenada, y la continuación del artículo 1249 prevé una reparación por equivalente como último recurso. Solo cuando la reparación en especie no es posible es que se repara por equivalente[47].

Con el paso del tiempo, se constata que incluso cuando es posible la reparación en especie no es necesariamente una buena idea. Se debe tener cuidado con la reparación en especie en la naturaleza, ya que la cura es a veces peor que la enfermedad[48]. La doctrina, los especialistas, los parques naturales explican que la intervención humana —intervención humana necesaria para llevar a cabo la reparación en especie—, a veces, es muy perjudicial para el ecosistema dañado. En otras palabras, hay grandes dudas sobre la conveniencia de una reparación en especie para la naturaleza.

Por supuesto, recurrir a la reparación por equivalente plantea aún más interrogantes[49]. ¿Cómo calcular el monto de esta

---

[45]　Varios autores (MARTIN (2020), p. 121 y (2009), p. 6; PARANCE (2013), p. 445; BACACHE (2013), p. 10).

[46]　Código civil francés, art. 1249.

[47]　HAUTEREAU-BOUTONNET (2023) §241.

[48]　MARTIN (2022).

[49]　HAUTEREAU-BOUTONNET (2023) §261.

reparación por equivalente? Es muy difícil. Un caso presentado ante la Cámara Criminal de la Corte de Casación en 2022 lo demuestra[50]. En un parque nacional, cazadores furtivos habían extraído peces, erizos de mar y pulpos en grandes cantidades. De todos modos, no era posible la reparación en especie. El problema era el de la reparación integral. El Tribunal de Marsella había estimado el daño en 350 000 euros, mientras que la Corte de Apelación revisó el monto a la baja a 52 000 euros. ¿Porqué?

En primera instancia, se había calculado, además del daño de extracción, un daño adicional correspondiente a las funcionalidades, es decir, se habían tenido en cuenta las funciones de los pulpos, los erizos de mar y los peces en la cadena alimentaria y el equilibrio del ecosistema. Sin embargo, este método de cálculo fue impugnado por la Corte de Apelación, que consideró que bastaba con calcular el daño de extracción. Desafortunadamente, la Corte de Casación se contentó con validar la sentencia de la Corte de Apelación al considerar que había elegido soberanamente el método de cálculo.

2. Ventajas y límites de las nomenclaturas

Existen otras herramientas de la reparación integral que mezclan evidencias y dudas: las nomenclaturas. Las nomenclaturas son listas organizadas de perjuicios. Enumeran todos los perjuicios que pueden surgir en un ámbito determinado, pero sin proponer ni cifras ni rangos de evaluación[51]. La idea consiste en racionalizar el procedimiento indemnizatorio. Son propuestas doctrinales: no hay normas oficiales al respecto. Estas listas permiten a los actores del proceso de responsabilidad asegurarse de que se hayan tenido en cuenta todos los perjuicios. Las no-

---

[50]   Corte de Casación, Cámara criminal, 4 octubre 2022, n°21-85.290.
[51]   BACACHE-GIBEILI (2021), §650.

menclaturas ayudan a tener un enfoque sistemático y ordenado. Todas estas nomenclaturas están "abiertas": no son exhaustivas y es posible agregar elementos de perjuicios adicionales.

Con la excepción de unos autores[52], existe una cierta forma de unanimidad sobre el interés de estas nomenclaturas[53]. Volvemos a nuestro tema de la evidencia. Más concretamente, tenemos una nomenclatura que ha tenido un éxito considerable, hasta el punto de que hoy en día se ha vuelto imprescindible: es la nomenclatura Dintilhac sobre la reparación del daño corporal. No es obligatoria, pero todo el mundo la utiliza[54] : el 100 % de los magistrados[55]. Este éxito se explica por dos razones. En primer lugar, la nomenclatura está bien hecha, es una buena herramienta. En segundo lugar, en materia de daño corporal, el juez está obligado por la ley a detallar la indemnización: debe hacerlo punto por punto y no puede dictaminar "todos los perjuicios incluidos", es decir de manera global. El éxito de la nomenclatura en materia de daños corporales llevó a la doctrina a proponer otras nomenclaturas. Así, tenemos también una nomenclatura para los daños ecológicos y otra para los daños en derecho de la competencia[56].

Sin embargo, después de una fase de consenso sobre la utilidad de la nomenclatura de daños corporales, la doctrina empezó a subrayar sus defectos. Y hay muchos defectos. Tomaré un ejemplo entre muchos otros. En la nomenclatura, se distinguen los perjuicios temporales y los perjuicios permanentes. Los perjuicios temporales son los que sufre la víctima hasta la consolidación del daño, es decir, la estabilización de su estado.

---

[52]   KNETSCH (2015), p. 443.
[53]   Varios autores (GOUT y PORCHY-SIMON (2015), p. 1499; PIERRE (2014), p. 4015).
[54]   BACACHE (2014), p. 4011.
[55]   RIVOLIER (2020).
[56]   AMARO (2022), p. 1323.

Sin embargo, al acercarse a los cálculos, se constata una gran asimetría entre los perjuicios temporales y los permanentes. El perjuicio temporal es reparado proporcionalmente de manera mucho más generosa que el perjuicio permanente, lo cual no es lógico. Un ejemplo de una mujer de 48 años con una cicatriz[57]: recibe una suma de 8,000 € para los dos años y medio del período traumático temporal (es decir 3,200 € por año), y recibe la suma de 18,000 € para su perjuicio vitalicio, para una esperanza de vida de treinta y ocho años, es decir 473 € por año, lo que es muy poco, en comparación con los 3200 euros del perjuicio temporal.

En resumen: si bien es evidente que la nomenclatura es indispensable, es también evidente que una reforma de estructura de la nomenclatura de daños corporales es necesaria. Pero aún subsisten muchas dudas sobre el contenido exacto que deben tener estas nomenclaturas.

3. Problemas de los baremos de capitalización

Última herramienta de la cual se habla mucho en Francia: los baremos de capitalización.

El baremo de capitalización es una tasa que permite transformar una renta de indemnización en un capital. Es decir que en vez de otorgar una renta a la víctima, se le da un capital que podrá utilizar como desee.

En Francia, tenemos varios baremos de capitalización, y especialmente dos utilizados por muchos jueces. Esos baremos son establecidos teniendo en cuenta el nivel de inflación, los rendimientos del capital y la edad de la víctima y su esperanza de vida. Si la víctima puede depositar el dinero en el banco con una tasa alta, la tasa de capitalización será alta y el monto de capital

---

[57]   QUÉZEL-AMBRUNAZ (2020), p. 2248.

que recibe la víctima será bajo. Al contrario, si la tasa de capitalización es baja, la víctima recibe mucho más capital, porque se supone que el rendimiento del capital en el banco será bajo.

Para los autores de los baremos franceses había una evidencia: la tasa de capitalización no podía ser una tasa negativa. En el 2021, propusieron tasas muy bajas, hasta 0 %, pero no aceptaron bajar por debajo de cero. No obstante, la doctrina demostró que, en ciertas épocas, es necesario utilizar tasas de capitalización negativas si queremos lograr una reparación integral. Son tan bajos los rendimientos bancarios que, aun con una tasa de inflación baja, la víctima acaba perdiendo dinero.

Un profesor belga, un actuario, desarrolló un software muy bien hecho para proponer tasas de capitalización, en el cual aparecen tasas negativas. Hoy en día, los tribunales belgas utilizan este software y, así, tenemos sentencias belgas en las cuales la tasa de capitalización es negativa, hasta menos 1,34 %. Observamos que, para los belgas, ya es, desde unos años, una evidencia que una tasa de capitalización pueda ser negativa.

En Francia, el cambio acaba de producirse, en el 2022. Hubo dos novedades: uno de los dos baremos tradicionales (el baremo de la Gazette du Palais) propuso una tasa de menos 1 %. Además, desde el 2022, tenemos un software en línea para capitalizar a la manera belga, de manera mucho más convincente que con los baremos tradicionales, con más criterios.

Es muy importante, por ejemplo, utilizar tablas prospectivas de mortalidad en lugar de tablas retrospectivas. De hecho, la esperanza de vida está aumentando. Por lo tanto, si capitalizamos hoy una renta con la esperanza de vida actual, es muy probable que la víctima viva más tiempo de lo previsto y, por lo tanto, que el capital pagado no sea suficiente en relación con el principio de reparación integral. De la misma manera, la esperanza de vida es más alta para ciertos grupos de personas. Una capitalización bien hecha debería tomar en cuenta este parámetro.

Esta segunda parte nos ha permitido ver, a través de algunos ejemplos técnicos, la búsqueda constante de mejorar las herramientas de la reparación integral. Lo que me parece interesante es este perpetuo cuestionamiento de lo que se había imaginado o pensado en un principio. Y creo que el uso de baremos, que se está generalizando, siempre debe hacerse con este espíritu: se nos invita a un perpetuo cuestionamiento[58]. En resumen, el juez que debe reparar integralmente nunca debe hacerlo de manera mecánica, realizando un cálculo. El juez debe tomarse el tiempo para cuestionar el resultado del cálculo, nunca caer en la facilidad, sino abordar el desafío de la reparación integral.

Concluiré con una evidencia. Hay un punto en el que los especialistas en reparación están de acuerdo: la mejor herramienta para la reparación integral es una buena formación y un buen conocimiento de los aspectos técnicos, que sean médicos, ecológicos y obviamente tributarios de la reparación.

BIBLIOGRAFÍA CITADA

Código civil francés

Manuales y monografías

ARISTÓTELES: Ética a Nicómaco, Libro 5, . (Paris, GF 2004).

BACACHE-GIBEILI, Mireille (2021): Les obligations, la responsabilité civile extracontractuelle, 4ᵉ éd. (Paris, Economica), t. 5.

BRUN, Philippe (2023): Responsabilité civile extra-contractuelle, 6ᵉ éd (Paris, Litec).

CARBONNIER, Jean (2004): Droit civil, t. 2, Les biens, Les obligations (Paris, PUF Quadrige).

---

[58]   VINEY, JOURDAIN y CARVAL (2017), p. 157.

CHARTIER, Yves (1996): La réparation du préjudice (Paris, Dalloz).

FABRE-MAGNAN, Muriel (2021): Droit des obligations. Responsabilité civile et quasi-contrats, 5ᵉ éd. (Paris, Puf thémis), t. 2.

FENET, Pierre Antoine (1836): Recueil complet des travaux préparatoires du code civil (Paris Videcoq), t. XIII,

LAMBERT-FAIVRE, Yvonne y PORCHY-SIMON, Stéphanie (2022): Droit du dommage corporel, systèmes d'indemnisation, 9ᵉ éd. (Paris, Dalloz).

LE TOURNEAU, Philippe dir. (2023): Droit de la responsabilité et des contrats, régimes d'indemnisation, 13ᵉ éd. (Paris, Dalloz).

VINEY, Geneviève (2019): Introduction à la responsabilité civile, 4ᵉᵐᵉ éd. (Paris, LGDJ).

VINEY, Geneviève, JOURDAIN Patrice y CARVAL Suzanne (2017): Les effets de la responsabilité, 4ᵉ éd. (Paris, LGDJ).

Tesis

BONDON, Marie-Sophie (2020): Le principe de réparation intégrale du préjudice, Contribution à une réflexion sur l'articulation des fonctions de la responsabilité civile, préf. Rémy. Cabrillac (Aix-Marseille, PUAM).

COUTANT-LAPALUS, Christelle (2002): Le principe de la réparation intégrale en droit privé, préf. Frédéric Pollaud-Dulian, (Aix-Marseille PUAM).

GRARE, Clothilde (2005): Recherches sur la cohérence de la responsabilité délictuelle, préf. Yves. Lequette (Paris, Dalloz).

MORVAN, Patrick (1999): Le principe de droit privé, préf. Jean-Louis Sourioux (Paris, Ed. Panthéon-Assas).

ROUJOU de BOUBÉE, Marie- Ève (1974): Essai sur la notion de réparation, préf. Pierre. Hébraud (Paris, LGDJ).

STARCK, Boris (1947): Essai d'une théorie générale de la responsabilité civile considérée en sa double fonction de garantie et de peine privée (Paris, Rodstein).

Obras colectivas

PIERRE, Philippe y LEDUC Fabrice (2012): La réparation intégrale en Europe, Études comparatives des droits nationaux (Bruxelles, Larcier).

COUR DE CASSATION (2008) : Le traitement juridique et judiciaire de l'incertitude (Dalloz), pp. 97-125.

Artículos y documentos en formato electrónico

ADAM, Patrice (2022): "Abracadabra : le magicien et le barème, David Copperfield à la Cour de cassation ", en: Droit social, pp. 739-747.

AMARO, Rafael (2022): "Esquisse d'une nomenclature des préjudices en droit de la concurrence", en: Recueil Dalloz, pp. 1323-1330.

BACACHE, Mireille (2013): "Quelle réparation pour le préjudice écologique ? ", en: Environnement (n°3, ét. 10).

BACACHE, Mireille (2014): "La nomenclature : une norme ? ", en: Gazette du Palais (24-27 diciembre), pp. 4011- 4014.

BADEL, Maryse (2010): "Accidents du travail et maladies professionnelles : l'indemnisation soumise à la « question »", en: Droit ouvrier, pp. 639-646.

BORGHETTI, Jean-Sébastien (2020): "La réparation intégrale du préjudice à l'épreuve du parasitisme", en: Recueil Dalloz, pp. 1086-1092.

BORGHETTI, Jean-Sébastien (2008): "Les intérêts protégés et l'étendue des préjudices réparables en droit de la responsabilité civile extra-contractuelle", en: Études offertes à Geneviève Viney, LGDJ-Lextenso, p.145-177.

PIERRE, Philippe (2014): "La nomenclature : une dynamique ?", en: Gazette du Palais (24-27 diciembre), pp. 4015- 4019.

CADIET, Loïc (1997): "Les métamorphoses du préjudice, in les métamorphoses de la responsabilité, PUF, pp. 37-64.

CADIET, Loïc (2000): "Sur les faits et méfaits de l'idéologie de la réparation", Mélanges offerts à Pierre Drai, Dalloz, pp. 495-510.

CAYOL, Amandine (2022): "Les difficultés techniques et les risques de la réparation algorithmique des dommages corporels ", en : Colloque L'indemnisation des préjudices corporels à l'heure de l'open data, Cour de cassation, 20 mayo 2022. Disponible en: https://www.youtube.com/watch?v=VxecN6eBWMs&t=3s [visitado el 22/05/2023].

CHARTIER, Yves, (2000): "Indemnisation d'une perte de chance et recours de la sécurité sociale", en: Recueil Dalloz, pp. 853-855.

COLLET-THIRY, Nicolas (2018): "Le plafonnement des indemnités prud'homales : analyse critique et perspectives de mise en échec", en: Semaine juridique Social, (n°1150).

GOUT, Olivier, PORCHY-SIMON, Stéphanie (2015): "Plaidoyer pour la défense des nomenclatures dans le droit du dommage corporel ", en: Recueil Dalloz, pp. 1499-1505.

GROUTAL, Hubert (2006): "Réparation intégrale et barémisation : l'éternelle dispute", en: Responsabilité Civile et Assurance (n°11, ét. 1).

HAUTEREAU-BOUTONNET, Mathilde (2023): "V[is] Responsabilité civile environnementale", en: Répertoire Civil Dalloz, §261.

HEUZÉ Vincent (2008) : "Incertitude et réparation des dommages", en: Le traitement juridique et judiciaire de l'incertitude (Paris, Dalloz), pp. 97-125.

KNETSCH, Jonas (2015): "La désintégration du préjudice moral ", en: Recueil Dalloz, pp. 443-449.

LE TOURNEAU, Philippe (2022): "V[is], Responsabilité : généralités", en: Répertoire civil Dalloz, n°148 y n°252.

LOISEAU, Grégoire y SAUVAGE, François (2021): "Barèmes d'indemnités : en revenir au droit ", en: Bulletin Joly Travail (n. ° 5), pp. 12-14.

LOISEAU, Grégoire (2022) : "Le barème s'incruste", en : Semaine juridique Social, (n°1151).

MARTIN Gilles. J (2009) : "Les effets de la responsabilité environnementale : de la réparation primaire à la réparation compensatoire ", en : Environnement (n. °1, ét. 6).

MARTIN Gilles. J (2020) : "Un principe à l'épreuve des questions environnementales", en : Flexibles notions, la responsabilité civile, dir. D. Fenouillet (Paris, Ed. Panthéon-Assas), p. 121-132.

MARTIN Gilles. J (2022) : "Comment rendre effective la réparation en nature du préjudice écologique et selon quelle nomenclature ?", dir. Béatrice Parance, Judith Rochefeld, Cour de cassation, 14 noviembre, Disponible en : https://www.youtube.com/watch?v=IcTqtpREF8w [visitado el 14/06/2023].

MOULY, Jean (2019): "L'inconventionnalité du barème : une question de proportionnalité ? ", en: Droit social, pp. 234-238.

MOULY, Jean y MARGUÉNAUD, Jean-Pierre (2023): "Le barème Macron dans les griffes du droit européen des droits de l'homme ", en: Droit social, pp. 14-19.

MORNET Bertrand (2020): "Le référentiel indicatif des cours d'appel", en: Colloque état des lieux critique des outils d'évaluation des préjudices consécutifs à un dommage corporel, 7 et 8 décembre, Université de Savoie Mont-Blanc, dir. Christophe Quézel-Ambrunaz, Disponible en: https://www.youtube.com/watch?v=I1K3JSyYnNY [visitado el 23/05/2023].

PARANCE, Béatrice (2013): "Plaidoyer pour une réparation cohérente des dommages causé à l'environnement", en: ¿Responsabilidad de la obra completa o coordinador del libro? Mélanges en l'honneur de Gilles J. Martin, Pour un droit économique de l'environnement (Paris, Éd. Frison-Roche), pp. 445-456.

PLANIOL, Marcel (1905): "Note sous Civ. 22 noviembre 1904", en: Recueil Dalloz (1905), p. 297- 299.

QUÉZEL-AMBRUNAZ, Christophe (2022): "L'indemnisation des préjudices corporels à l'heure de l'open data", en: Colloque Cour de cassation, 20 mayo. Disponible en: https://www.courdecassation.fr/agenda-evenementiel/lindemnisation-des-prejudices-corporels-lheure-de-lopen-data [visitado el 11/05/2023].

QUÉZEL-AMBRUNAZ, Christophe (2020): "La réparation des préjudices laissés par les cicatrices", en: Recueil Dalloz, pp. 2248-2257.

QUISTREBERT, Yann (2019): "Les méthodes d'évaluation de l'indemnité allouée en cas de dommages aux biens... trente ans plus tard", en: Responsabilité Civile Assurances (n. °2, dossier 7).

RADÉ, Christophe (2015): "Préjudice et indemnisation, à la croisée des disciplines. Heurts et malheurs du principe de réparation intégrale", en : Droit ouvrier (n.° 805), pp. 441-449.

RIVOLLIER, Vincent (2020): "La connaissance et les usages des outils de la réparation du dommage corporel par les acteurs judiciaires", en: Colloque état des lieux critique des outils d'évaluation des préjudices consécutifs à un dommage corporel, 7 et 8 diciembre 2020, Université de Savoie Mont-Blanc, dir. Christophe Quézel- Ambrunaz. Disponible en: https://www.youtube.com/watch?v=9_ZFjSSVA6g [visitado el 23/05/2023].

ROUVIÈRE, Frédéric (2021): "Peut-on penser l'indemnisation par barème ? Analyse méthodologique du cas du licenciement sans cause réelle et sérieuse", en: Revue de droit du travail, pp. 634-641.

SAYN, Isabelle y RIVOLLIER, Vincent (2021): "Fixer un montant d'indemnisation des préjudices résultant d'un dommage corporel : le rôle des outils d'aide à la décision", en: Déjeuner du droit du dommage corporel, 25 oct. Disponible en: https://www.youtube.com/watch?v=Tn47ieFcAsU [visitado el 23/05/2023].

TISSEYRE, Sandrine (2016): " Le devoir de minimiser son dommage. L'hostilité du droit français est-elle toujours opportune ? ", Responsabilité Civile Assurances, n°1, ét. 1.

Jurisprudencia citada

Corte de Casación francesa

Corte de Casación, Cámara civil 2ª, 28 octubre 1954, en: Bulletin civil II, n°328; La Semaine juridique (JCP) 1955, II, 8765, note R. Savatier; Revue Trimestrielle de droit civil 1955.324, obs. H. y L. Mazeaud.

Corte de Casación, Cámara Comercial, 30 mayo 2012, n° 11-13.253.

Corte de casación, Cámara civil 3ª, 13 febrero 2013, n° 11-26.542.

Corte de casación, Cámara social, 28 septiembre 2022, n°21-10.839.

Corte de casación, Cámara civil 2ª, 24 noviembre 2022, n°21-17.323, en: La Gazette du Palais, 2023 n°6, p. 58, obs. L. Priou-Alibert.

Corte de casación, Cámara civil 3ª, 16 marzo 2022, n°21-11.358.

Corte de casación, Cámara mixta, 25 marzo 2022, n°20-15.624 y n°20-17.072, en : Semaine Juridique édition générale (JCP) 2022, 823, note P. Jourdain ; Recueil Dalloz, 2022, 774, note S. Porchy-Simon ; Recueil Dalloz, 2022, 34, obs. Ph. Brun ; La Gazette du Palais, 2022 n°17, note Z. Jacquemin ; La Gazette du Palais, 2022 n°16, p. 16, note A. Guégan ; Revue Lamy Droit civil 2022 n°203, p. 19, note G. Wester.

Corte de casación, Cámara criminal, 4 octubre 2022, n°21-85.290, en: Recueil Dalloz, 2023, 544, note G. Leray.

Corte de casación, Cámara civil 2ª, 9 febrero. 2023, n°21-21.217.

Consejo Constitucional francés

Consejo Constitucional, 18 junio 2010, QPC n°2010-8; en: Recueil Dalloz, 2011, p. 459, obs. F. Guiomard y S. Porchy-Simon ; Droit Ouvrier 2010, p. 639, obs. M. Badel.

Consejo Constitucional, 11 junio 2020, QPC n°2020-2, en : Recueil Dalloz, 2010, p. 1976, note D. Vigneau ; Recueil Dalloz, 2010, p. 2086, note J. Sainte-Rose et P. Pedrot ; Responsabilité Civile Assurances n°11, noviembre 2014, 34, note S. Moracchini-Zeidenberg.

Algunas notas sobre el principio de reparación integral del daño desde una visión comparada

CARMEN DOMÍNGUEZ HIDALGO*

Resumen: El principio de reparación integral del daño es en el presente el que gobierna la reparación de los perjuicios en todos los sistemas que pertenecen a la familia romano- germánica. En todos se reconoce con importantes semejanzas en su tratamiento pero también con diferencias relevantes. Con todo, su trascendencia proviene de la fijación de los contornos de la reparación que debe fijarse exclusivamente por la magnitud del impacto sufrido por la víctima.

Palabras clave: Daños-reparación-compensación.

El principio de reparación integral es hoy uno ampliamente reconocido en el Derecho Comparado. Así pudimos comprobarlo en el proyecto Fondecyt desarrollado por quien escribe junto al Profesor Ramón Domínguez Aguila y el proyecto y ECOS Conicyt que desarrollamos un conjunto de profesores chilenos (Profesores Ramón Domínguez Aguila y Bruno Caprile) y franceses (Profesores Denis Mazeaud, Philippe Pierre, Fabrice Le Duc y Philippe Brun) durante los años 2008 a 2011. Para realizar un estudio comparado riguroso, se elaboró un cuestionario de 32 preguntas para conocer su grado de recepción y aplicación que se envió a profesores de

---

* Doctor en Derecho, Universidad Complutense de Madrid (España), Profesora de Derecho Civil, Pontificia Universidad Católica de Chile, Santiago, Chile. Correo electrónico: cadoming@.uc.cl.

15 países europeos y a 5 sudamericanos. La investigación realizada dio lugar a un libro "El principio de reparación integra en sus contornos actuales" publicado en 2019 por la Editorial Thomson Reuters[1] siendo el primer libro en lengua hispana sobre el mismo. En él se encuentran sendos desarrollos de su contenido que obviamente no es posible reproducir en estos escasos minutos. No obstante, apuntaremos a algunas conclusiones importantes obtenidas en él que son indispensables para entender su contenido y proyección.

I. EN CUANTO A SU CONTENIDO

El resultado es que, por doquier, el principio viene siendo reconocido desde antaño. En Chile desde 1920, Alessandri se refiere a él. Su formulación es si dispar: en la mayoría no se encuentra reconocido con la fórmula de "principio de reparación integral del daño" sino se entiende incluida en las normas que regulan el *alterum non laedere* que se entiende aplicable a toda la responsabilidad. Otros lo han incorporado expresamente en su legislación como sucede en Colombia o en Argentina cuyo Código Civil lo reconoce bajo la denominación de "reparación plena". Incluso más, en algunos como en Francia se sostiene que es un principio que debe formar parte del derecho común de la responsabilidad civil, de ahí que en el proyecto de reforma al Código Civil se le incluya expresamente.

Por eso extraña que pueda plantearse como un punto de debate el si el principio debe ser o no acogido cuando lo es en todos los sistemas de la familia romano-germánica y desde antiguo. Y en todos se aplica frecuentemente.

---

[1]   "El principio de reparación integral en sus contornos actuales", obra colectiva, Carmen Domínguez, Editorial Thomson Reuters, 2019, (528 pp.), editora.

Ahora bien, su recepción muestra que hay importantes puntos de aplicación que son recogidos de forma similar por los distintos sistemas y algunas diferencias también.

Entre los aspectos más importantes de aplicación, está su contenido: apuntar a que la reparación tenga cómo único norte la magnitud del daño, excluyendo su uso punitivo o simbólico, comprendiendo todo daño sea material o moral.

Por su parte, las diferencias importantes tienen que ver, en primer término:

1) Con su rango normativo

Con el rango normativo que se le otorga (constitucional o legal) y de ellos provienen varios problemas en su aplicación. Entiendo que su recepción no requiere ser constitucional, aunque el derecho a la reparación si una base constitucional. Nuestro Tribunal Constitucional nunca se ha pronunciado al respecto, aunque ha tenido muchas oportunidades de hacerlo como ha sucedido en todas las inaplicabilidades que se han presentado en relación al art.2331 CC.

Estando inmersos en un proceso constitucional, adelanto que no soy partidaria de incluirlo en la constitución porque entiendo que este principio debe reconocer importantes límites dado el impacto que produce el pago de indemnizaciones para el Estado, la empresa, los particulares y, más en general, para la economía del país.

2) Con la comprensión del principio

Otra importante diferencia dice con la comprensión del principio que deriva de la noción del daño a partir de la cual un ordenamiento jurídico construya su sistema de reparación.

Así, algunos países como Francia entienden que la noción de daño es jurídica, de ahí que el daño imprevisto o el causado en parte por culpa de la víctima no sea daño y, por lo mismo, en las reglas que los excluyen o compensan no habría

una excepción al principio de reparación integral como se suele explicar en cambio en aquellos que razonan en base una
noción común u ordinaria de daño, esto es que, en definitiva,
no reconocen un concepto jurídico de daño resarcible. Otros
que trabajan con esa noción común como el nuestro, se han
explicado siempre el art. 1558 C.C. y el art. 2230 C.C como
excepciones al principio.

Esta es una diferencia que no ha sido advertida entre nosotros y un importante punto en mi opinión que ayudaría a
contener los excesos que efectivamente se están produciendo
en la jurisprudencia con su aplicación.

El principio, por tanto, recibe aplicaciones distintas y esto es lo
primero a considerar cuando se quiere efectuar su análisis crítico.

II. EN CUANTO A SU UTILIDAD

Asimismo, es un principio y no una regla, por lo mismo
su utilidad está en auxiliar a zanjar un problema resarcitorio
cuando no hay norma. Puede ayudar también a orientar al que
diseña una norma, al legislador y así hemos visto que ha servido en algunas y en otras nada. Para resumir esta diferencia
nada mejor que la explicación de Alexi que nos aclara que las
principios son mandatos de optimización que se caracterizan
tanto por el hecho de que pueden ser satisfechos en diferente
grado, como por el hecho de que la medida ordenada de su
satisfacción no solo depende de las posibilidades fácticas sino
también de las jurídicas. En cambio, las reglas son mandato
definitivos en cuanto son normas que se pueden siempre cumplir o no cumplir. Por ello existe entre principios y reglas una
diferencia cualitativa[2].

---

[2]   Alexi, Robert,(2019) Ensayos sobre la teoría de los principios y el
       juicio de proporcionalidad, Coord. Villa Rosas, Lima Editorial Pales-

Y ello permite explicar de forma clara la utilidad que el principio de reparación integral presenta al orientar al juez, legislador y abogado en la comprensión de que lo que el Derecho aspirar es a hacer como si el daño fuese una mera pesadilla pero sabiendo, que garantizar ello es imposible. No obstante, lo debe hacerse y se hará es el esfuerzo de darle a la víctima una reparación que se lo más cercana posible al perjuicio sufrido.

Por ello, el principio requiere entendérsele adecuadamente. Creo que el adjetivo integral es el que ha complicado muchas veces su comprensión, como si integral fuera absoluto, en especial respecto de su aplicación a los daños extrapatrimoniales. Eso es un error de comprensión porque en realidad sabemos que ningún perjuicio recibe una reparación absoluta, ni siquiera los daños materiales.

El principio, en cambio, lo que recoge el esfuerzo por una reparación razonable, sujeta a la realidad del daño, y a otras consideraciones jurídicas y económicas,

Su utilidad es entonces dar esa orientación "Todo el daño y nada más que el daño" como lo grafica la espléndida fórmula francesa con que se lo sintetiza, sujeto empero a la condición que tiene de principio. Todo ello además siempre que estemos dentro de una responsabilidad civil que se entienda con una función estrictamente resarcitoria, pues es evidente que si admite la función punitiva este principio pierde sentido y utilidad.

---

tra, p.56 visto en https://www.sitios.scjn.gob.mx/cec/sites/default/files/page/files/2020-06/Alexy%202000%20%282019%29%20-Sobre%20la%20estructura%20de%20los%20principios%20jur%C3%ADdicos-.pdf

III. EN LÍNEA DE CONCLUSIÓN

Es indudable que buena parte de las incertezas o extremos a los que se llega en su aplicación provienen de su indebida comprensión como si este impidiera límites -lo que es un error- y de la falta de uniformidad de nuestra jurisprudencia en general al carecer de una regla que obligue al juez a ser congruente con sus decisiones anteriores. Este última es causa es si común a toda la aplicación de las reglas y principios en nuestro sistema jurídico que es, en mi opinión, uno de los problemas más serios y graves que presenta nuestro ordenamiento jurídico.

Pero, al margen de los errores que pueda haber en su aplicación -que también los hay en la aplicación de reglas- es indudable que todo ordenamiento jurídico que se muestre sensible a la realidad del perjuicio no puede sino recoger el principio de reparación integral del daño so pena de no aquilatar lo que implica una reparación justa y digna a la realidad experimentada por la víctima.

BIBLIOGRAFÍA CITADA

1. Domínguez, Carmen (2019): El principio de reparación integral en sus contornos actuales, Editorial Thomson Reuters (528 pp.), editora.

2. Alexi, Robert,(2019) Ensayos sobre la teoría de los principios y el juicio de proporcionalidad, Coord. Villa Rosas, Lima Editorial Palestra, p.56

Inexistencia de la reparación integral del daño como principio: un ideal sin contenido normativo o simple equidad

GIAN FRANCO ROSSO ELORRIAGA[*]

RESUMEN: La referencia al principio de la reparación integral del daño se ha expandido en los fallos de los tribunales nacionales en los últimos años como argumento dirigido a fundar las indemnizaciones que conceden, especialmente por concepto de daño moral.

No obstante, afirmamos que no tiene contenido normativo, pues no permite al juez decidir ni el *an debeatur* ni el *quantum debeatur*, razón por la cual el supuesto principio cumple ordinariamente en las sentencias una función declamatoria. En los casos en que podría advertirse una función normativa, sea porque sirve de criterio de interpretación o de integración, se observa que la norma *decisoria litis* es en verdad la equidad, confundiéndose ésta con aquél. Por ende, el principio, como tal, no existe.

El trabajo tiene por objeto dar cuenta de que lo expresado se constata fácilmente en las sentencias que recurren a él, analizándose algunos pronunciamientos a modo de ilustración.

PALABRAS CLAVE: Daño–reparación integral–función declamatoria – equidad.

---

[*]   Doctor en Derecho y Magister por la Università degli Studi di Roma Tor Vergata. Profesor de Derecho Civil y Derecho Romano en la Facultad de Derecho de la Universidad de los Andes, Chile. Correo electrónico: grosso@uandes.cl.

I. SÍNTESIS DE LA SITUACIÓN ACTUAL

El principio de la reparación integral del daño se suele enunciar diciendo que consiste simplemente en que la víctima de un daño debe ser restablecida a la misma situación en que se encontraba con anterioridad a su producción. Ello impondría como regla fundamental, y ante la imposibilidad de un restablecimiento en naturaleza, al menos la indemnización de todos y cada uno de los perjuicios sufridos por la víctima. Ni menos ni más.

En el seminario temático del año 2022 del Instituto Chileno de Responsabilidad Civil (ICHRC), discutimos acerca de las funciones de ésta. Sostuve, y reitero, que buena parte de ellas se han desdibujado gracias a la irrupción del supuesto principio de la reparación integral del daño, con el contenido antes sintetizado. Las razones de tal planteamiento se deben a que su aplicación práctica ha conllevado u oculta, en definitiva, decisiones *favor victimae*. Es decir, los tribunales parecieran entender tendencialmente en la actualidad que el problema ya no sería determinar si el victimario debe o no "responder" de los perjuicios causados a otro, y en la medida de ellos, sino que el sujeto que alega haber sufrido un daño resulte efectivamente reparado y, en lo más posible.

Especial campo fértil para la concreción de esta actitud ha sido el daño moral, de la cual el caso "Miño con Servicio de Salud Valparaíso-San Antonio"[1] constituye un fiel exponente. En su sentencia, la Corte de Apelaciones de Valparaíso se limita a reconocer la dificultad de acreditar el daño moral; que resulta casi imposible establecer su valoración económica; y que no se ha establecido un criterio absolutamente uniforme para fijar el *quantum* dinerario de la obligación reparatoria

---

[1]   Corte de Apelaciones de Valparaíso, Rol N° 1570-2017, 13 de febrero de 2018.

de este rubro. De ahí que, sin más, considera que el tribunal *a quo* transgredió el principio de la reparación integral del daño que, de paso, afirma recogido y enarbolado ampliamente por la jurisprudencia y la doctrina nacionales sin efectuar cita alguna, procediendo al aumento del monto concedido en 1ª instancia por concepto de indemnización del daño moral sufrido, a los padres y hermano (Consid. 12°). La decisión es claramente *pro damnato*.

Así, la recurrencia al llamado principio de la reparación integral del daño ha ido horadando las bases mismas de la responsabilidad civil y simplificado su régimen, llevando no solo a invertir en la práctica la regla tradicional *no hay responsabilidad sin culpa* por toda *responsabilidad es objetiva o estricta* (salvo disposición expresa de la ley), sino que, además, a la aplicación del inadmisible extremo de que *todo daño debe ser indemnizado* (cualquiera sea el interés y cuantificación alegada).

Habiéndose centrado modernamente la mirada de la responsabilidad civil en la reparación del daño sufrido por las víctimas, y constituyendo el principio en comento una excelente excusa jurídica para favorecer a éstas, no ha sido de extrañar su expansión como argumento doctrinario y jurisprudencial en los últimos 30 años para justificar las más variadas indemnizaciones y clases de daños, la que ha tenido como corolario la legalización del principio en varios ordenamientos foráneos[2],

---

[2] V. gr., el art. 16 de la Ley N° 446 de 1998 de Colombia expresamente estableció la valoración de los daños irrogados a las personas y a las cosas, atendiendo a *los principios de reparación integral y equidad*; el art. 12 de la Ley Federal de responsabilidad patrimonial del Estado de 2004 mexicana dispuso que "las indemnizaciones corresponderán a la *reparación integral del daño*, y en su caso, por el daño personal y moral"; el Código civil y comercial de la nación argentina dedicó su art. 1740 a la materia señalando: "Reparación plena. *La reparación del daño debe ser plena*. Consiste en la restitución de la situación del damnificado al estado anterior al hecho dañoso, sea por el pago

su reconocimiento en trabajos de armonización en Europa[3] y la pretensión en Chile de encontrarse reconocido por ciertas disposiciones legales[4].

No obstante lo expresado, hemos sostenido[5], y sostenemos, que el supuesto principio de la reparación integral, en realidad, no existe[6]. Y que su consagración legal podrá darle

---

en dinero o en especie. La víctima puede optar por el reintegro específico, excepto que sea parcial o totalmente imposible, excesivamente oneroso o abusivo, en cuyo caso se debe fijar en dinero. En el caso de daños derivados de la lesión del honor, la intimidad o la identidad personal, el juez puede, a pedido de parte, ordenar la publicación de la sentencia, o de sus partes pertinentes, a costa del responsable.

[3] V. gr., en el art. 10:101 de los "Principios de Derecho Europeo de la Responsabilidad civil" se estableció que "la indemnización es un pago en dinero para compensar la víctima, es decir, para reestablecerla, en la medida en que el dinero pueda hacerlo, en la posición que hubiera tenido si el ilícito por el que reclama no se hubiera producido. La indemnización también contribuye a la finalidad de prevenir el daño. Ello comporta el reconocimiento del *principio de compensación íntegra de la pérdida del dañado* (restitutio in integrum): en general *debe ser compensado todo el daño*. No obstante, no se puede pasar por alto que existen ciertos límites que controlan el *principio de restitución integral*". MARTIN-CASALS (2008), p. 204.

[4] V. gr., BARROS (2020), n° 163, p. 255. También se ha creído ver en el art. 3° letra e) de la Ley de Protección de los Derechos Consumidores (Ley N° 19.496), que dispone: «el derecho a la reparación e indemnización adecuada y oportuna de todos los daños materiales y morales en caso de incumplimiento de cualquiera de las obligaciones contraídas por el proveedor». Para su análisis, véase SAN MARTÍN (2023).

[5] ROSSO (2014), pp. 474 y ss.; ROSSO (2016), pp. 390 y ss.

[6] La tendencia moderna ha sido abandonar las normas, reduciendo el Derecho a "principios"; y, peor aún, aludiendo a éstos de un modo genérico, lo que dificulta el entendimiento y la precisión técnica respecto del objeto aludido, cuestión de la máxima relevancia para el Derecho y la solución de controversias como finalidad de

existencia formal, pero no sustancial. Tampoco generar algún cambio efectivo en su naturaleza.

Pues bien, en el debate que tuvo lugar en el seminario temático del 2023 del ICHRC acerca de si el principio es un ideal normativo o una realidad normativa, a cuya constancia escrita corresponde este trabajo, recordamos parte de los argumentos que hemos venido sosteniendo en el sentido señalado, ratificándolos. Pero, por sobre todo, nuestra intervención estuvo dirigida a su ilustración mediante casos jurisprudenciales. A continuación damos cuenta de ello, sin perjuicio de efectuar algunas complementaciones dogmáticas.

II. FUNCIÓN DECLAMATORIA Y NO NORMATIVA DEL SUPUESTO PRINCIPIO

El supuesto principio, además de ser una utopía, no pasa de tratarse de una simple aspiración. Salvo su enunciado, no presenta ni de él puede racionalmente inducirse contenido normativo alguno. De ahí su vaguedad. Es por esto que en realidad

---

esta ciencia. Por ejemplo, entre los autores seguidos en estas materias se encuentra Dworkin, quien expresamente advierte que «usaré el término "principio" *en sentido genérico*, para referirme a todo el conjunto de estándares que no son normas». DWORKIN (2002), p. 72, distinción que ya efectuaba Suárez GUZMÁN (2014), pp. 159 y 160. Una postura así dificulta la conclusión de que técnicamente el principio de la reparación integral realmente puede ser catalogado de tal, pues adquiriría tal carácter solo por descarte, lo que no constituye mucho mérito. Por el contrario, no se advierte ni sus cultores han acreditado, que se trata de un principio por referirse a una proposición indemostrable que no se deduce de otra anterior, siguiendo la idea aristotélica o bien porque cumple con los requisitos de ser verdadero, claro, único y suficiente, conforme la configuración iusnaturalista (que en todo caso se basa en las ideas aristotélicas del método científico). GUZMÁN (2014), pp. 33 y 230.

el juez nada podría decidir verdaderamente a partir del mismo sobre el *an debeatur* y el *quantum debeatur* en un caso concreto.

A pesar, y en razón de lo anterior, presenta una ventaja negativa que ha llevado al panorama inicialmente descrito. Al no entregar soluciones normativas concretas, los jueces bajo su manto pueden hacer y deshacer todo lo que les plazca. Constituye en la práctica una licencia para decir arbitrariamente, más que conforme a la mera prudencia del tribunal. Esto, pues el supuesto principio proporciona a los juzgadores una excelente excusa jurídica para satisfacer los más excéntricos intereses demandados a título de daño, dándole a las decisiones la apariencia de encontrarse fundadas en Derecho, escondiendo en verdad una decisión *pro damnato* como ya adelantáramos.

Ahora bien, sabemos que el daño constituye el elemento esencial en la responsabilidad civil. También, que no se repara todo daño, sino solo el *daño jurídico* o *resarcible,* de modo que las simples aspiraciones o frustraciones individuales no son ni pueden ser en sí mismas daños resarcibles. Y, la determinación de cuáles son los daños resarcibles, es el resultado de un proceso *ex post,* derivado de un *juicio de valor de carácter normativo* que realizan los órganos de justicia en cada caso. Es este juicio el que permite establecer tanto el *an debeatur* como el *quantum debeatur,* los que se distinguen para efectos de un mejor entendimiento de la estructura de la decisión judicial, pero a cuyo respecto el juicio normativo se presenta como un proceso unitario.

En términos simples, lo dicho en precedencia se traduce en que los daños jurídicos o resarcibles serán los perjuicios que el ordenamiento jurídico respectivo determine como tales, en virtud de la aplicación que hace el juez de un conjunto de normas (en sentido amplio) de carácter *adjetivo y sustantivo* presentes en él.

Así, por ejemplo, entre las *adjetivas,* el tribunal deberá respetar el *onus probani* respectivo, los medios de prueba admitidos por la ley y la valoración que ésta impone. Y la excusa de haber aplicado el principio en cuestión no exime al juez de haber obrado con infracción de ley. Entre las *sustantivas,* aplicará las disposiciones del título 35° del Libro IV del Código Civil, entre las que se cuentan los arts. 2314 y 2329 del CC si el asunto sometido a su decisión dice relación con un delito o cuasidelito civil; las leyes especiales que regulen el estatuto particular si lo hubiere; y, por cierto, las reglas legales de interpretación de la ley (arts. 19 al 24 del CC principalmente).

En virtud de lo expresado, no pudo ser más acertada la posición de la Corte Suprema en el fallo "Sfeir con Universidad de Concepción" de 2008. En este, ante la no obtención de la indemnización por daño moral por parte de los demandantes, estos se alzaron ante el máximo tribunal alegando infracción al principio de la reparación integral, argumento que fue rechazado por tratarse de una «doctrina que elimina las diversas distinciones que pueden hacerse en relación a los perjuicios (daño patrimonial, daño emergente, lucro cesante, directos e indirectos, previstos e imprevistos, daño moral), *posición dogmática totalmente ajena a nuestro ordenamiento jurídico civil*». De igual manera, recordó expresamente que en materia de avaluación judicial, «se hace necesario determinar qué perjuicios son indemnizables dentro de las diversas categorías que se reconocen de los perjuicios, como así mismo, el monto de cada uno de ellos, tarea esencialmente prudencial que realiza el juez *de acuerdo a la prueba rendida en los autos*»[7].

Por tanto, corresponde que los jueces decidan, al tenor de las respectivas normas adjetivas y sustantivas correspondientes, tanto el *an debeatur* como el *quantum debeatur,* esto es, normativamente, y no según el supuesto principio de la reparación integral. Ni siquiera lo anterior cambia ante la pretensión de

---

[7]   Corte Suprema, Rol N° 4234-2006, 22 de Julio 2008.

que la normativa aplicable tendría por fundamento el principio, porque se decide de acuerdo a la disposición, no según su inspiración.

En razón de lo dicho, y en el contexto descrito es que, como sostuvo Marella, el supuesto principio tiene en realidad una *función declamatoria* pues, en lo básico, solo permite enfatizar o resaltar lo que se resuelve (hace más ampulosa o rimbombante la sentencia), pero no resolver propiamente[8]. Son las normas aplicables al caso las verdaderamente *decisoria litis*, constituyendo el principio un mero acompañamiento argumentativo.

Por último, no deja de ser interesante que el 2018, expandido el uso del principio de la reparación integral en función declamatoria y advertidos todos los estropicios jurídicos que ha causado al régimen de la responsabilidad civil, la Corte Suprema volvió sobre sus pasos, reproduciendo la doctrina sostenida el 2008 en "Sfeir con Universidad de Concepción", a propósito de la dificultad de determinar y fijar el *quantum* del daño ambiental, descartando aceptar una petición genérica a su respecto[9] (y por ende descartando todo valor normativo al principio).

---

[8]   MARELLA (2009), p. 33. La autora realizó un interesante análisis de la jurisprudencia italiana, a fin de determinar las funciones que el principio tenía, advirtiendo que ellas estaban completamente alejadas de una función normativa efectiva. Así, comenta que la principal función es simplemente 'declamatoria', pues nada permite decidir directamente. Los motivos concretos de la decisión son otros, pero el principio realza coherentemente las motivaciones de la sentencia.

[9]   Explícitamente señaló que en la avaluación judicial «se hace necesario determinar la naturaleza, dimensión y los montos de perjuicios que son indemnizables, para los efectos de determinar el *quantum* a pagar por la vencida, tarea esencialmente prudencial que realiza el juez del grado *conforme a la prueba rendida en los autos* (Corte Su-

III. ILUSTRACIÓN JURISPRUDENCIAL DE LA FUNCIÓN DECLAMATORIA DEL SUPUESTO PRINCIPIO

En seguida, ilustraremos la función declamatoria del principio a través de tres casos concretos ventilados en nuestros tribunales:

i. "Artesanos del Sur con Megavisión"[10]. El litigio tuvo lugar en el ámbito de la procedencia de la indemnización del daño moral por infracción al prestigio comercial (honra), a la luz de lo dispuesto en el art. 2331 del CC. En lo fundamental, la Corte Suprema concuerda con los sentenciadores en orden a que el comportamiento de la demandada no es constitutivo de injuria, de modo que la conducta reprochada no se rige por la Ley de Prensa, sino que por el estatuto general de responsabilidad extracontractual consagrado en los arts. 2314 y ss. del CC. Luego, si bien el fallo afirma que «no puede desatenderse que el artículo 2329 del Código Civil consagra el *principio de reparación integral* del daño», en definitiva, se decide que no puede excluirse la reparación del daño extrapatrimonial por afectación a la honra, pues ello importaría *desconocer la obligación* general de indemnizar todo daño *contemplada en los artículos 2314 y 2329 del Código Civil*». La función declamatoria del principio es ostensible, pues perfectamente es eliminable del fallo, y lo resuelto no cambia ni un ápice, pues la decisión se basó en los artículos citados (normas sustantivas), y en las reglas de interpretación que llevaban a su aplicación.

ii. "Miño con Servicio de Salud Valparaíso-San Antonio". El pleito se enmarca en la procedencia de indemnización del daño moral por repercusión o rebote en el ámbito de la responsabilidad médica. Es un caso muy ilustrativo de cómo el

---

prema *Rol 4234-2006)*». Corte Suprema, Rol N° 36.757-2017, 26 de junio 2018.

[10] Corte Suprema, Rol N° 31061-2014, 21 de marzo de 2016.

principio de la reparación integral cumple solo una función declamatoria y las distorsiones que la pretensión de darle función normativa puede generar. Al respecto, ya se vio en el acápite I que la Corte de Apelaciones de Valparaíso recurrió al principio de la reparación integral del daño para revestir su decisión *pro damnato* de algún fundamento jurídico. Y si bien la Corte Suprema rechazó el recurso de casación en el fondo deducido en contra de la sentencia de la primera, dejó a la vista que no era por compartir la decisión en lo sustantivo como asimismo que las normas verdaderamente *decisorias litis* eran otras.

En efecto, el motivo del rechazo del recurso por parte del máximo tribunal se basó en que la demandada en su apelación no había denunciado la falta de aplicación en la especie del artículo 38 de la Ley N° 19.966 (Consid. 14°)[11]. En otras palabras, la propia Corte Suprema advirtió que el estatuto *decisorio litis* aplicable y a través del cual debía resolverse el caso era dicha ley, y no el supuesto principio. Todo lo cual es correcto, pues expresamente el art. 41 de la misma establece los criterios que el juez debe utilizar para fijar el daño moral: la gravedad del daño y la modificación de las condiciones de existencia del afectado con el daño producido, atendiendo su edad y condiciones físicas, las que son extensibles a los afectados por repercusión o rebote (además de señalar el mismo art. 41 los daños que no son indemnizables).

Lo dicho, por lo demás, ha sido plenamente ratificado por la propia Corte Suprema posteriormente en otros casos, al conceder el daño moral que había sido descartado por los sentenciadores en el litigio referido, precisamente por haber infringido el art. 41 de la Ley N° 19.966, sin mencionar siquiera

---

[11]   Corte Suprema, Rol N° 5145-2018, 20 de septiembre de 2018.

el principio[12], demostrando la función declamatoria que este tiene en la materia.

iii. "Campos con Servicio de Salud del Maule y otros"[13]. Este juicio es parte del conjunto de fallos de la Corte Suprema a través de los cuales ha aceptado la procedencia de la indemnización del daño moral por responsabilidad contractual. En este caso afirmó que de manera uniforme ha admitido la indemnización del daño moral en sede contractual, fundada en que la responsabilidad civil impone la obligación de reparación integral del daño, razón por la que procede que no sólo sea reparado el daño patrimonial sino también el perjuicio extrapatrimonial (Consid. 19°).

Aparentemente, el principio parecería constituir norma *decisoria litis*. Sin embargo, además de demostrar como la referencia al mismo vulgariza el Derecho de la responsabilidad civil, el argumento real es el haber ya admitido, con anterioridad, la indemnización del daño moral en sede contractual. Admisión basada en verdaderos juicios normativos y no en el principio.

En efecto, sentencia precursora en la materia fue "Rafart con Banco de Chile" en 1994[14], la cual recurrió simplemente a la aplicación de las reglas legales sustantivas correspondientes, incluyendo las interpretativas, para arribar a la señalada conclusión. En lo fundamental, la Corte Suprema afirmó que el concepto de emergente que emplea el art. 1556 no solo comprende el daño pecuniario sino también el moral; que ni el art. 1556 ni otra disposición del código civil prohíbe que se indemnice al daño moral en materia de contratos; que por el contrario, fuera del ámbito de los delitos o cuasidelitos, los arts. 544 y 539 por un lado y el art. 1544 por otro, abren la puerta

---

[12] Corte Suprema, Rol N° 80576-2022, 27 de marzo de 2023.

[13] Corte Suprema, Rol N° 38.151-2016, 25 de abril de 2017.

[14] Corte Suprema, Rol N° 18.647, 20 de octubre de 1994.

a esa clase de reparaciones (los primeros en las relaciones de familia y el segundo en el área de las convenciones); que a la luz del art. 1558, el daño moral puede preverse al momento de contratar cuando el contenido del contrato involucre daños extrapatrimoniales, por lo que admite su reparación cuando el contratante infractor actúa con dolo; que los arts. 2314 y 2329 dan cabida a la indemnización del daño exclusivamente moral, no divisándose motivo que justifique su negación cuando su lesión proceda de la defección culpable o maliciosa de uno de los contratantes; y, los intereses extrapatrimoniales se encuentran garantizados por los arts. 19 n° 1 y 4 de la Constitución.

En parte alguna el fallo en comento aludió al principio de la reparación integral, dejando a la vista que nunca fue norma *decisoria litis* para la admisión de la reparación del daño moral en la responsabilidad contractual.

Demostrando toda su función meramente declamatoria, la referencia al principio ha sido agregado en la última década, cuando el juicio verdaderamente normativo ya había sido realizado por la jurisprudencia. De modo que estamos en una materia en que no solo no es verdad que el principio ha tenido alguna trascendencia efectiva en el cambio jurisprudencial[15],

---

[15]   Domínguez, entre las consecuencias de la recepción del principio de reparación integral, incluye la plena procedencia del daño moral en todos los ámbitos de la responsabilidad, incluyendo el contractual. Pero, la propia autora reconoce que tan contundente conclusión es, como el principio, un mero deseo más que una realidad. De un lado, previa y expresamente ya había reconocido que la reparación del daño moral en el ámbito contractual tuvo su origen en "Rafart con Banco de Chile", en virtud de los argumentos señalados y sin ninguna referencia al principio; y de otro, explícitamente señala al referirse a las consecuencias, que «De este modo, la reparación del daño moral se ha constituido en un principio resarcitorio básico de la responsabilidad extracontractual. Y lo mismo ha sucedido en el ámbito contractual, desde que se ha admitido su reparación. En

sino que además muestra, en todo su esplendor, el simple carácter de "acompañamiento" que tiene.

IV. LA FUNCIÓN NORMATIVA ATRIBUIDA AL PRINCIPIO ES CUMPLIDA POR LA EQUIDAD

Hemos señalado que el juez establece el *an debeatur* y el *quantum debeatur* a través de un juicio normativo, el cual realiza mediante la aplicación de un conjunto de normas (en sentido amplio) de carácter adjetivo y sustantivo contempladas por el ordenamiento jurídico.

Pues bien, entre las normas sustantivas se encuentra la *equidad*, a la cual debe o puede acudir el juzgador al margen de la expresión con que el ordenamiento jurídico la designe o el tribunal se refiera a ella[16].

Y deberá o podrá recurrir el órgano jurisdiccional a la *equidad*, al menos por las siguientes razones:

---

ello ha tenido clara influencia una *adecuada lectura de las normas civiles* desde la perspectiva constitucional». DOMINGUEZ, (2019): pp. 36 y 92.

[16] La Corte Suprema ha establecido como doctrina que se debe aplicar o se aplica la equidad, cualquiera sea la expresión que se utilice para referirse a ellas. V. gr., en "Tocornal con Servicio Agrícola y Ganadero", señaló que «nunca se ha dudado de que la equidad natural constituye una fuente interpretativa de la ley, por una parte, y una fuente integradora en los casos de lagunas legales, por otra; ello, bien sea que el legislador se refiera a ella con el señalado nombre de "equidad natural"; ora empleando conceptos equivalentes como cuando dice "la sana crítica", la "prudencia", el "leal saber y entender", la "prueba en conciencia", el "fallo en conciencia"; ya, en fin, recurriendo a otras expresiones no sacramentales que aluden en todo caso, cierta e inequívocamente, a la equidad». Corte Suprema, Rol N° 5.470, 26 de junio de 1985.

i. Porque la ley le ordena fallar conforme a ella, como es el caso de los árbitros arbitradores y de los árbitros laborales, quienes deben resolver el asunto sometido a su conocimiento conforme a lo que su prudencia y la *equidad* les dicten[17].

ii. Porque la ley aplicable a los hechos y al conflicto le imponen expresamente recurrir a ella con funciones específicas y diversas. Las más relevantes establecidas por las legislaciones son constituir un *factor de reducción de la indemnización* o un *factor de atribución de responsabilidad*.

En el primer caso, el legislador faculta al juez para reducir equitativamente la reparación cuando hay excesiva diferencia entre la gravedad de la culpa y el daño, como encontramos en códigos extranjeros (p. ej. art. 944 Cc.Br.). En Chile, el art. 67 bis de la ley N° 10.336[18] dispone que las obligaciones pecuniarias derivadas de la responsabilidad civil pueden ser "por razones de equidad" disminuidas por el Contralor, en casos calificados.

En el segundo caso, el legislador faculta al juez para condenar a un no culpable a una indemnización equitativa por hechos del incapaz, hipótesis que se ha expandido en la legislación extranjera pero que no encuentra aún recepción en nuestro medio[19].

---

[17] Véase respecto a los primeros el art. 637 del CPC. Sobre los segundos, el art. 28 del "Reglamento de arbitraje laboral" (DS. N° 16 del Ministerio del Trabajo y Previsión Social, publicado el 26 de abril de 2017). Este último fue dictado en virtud de lo establecido en el art. 385-2° del Código del Trabajo, luego de la incorporación del nuevo Libro IV por el art. 1°, n° 36, de la ley N° 20.940.

[18] Ley de organización y atribuciones de la Contraloría General de La República, cuyo texto refundido fue fijado por DS N° 2421 del Ministerio de Hacienda, publicado el 10 de julio de 1964.

[19] V. gr., arts. 2047 Cc.It.; 1977 Cc.Per.; Art. 989 Cc.Bol.; 24-b de la Ley General de Responsabilidad danesa.

iii. Porque le sirve como *criterio de interpretación o integración*, determinando a través de ella los daños reparables. Se trata de una función tradicional que presenta la equidad en nuestro ordenamiento jurídico al facultar el art. 24 del CC a los jueces para recurrir subsidiariamente a la "equidad natural" a fin de interpretar los pasajes oscuros o contradictorios de las leyes. La regla, como sabemos, se ha entendido tradicional e históricamente en términos amplios, considerándosele además un recurso de integración de los vacíos legales[20].

En esta ocasión, nos interesa este tercer caso por el cual los tribunales deben recurrir a la equidad pues, conforme a la función interpretativa e integradora, en última instancia tendrán que, o bien interpretar las normas del ordenamiento jurídico que permiten determinar el *an debeatur* y el *quantum debeatur* conforme a ella (conjuntamente o no con otras reglas interpretativas); o bien, a falta de otra norma, efectuar dicha determinación aplicando la equidad, convirtiendo a ésta en la norma *decisoria litis*[21].

Pues bien, en la realidad jurisprudencial (dejando de lado las arbitrariedades que se cometen en su nombre), se constata que, cuando los tribunales acuden al principio de la reparación integral del daño como si se tratase aparentemente de una norma *decisoria litis*, en verdad lo que están aplicando es

---

[20]   Véase n. 16.

[21]   Más allá del cambio de opinión, M'Causland reconoce que en una primera obra consideró que la equidad cumplía un papel en la definición en las categorías de daños, pero que en una reflexión más profunda ahora considera «que la determinación de las especies del perjuicio inmaterial no se hace por los jueces con apoyo en la equidad integradora del ordenamiento, si no a partir de la interpretación -a la luz de los métodos tradicionales- de distintas disposiciones normativas, en particular de aquellas que permiten deducir la obligación de efectuar una reparación integral». M'CAUSLAND (2019), p. 405.

simplemente la *equidad*. La decisión, y por ende el juicio normativo, se toma en base a ésta, y no al supuesto principio. *La
norma es la equidad*. En otras palabras, la referencia al principio,
cuando no es meramente declamatoria, constituye en la práctica la expresión, voz o traducción de la equidad por parte de
los juzgadores.

Lo expresado es bastante lógico, dado que el principio es un
mero enunciado, que carece de contenido propio. De modo
que, si algún contenido normativo quisiera dársele, tendría
necesariamente que ser la equidad, pues antes de aplicar ésta
en función interpretativa o integradora, existen otras normas
decisoria litis a las cuales deben recurrir los tribunales (como se
ha visto en el acápite precedente). Luego, en los hechos, tiene
lugar una *confusión sustantiva entre el principio de la reparación integral y la equidad*, constituyendo una suerte de *equidad aplicada*.

Esta constatación, en todo caso, nada tiene de original.
Desde una perspectiva general, Guzmán demostró en nuestro
medio que histórica y dogmáticamente, la noción configurada
finalmente por los iusnaturalistas de "principios del derecho"
reemplazó como recurso subsidiario para suplir los vacíos legales a la *aequitas* del *ius commune*[22]. En este sentido, Pufendorf
fue explícito, al plantear que raramente los legisladores pueden emitir leyes que no admitan excepciones, motivo por el
cual debe recurrirse a la equidad a falta de ley[23]. Y, modernamente, el propio Dworkin relaciona su genérico concepto de
principio con la equidad[24].

---

[22]   GUZMÁN (2014), pp. 223 y 224; pp. 273–276.

[23]   «*Vnde & legislatores raro possint ferre eiusmodi legem, quae nullam ad-
        mittat exceptionem, atque adeo vbi deferta legis litera non sit ad aequitatem
        recurrendum*». PUFENDORF (1759): p. 27 (lib. I, cap. 2°, §5, I).

[24]   Expresamente llama «"principio" a un estándar que ha de ser obser-
        vado, no porque favorezca o asegure una situación económica, polí-
        tica o social que se considera deseable, sino porque es una exigencia

Desde una perspectiva especial, esto es, llevada la cuestión al terreno del derecho de daños, la relación es la misma. Así, el catedrático colombiano Henao, luego de estudiar la situación del principio de la reparación integral en Francia, concluye que es "un mito". Entre otras razones, porque se trata precisamente de un principio fácil de enunciar pero que no permite a los jueces (por su falta de contenido) superar las limitaciones del derecho positivo. Para esto, recurren a «la noción de *equidad*», lo que relativiza la practicidad del principio[25]. Todo lo cual confirma con posterioridad el también colombiano Sandoval, al entender que «la existencia de una amplia discrecionalidad es fuente de inseguridad, ambivalencias y, lo más grave, de afectación de la igualdad de las víctimas. De manera que el criterio de *equidad* debe servir para modular el principio de reparación integral y llevar hasta donde sea posible la expectativa de indemnización»[26]; o sea, *es la equidad y no el principio el que cumple la función normativa* en la determinación de los daños.

Exprofeso citamos autores colombianos, dado que Colombia acogió legislativamente el principio. Lo curioso es que la norma de este país establece la determinación de los daños «atendiendo a los principios de reparación integral y equidad»[27], resultando en definitiva un reconocimiento de que es esta última la norma verdaderamente la aplicada y *decisoria litis*, en vez del principio.

---

de la justicia, la *equidad* o alguna otra dimensión de la moralidad». DWORKIN (2002), p. 72.

[25] Literalmente concluye «*que le juge s´appuie sur la notion d´équité pour surmonter les contraintes du droit positif, lorsque ce dernier l´empêche de faire progresser la jurisprudence, est encore une façon de malmener un principe qui apparaît pourtant facile à énoncer*». HENAO (2007), n° 460, p. 701.

[26] SANDOVAL (2013), p. 267.

[27] *Supra* n. 2.

Al igual que es imposible tapar sol con un dedo, no se puede ocultar la falta de función normativa del supuesto principio, como asimismo que es la equidad la que dota a éste de contenido en última instancia. De ahí que no le quede otra alternativa a la propia doctrina nacional que defiende el principio, que reconocer lo evidente. En este sentido, explícitamente afirma Rubio «que, a falta de un fundamento normativo sólido, es en la *equidad* donde podemos fundamentar este principio»[28]. O sea, cuando un fallo dice que está resolviendo conforme el principio de la reparación integral del daño, y esta declaración no resulte meramente declamatoria en su contexto, lo que realmente está sosteniendo la sentencia es que la fuente de Derecho aplicada y en base a la cual se está juzgando, es la equidad.

V. ILUSTRACIÓN JURISPRUDENCIAL DE LA APLICACIÓN NORMATIVA DEL PRINCIPIO EN CUANTO EQUIDAD

Es posible observar que la propia jurisprudencia en ocasiones, en vez de tratar de mostrar como normativo un principio que no lo es, exhibe abiertamente (como debiera ser), que la decisión adoptada está jurídicamente fundada en la equidad, como podemos observar a modo de ejemplo en los siguientes tres casos:

i. "Fernández con Arinoviche"[29]. Se trata de un pleito concerniente a responsabilidad médica. El fallo de 1ª instancia condenó a los demandados a pagar, además del daño emergente, la suma de $80.000.000 por daño moral, siendo ésta rebajada por la sentencia de 2ª instancia a $30.000.000, lo que motivó su impugnación mediante casación en el fondo por el

---

[28] RUBIO (2019), p. 241. Reiterando que constituye «un imperativo que emana de la equidad» en ob. cit, p. 272.

[29] Corte Suprema, Rol N° 31061-2014, 21 de marzo de 2016.

afectado. En su recurso, este afirmó que la rebaja vulneraba «los artículos 2314 y 2329 del Código Civil que establecen el principio de la reparación integral del daño causado a la víctima». Como se aprecia, el principio fue citado con función declamatoria de las normas *decisoria litis* citadas.

La Corte Suprema, luego de reconocer que en materia de daño no patrimonial la indemnización se identifica «con el derecho de la víctima a una compensación *equitativa*», sostiene que este es el «criterio al que se traduce en la especie, el *principio de reparación integral*». O sea, el *an debeatur* y el *quantum debeatur* respecto del daño moral, se determinan a través de la *equidad*, a la que se le llama en este ámbito principio de la reparación integral. A mayor abundamiento, la Corte revoca la resolución recurrida porque «*infringe los artículos 2314 y 2329 del Código Civil* la sentencia que reduce el monto de la indemnización fijada en primera instancia por la sola consideración de que el reo "no goza de gran solvencia económica" pues "el quantum de la indemnización debe medirse por el daño causado y no por la hacienda del agente" (C.S. , 29 de Noviembre de 1968, Rev. Tomo 65, sec 4°, p. 323). Todo lo cual determina que, en definitiva, la decisión sobre la indemnización de perjuicios que se establece en el fallo, no encuentre debido fundamento, tornándose caprichosa o arbitraria y no cumpla con la *exigencia* de reparar *en forma equitativa* el daño sufrido». Así, y no obstante queda a la vista que la decisión se tomó aplicando concretamente los arts. 2314 y 2329, resultando ni siquiera necesario recurrir a la equidad, lo relevante es que, sea con función declamatoria o con función interpretativa, se ratifica que lo aplicado como principio de la reparación integral fue la equidad.

ii. "Canet y otros con colegio Salesianos de Valparaíso"[30]. El incumplimiento de un contrato de prestación de servicios

---

[30]   Corte Suprema, Rol N° 7974-2009, 11 de junio de 2012.

educacionales fue el marco de esta disputa y, en particular, si procedía la compensación por daño moral en un régimen de responsabilidad contractual.

A este último respecto, ratificando el fallo de 2ª instancia, la Corte Suprema reproduce de manera sintética los argumentos esgrimidos desde 1994 para conceder el daño moral (Consid. 19° y 20°), y que hemos visto en el acápite precedente a propósito de "Rafart con Banco de Chile". Sin embargo, la novedad es la adición de un argumento genérico introductorio, al que quedan sujetos los referidos argumentos, a saber: que «antes de indagar y argumentar sobre la eventual exclusión del daño moral del ámbito contractual por parte del legislador, cabe aplicar el *principio de equidad* que, junto al de buena fe en la ejecución de los contratos, rigen en nuestro sistema jurídico. Al amparo de tales directrices deviene inadmisible la idea de permitir que *un perjuicio injusto quede sin reparación* o que un contratante obtenga provecho del negocio celebrado provocando un desmedro, no contemplado, en los intereses patrimoniales o extrapatrimoniales del otro» (Consid. 18°).

Se observa y agradece el sinceramiento de la Corte Suprema: a fin de conceder el daño moral por infracción contractual, las normas del ordenamiento jurídico que luego cita son interpretadas conforme el *principio equidad* (según terminología del art. 170 n° 5° del CPC) o la *equidad natural* (según terminología del art. 24 del CC)[31]. Así, el principio de la reparación integral es al menos llamado por su nombre, queda a la vista su verdadero contenido y su función interpretativa de las normas *decisoria litis*.

Ratifica lo expresado el ya citado caso "Campos con Servicio de Salud del Maule y otros", pues luego de asilarse en el principio de la reparación integral para admitir la indemnización

---

[31]   Véase GUZMÁN (1981).

por daño moral en la responsabilidad contractual, la Corte Suprema añade, en el mismo considerando (19°), «que por lo demás, no existen *razones* de texto legal ni *de justicia* que permitan la exclusión de ese resarcimiento». Y a nuestro parecer, es en este añadido donde se encuentra el real fundamento de la decisión: la equidad. Porque es evidente que no podría sino aludir a esta la referencia a las "razones de justicia".

iii. "Hagedorn con Sociedad Princic Ltda."[32]. Se trata de un interesante caso sobre responsabilidad extracontractual, en que, a efectos de la procedencia o no de la rebaja de la indemnización, se discutió la posibilidad de aplicar el art. 2330 del CC, no obstante, la víctima era inimputable, resultando imposible la "compensación de culpas".

En este contexto, la Corte Suprema recuerda que el art. 2329 consagra el principio de la reparación integral del daño (Consid. 31°), para concluir finalmente que «resulta ajustado a la *equidad* que el monto de la indemnización a que se está obligado se reduzca …, con arreglo a lo dispuesto no sólo en el artículo 2330 del Código Civil, sino en relación también con los artículos 2314 y 2329 del Código Civil» (Consid. 32°). Luego, es claro que las normas *decisoria litis* son estas últimas, las cuales sin embargo se fundarían en el principio de la reparación integral del daño, lo que se traduce en la especie en la necesidad de ser interpretadas y aplicadas conforme a la *equidad*. Esto implica excepcionalmente en la especie la reducción de la condena. Y, en lo que nos interesa, en la atribución, una vez más como contenido del principio, de la equidad.

---

[32]   Corte Suprema, Rol N° 25975-2019, 23 de julio de 2021.

VI. OBSERVACIONES CONCLUSIVAS

La revisión de la jurisprudencia nacional deja a la vista el carácter declamatorio que presenta el llamado principio de la reparación integral. Tanto el *an debeatur* como el *quantum debeatur* se determinan, y deben ser determinados por los jueces aplicando las normas contenidas en el ordenamiento jurídico, dentro de las cuales el principio no es subsumible por su falta de contenido. Ello demuestra su inutilidad práctica.

No obstante, hay ocasiones en que aparentemente en algunos fallos cumpliría una función normativa, en cuanto serviría para interpretar las normas aplicables al caso o bien para integrar las lagunas del ordenamiento jurídico. Cuando ello ocurre, en realidad se advierte que los tribunales están recurriendo a la equidad, que se expresa como principio, lo que es consistente con la historia y dogmática de los principios de derecho. El juicio normativo fundado en la equidad, ratifica la inutilidad del principio, en cuanto nada nuevo agrega.

Lo anterior importa la exigencia para la doctrina y jurisprudencia de cambiar el centro de la investigación. Además de sincerar la norma *decisoria litis*, en vez de insistir en intentar desarrollar un principio aparentemente distinto a la equidad, debiera profundizarse en ésta; cuándo y cómo se aplica en materia de daños; sus requisitos; los criterios que de ella se deducen; etc. Todo lo anterior en aras de la objetivación de las decisiones.

En esta línea, no puede olvidarse que precisamente Bello quería evitar que los jueces fallaran en base a «una secreta inspiración» o a un «poder sobrenatural que mueva los labios» de ellos[33], oponiéndose a la *aequitas rudis*, meramente subjetiva. Por el contrario, debían recurrir a la *aequitas constituta* o *ratio*

---

[33]   BELLO (1932), p. 347.

scripta, de carácter objetivo y sinónima de *Corpus Iuris Civilis*[34] (y por ende como debiera entenderse la equidad natural en el art. 24 del CC). El erróneo entendimiento de que la equidad es «el sentimiento seguro y espontáneo de lo justo y lo injusto que deriva de la sola naturaleza humana»[35] y, consecuencialmente la aplicación de la *aequitas rudis*, es lo que ha llevado en definitiva al desolador panorama descrito inicialmente, bajo el disfraz de estarse resolviendo en base a algo diferente (el principio de la reparación integral del daño).

Por último, la revisión de las opiniones en contrario, más bien reafirman nuestras convicciones, en vez de convencernos de un equívoco en nuestra visión, pues sustantivamente nos dan la razón[36].

BIBLIOGRAFÍA CITADA

BARROS BOURIE, Enrique (2020): Tratado de responsabilidad extracontractual, Tomo I (Santiago, Editorial Jurídica de Chile).

BELLO, Andrés (1932): "Necesidad de fundar las sentencias", El Araucano N° 479, de 1° de noviembre de 1839, en: Obras completas, n° 7, Opúsculos jurídicos 2 (Santiago, Editorial Nascimento).

DOMINGUEZ HIDALGO, Carmen, (2019): "Los principios que informan la responsabilidad en el Código Civil: versión original y mirada del presente", en: A.A.V.V., El Principio de Reparación Integral en sus

---

[34] GUZMÁN BRITO, (1981).

[35] Corte Suprema, Rol N° 2313-2009, 7 de diciembre de 2010.

[36] Tras analizar varias sentencias, igualmente RUBIO (2019), p. 253 debe admitir que «en algunos casos pareciera que el principio es citado para "adornar la decisión", o, más bien, reconociéndose con carácter de *obiter dicta*». Sin perjuicio de citar, adicionalmente, jurisprudencia que corrobora que la decisión no se fundó en el principio, sino en otra norma sustantiva o adjetiva. Incluso fallos aquí analizados, a los cuales se les pretende dar una lectura distinta para salvar el rol del principio.

Contornos Actuales. Una revisión desde el derecho chileno, latinoamericano y europeo (Santiago, LegalPublishing).

DWORKIN, Ronald (2002): Los derechos en serio (trad. Guastavino, Barcelona, Ariel).

GUZMÁN BRITO, Alejandro (2014): El origen y la expansión de la idea de principios del derecho" (Santiago, LegalPublishing).

GUZMÁN BRITO, Alejandro (1981): "El significado histórico de las expresiones «equidad natural» y «principios de equidad» en el derecho chileno", en: Revista de Ciencias Sociales (18 – 19), pp. 111– 143.

HENAO, Juan Carlos (2007): Le dommage. Analyse à partir de la responsabilité civile extracontractuelle de l´Etat en droit colombien et en droit français (París, These Doctorat, Université Panthéon-Assas).

MARELLA, María Rosaria (2009): "Il risarcimento per equivalente e il principio della riparazione integrale", en: A.A.V.V. Trattato della responsabilità contrattuale, vol. 3 (Padova, Cedam, 2009).

MARTIN-CASALS, Miquel (2008): Principios de derecho europeo, European Group on tort law, Texto y comentarios, A.A.V.V. (trad. RED-PEC, Cizur menor, Thomson-Aranzadi).

M'CAUSLAND SÁNCHEZ, María Cecilia (2019): Equidad judicial y responsabilidad extracontractual (Bogotá, Universidad de Externado).

SANDOVAL GARRIDO, Diego Alejandro (2013): "Reparación integral y responsabilidad civil: el concepto de reparacion integral y su vigencia en los daños extrapatrimoniales a la persona como garantía de los derechos de las víctimas", en: Revista de Derecho Privado (n° 25), pp. 237–273.

SAN MARTÍN NEIRA, Lilian (2023): "La reparación integral del daño en el derecho del consumo", en: Actualidad Jurídica (n.° 48), pp. 373-405.

ROSSO ELORRIAGA, Gian Franco (2014): "El principio de la responsabilidad civil objetiva limitada: un elemento de equilibrio sistémico que no contradice al denominado principio de la reparación integral del daño", en: Revista de Derecho Privado (n° 26), pp. 449-497.

ROSSO ELORRIAGA, Gian Franco (2016): Los límites de la responsabilidad objetiva. Análisis en el ámbito de la responsabilidad extracontractual desde el derecho romano hasta el derecho civil latinoamericano moderno (Ciudad de México, Universidad Nacional Autónoma de México, Instituto de Investigaciones jurídicas).

PUFENDORF, Samuel (1759): *De iure naturale et gentium*, Tomo I (Francofurti et Lipsiae, ex Officina Knochio – Eslingeriana)

RUBIO VARAS, Francisco (2019): "El principio de reparación integral y la valoración del daño moral: el baremo estadístico jurisprudencial chileno", en: A.A.V.V., El Principio de Reparación Integral en sus Contornos Actuales. Una revisión desde el derecho chileno, latinoamericano y europeo (Santiago, LegalPublishing).

Normas jurídicas citadas

Ley N° 19.966, establece un régimen de garantías en salud. Diario Oficial, 3 de septiembre de 2004.

Ley N° 10.336, de organización y atribuciones de la Contraloría General de la República. Diario Oficial, 29 de mayo de 1952 (Decreto N° 2421, Hacienda, fija el texto refundido, Diario Oficial, 10 julio de 1964).

Jurisprudencia citada

González con Servicio de Salud Metropolitano Oriente y otro : Corte Suprema 27 de marzo de 2023, Rol N° 80576-2022

Artesanos del Sur con Megavisión: Corte Suprema 7 de junio de 2021 (acción de indemnización de perjuicios), Rol N° 6296-2019, Westlaw CL/JUR/57632/2021

Hagedorn con Sociedad Princic Ltda.: Corte Suprema 23 de julio de 2021 (acción de indemnización de perjuicios), Rol N° 25975-2019, Westlaw CL/JUR/63942/2021

Miño Gómez y otros con Servicio de Salud Valparaíso-San Antonio: Corte de Apelaciones de Valparaíso 13 de febrero de 2018 (acción de indemnización de perjuicios), Rol N° 1570-2017, Westlaw CL/JUR/2635/2018

Miño Gómez y otros con Servicio de Salud Valparaíso-San Antonio: Corte Suprema 20 de septiembre de 2018 (acción de indemnización de perjuicios), Rol N° 5145-2018, Westlaw CL/JUR/5151/2018

Estado Fisco De Chile con Minimal Interprises Company y otro: Corte Suprema, 26 de junio 2018 (demanda de cumplimiento incidental de determinación de cuantía de los perjuicios), Rol N° 36.757-2017, Westlaw CL/JUR/3217/2018

Campos con Servicio de Salud Del Maule y otros: Corte Suprema 25 de abril de 2017 (acción de indemnización de perjuicios), Rol N° 38.151-2016, Westlaw CL/JUR/2438/2017

Fernández con Arinoviche y otros: Corte Suprema 21 de marzo de 2016 (acción de indemnización de perjuicios), Rol N° 31061-2014, Westlaw CL/JUR/1909/2016

Canet y otros con colegio Salesianos de Valparaíso: Corte Suprema 11 de junio de 2012 (acción de indemnización de perjuicios), Rol N° 7974-2009, Westlaw CL/JUR/1083/2012

Valenzuela con Juan Antonio Luna Espinoza: Corte Suprema 7 de diciembre de 2010 (acción reivindicatoria) Rol N° 2313-2009, Westlaw CL/JUR/17290/2010

Sfeir Younis, Racionalizacion y Mecanizacion Chile S.A. y Cardemil con Universidad De Concepción y Serigrafia Chile S.A.: Corte Suprema 22 Julio 2008 (demanda incidental de determinación de cuantía de los perjuicios), Rol N° 4234-2006, VLEX-332812786 y Westlaw CL/JUR/2980/2008

Tamaya con Atocha (1999): Corte Suprema 6 abril 1999 (acción de nulidad de concesión minera, Rol N° 2222-1999 en: Revista de Derecho y Jurisprudencia, Tomo 96 (1999), II, sección 7ª, pp. 65-73.

Rafart con Banco de Chile: Corte Suprema 20 de octubre de 1994 (acción de indemnización de perjuicios), Rol N° 18.647, Westlaw CL/JUR/1624/1994 (véase también en RDJ, t. 91, secc. 1ª, pp. 100 y ss. y en Fallos del Mes, 431 (1994), pp. 657 a 663

Tocornal con Servicio Agrícola y Ganadero: Corte Suprema 26 de junio de 1985 (recurso de queja), Rol N° N° 5.470, Microjuris MJCH_MJJ6062 | RDJ6062, MJJ6062

Principio de reparación integral. Su relación con el fundamento y los fines de la responsabilidad civil*

CRISTIÁN AEDO BARRENA**

RESUMEN: El presente trabajo aborda la conexión existente entre el fundamento de la responsabilidad y la reparación, los fines o funciones que pueden derivarse de dicho fundamento y el principio de reparación integral. En el trabajo se defiende que la determinación del o los responsables encuentra fundamento en la justicia distributiva, mientras que la justicia correctiva, acorde con el planteamiento aristotélico, incide en la determinación de los daños. A partir de esta toma de postura se exploran las principales funciones de régimen y se contrastan con el principio de reparación integral.

PALABRAS CLAVE: Justicia correctiva, justicia distributiva, daños, funciones, reparación.

---

*   Este artículo forma parte del proyecto Fondecyt regular número 1231292, denominado "El riesgo como elemento articulador de la responsabilidad civil extracontractual", del que el suscrito es investigador principal; del Fondecyt regular número 1231094, denominado "Causalidad y supuestos de exoneración de responsabilidad contractual en el Derecho romano", cuyo investigador principal es el profesor Patricio Lazo y del cual el autor es coinvestigador, y del Fondecyt regular 1220697, titulado "Criterios de distinción entre obligaciones restitutorias e indemnizatorias en situaciones extracontractuales e intromisión en derecho ajeno", cuyo investigador principal es el profesor Carlos Céspedes y del cual el autor es coinvestigador.

** Doctor en Derecho por la Universidad de Deusto, Bilbao, España. Profesor de Derecho Civil Universidad Católica de la Santísima Concepción. Correo electrónico: caedo@ucsc.cl.

No cabe duda de que el problema de los fines o funciones del régimen está emparentado con su fundamento. Me atrevo a decir que solo despejando estos dos asuntos previos puede haber una adecuada aproximación al denominado principio de reparación integral. Es esta cuestión la que me propongo comprobar en este breve trabajo. En efecto, ya sabemos que hemos asistido a la tendencia de admitir una suerte de polifuncionalidad de la responsabilidad civil. Resta saber si pueden admitirse todas las propuestas y si están en un mismo plano, digamos, ontológico, es un esfuerzo que debe emprenderse en un trabajo de más largo aliento. Pero este es otro debate que en parte puede vislumbrarse en esta ponencia.

I. FINES Y FUNDAMENTO EN LA RESPONSABILIDAD CIVIL

1. Fines y justicia distributiva: la tesis en la doctrina chilena

Aunque la finalidad principal del régimen es sin duda la compensación de la víctima[1], ello no parece incompatible con admitir, plantear o discutir fines adicionales. La doctrina chilena también ha ido proponiendo la existencia de fines adicionales. Así, por ejemplo, Banfi sostiene que, aunque la función principal de la responsabilidad civil es reparar el daño

---

[1] Al margen del problema de la evolución de la responsabilidad, con cuya reconstrucción no coincidimos con la doctrina en general, hay acuerdo en que el fin fundamental del régimen es el de compensar a la víctima, con base en un régimen general de la culpa. Véase varios autores [AEDO (2018a), pp. 342 y ss.; BARROS (2020), pp. 86-88; CORRAL (2004), p. 207; DE ÁNGEL (1993), pp. 60-61; DÍEZ-PICAZO (1999), p. 47; PANTALEÓN (2001), pp. 6-12; RODRÍGUEZ GREZ (1999), p. 63].

con arreglo a la justicia correctiva, nada impide que cumpla también funciones preventivas y retributivas[2]. En un sentido similar se ha pronunciado también recientemente San Martín, que reconoce al menos tres funciones para el régimen: punitiva, reparadora y preventiva[3].

La aproximación tradicional defiende que la justicia correctiva sirve de fundamento a la función reparatoria, mientras que otras funciones encontrarían respuesta en la justicia distributiva[4]. Nuestra doctrina considera, en efecto, que el principio de justicia correctiva puede justificar tanto un régimen de responsabilidad estricta[5] como uno de culpa[6]. Pero también Pino ha

---

[2] BANFI (2017), p. 98.

[3] Varios autores (SAN MARTÍN (2020), pp. 33-34; SAN MARTÍN (2023), pp. 76-83).

[4] Varios autores [BANFI (2017), p. 98; BARROS (2020), p. 19. Véase también BARROS (2019), pp. 708-709; 718 y ss]. Se sigue, así, la tesis de la justicia correctiva, en la tesis anuladora o la mixta de COLEMAN (1992a), pp. 306 y ss.; COLEMAN (1992b), pp. 429-430; o la tesis formalista de WEINRIB, que parece seguir Barros. Véase varios autores [WEINRIB (2003), pp. 3 y ss.; WEINRIB (2012), pp. 212 y ss.; BEEVER (2009), pp. 48-49; GORDLEY (2002), pp. 3 y ss.; PAPAYANNIS (2013), pp. 39 y ss.; WRIGTH (1992), pp. 631 y ss].

[5] Algunos han sostenido que mientras la justicia correctiva funda la responsabilidad por culpa, sería la justicia distributiva la que fundaría la responsabilidad estricta. Véase especialmente BASOZABAL (2015), pp. 64-66.

[6] Véase BARROS (2020), p. 312. Siguiendo el trabajo de Perry, puede advertirse en esta materia dos criterios que han sido defendidos: el de la culpa, desde el análisis económico del derecho, con Posner, y desde el terreno de la moral, por autores como Weinrib. En el caso de la responsabilidad estricta, en el campo económico, con Calabresi y en el terreno moral, con Epstein. Las posiciones desde la ética se encuentran fundadas todas desde la justicia correctiva, aunque esta, en uno u otro caso, se comprende desde muy diversos extremos. PERRY (1988), pp. 147-148. Véase sobre esta cuestión el extenso trabajo de WRIGHT (1992), pp. 625 y ss., en el que nos muestra la

sostenido antes entre nosotros, y con razón, que aunque este enfoque es correcto, es incompleto por cuanto el sistema requiere de la justicia distributiva para ser comprendido[7]. Incluso más allá, Pino entiende que, por ejemplo, en la reparación del daño moral habría elementos que no pueden explicarse desde el prisma de la justicia correctiva[8], debiendo recurrirse a la justicia distributiva para fundamentar el mecanismo de funcionamiento del daño moral. Acorde con otro caso que propone, la justicia distributiva también incidiría en la determinación de prevención de los daños y en el incentivo que pueda otorgarse a la actividad[9].

Pino lleva razón si se admite un matiz. Tratándose del daño moral, es necesario distinguir entre la determinación de qué daños deben ser considerados morales y cuáles no. A nuestro juicio, este es un problema de justicia distributiva en la medida que delimita la órbita de intereses sociales protegidos. En términos dogmáticos, se trataría de determinar el concepto del daño y, en consecuencia, es un problema de *an debeatur*. Hasta aquí tendría un acuerdo con su postura. Cuestión distinta es la determinación del daño indemnizable. Si el *quantum* supone

---

afirmación de la culpa o de la responsabilidad estricta desde el formalismo kantiano o desde los voluntarismos y el enfoque sustantivo. Las posiciones morales se seguirán tratando en este trabajo. Para los conceptos básicos del análisis económico del derecho, su historia y sus diferentes escuelas, varios autores (AEDO (2018a), pp. 266 y ss.; DE QUEROL (2007), pp. 13-25; MERCADO (1994), pp. 25-66; POSNER (2007), pp. 55-63). Para la escuela de Posner, especialmente, véase LANDES y POSNER (1987), pp. 63-66. Para la escuela de Calabresi, el mismo CALABRESI (1970), pp. 239-243, 301-308.

[7]   Véase especialmente PINO (2013), pp. 111 y ss.

[8]   En un largo trabajo, al que ya nos hemos referido, Pino ensaya una comprensión de la justicia correctiva desde lo restaurativo, que permita perfilar distintas herramientas en una idea más amplia de compensación de la víctima. Véase PINO (2018a), pp. 366-368.

[9]   PINO (2018b), pp. 590, 595, 600.

el ejercicio de una función punitiva, sin perjuicio de lo que se discutirá más adelante, nos parece más discutible, según analizaremos. Veamos brevemente esta cuestión.

2. Nuestra aproximación a la justicia distributiva

Como Pino, Papayannis considera que la justicia correctiva es necesaria para comprender la responsabilidad extracontractual, pero incompleta[10]. El autor sostiene que toca a la justicia distributiva determinar los derechos de indemnidad y, correlativamente, los deberes de no dañar, tanto en un sistema de culpa como en uno de responsabilidad objetiva[11], que no estarían asociados a la justicia correctiva[12]. Una vez hecha la asignación de derecho de indemnidad y deberes, puede operar la corrección de las interacciones injustas[13].

---

[10] PAPAYANNIS (2012), p. 75 indica: "El propósito de la responsabilidad extracontractual tiene que ver con la rectificación de las interacciones injustas y, por lo tanto, con la implementación de la justicia correctiva. Únicamente apelando a este principio es posible hacer inteligible el discurso jurídico de los participantes preservando el sentido que para ellos tienen las doctrinas principales del derecho de daños y el contenido de los conceptos que utilizan para darles forma".

[11] En contra de esta idea, no solo estarán los autores chilenos que hemos citado. Hay una fuerte corriente que estima que el principal fundamento de la responsabilidad es la justicia correctiva. Véase especialmente varios autores [WEINRIB (2012), p. 212 y BEEVER (2009), pp. 48-49, 52-57 y WRIGHT (1992), especialmente, pp. 707-710; WRIGHT (1995), pp. 166-174].

[12] PAPAYANNIS (2014), pp. 288-289. Para las tesis de la inseparabilidad entre justicia correctiva y distributiva, véase el excelente tratamiento de PINO (2013), pp. 101-109.

[13] PAPAYANNIS (2014), pp. 289-290. Véase también PAPAYANNIS (2022), pp. 317-318 y KEATING (2021), p. 57, quien estima que en la reparación de los daños no cabe intervenir la justicia distributiva.

Papayannis estima que lo que denomina derechos de indemnidad son bienes primarios al igual que las libertades básicas, el estatus o la riqueza, pero de segundo orden en la medida que persigue "otorgar un mayor o menor valor al resto de
los bienes primarios."[14]. Como el propio Papayannis advierte,
en estricto rigor, no está pensando ni en derechos, ni en bienes, sino en intereses objetivos más allá de los meros deseos
de las víctimas. Llega así a la conclusión de que la responsabilidad civil protege intereses legítimos. Es a eso a lo que denomina derechos de indemnidad[15]. Es lo que Díez-Picazo ha
explicado como la función de demarcación, en cuanto cum-
pliendo esta función la responsabilidad civil intenta establecer
una delimitación de fronteras entre los ámbitos de libertad
de actuación y aquellos otros de protección de ciertos bienes
e intereses y que, por lo mismo, importa una limitación a la
libertad de actuación[16].

Esta aproximación filosófica, es decir, leída desde el fundamento, puede conectarse con la discusión dogmática relativa
al daño. Esta idea coincide con la que hemos sostenido desde
el año 2006, en orden a que el sistema de responsabilidad civil
protege intereses legítimos o jurídicamente tutelados y no simplemente intereses[17]. A partir de aquí se impone una segunda
precisión. Si la lesión constitutiva de daño es a los intereses

---

[14]   PAPAYANNIS (2022), p. 317. En este sentido también varios autores
[KEATING (2021), pp. 57-58; ZIPURSKY (1998), pp. 63 y ss). Una
visión crítica en COHEN (2015), p. 672].

[15]   PAPAYANNIS (2014), pp. 322-323.

[16]   DÍEZ-PICAZO (1999), p. 43. Coincide Banfi, quien a propósito del
daño al medio ambiente, sostiene que en lo relativo al riesgo es ilu-
sorio pensar en un riesgo cero, de modo que toca a la autoridad
determinar el umbral de riesgo aceptable en la sociedad. BANFI
(2019), p. 644.

[17]   Véase varias publicaciones nuestras (AEDO (2006), pp. 478 y ss.;
AEDO (2019), pp. 150-152.

tutelados (no los tutelables), ello quiere decir, entonces, que debe admitirse en la responsabilidad civil una antijuridicidad[18] como desvalor de resultado, no de acción[19]. En otras palabras, determinar qué es daño y cuándo se está en presencia de uno sería un problema normativo (no simplemente fáctico), acorde con alguna válvula más o menos amplia[20].

Ello querría decir, por tanto, que la determinación de los daños indemnizables debe estar vinculada con el deber general de no dañar, que adquiere autonomía. Asociar el deber de no dañar al desvalor de resultado permite conciliar adecuadamente la responsabilidad por culpa y la responsabilidad estricta, en términos que en esta última también puede afirmarse

---

[18] Para la discusión general sobre la antijuridicidad en la responsabilidad civil y su relación con la culpa, véase AEDO (2018a), pp. 367 y ss.

[19] A pesar de que intuitivamente la respuesta debería ser afirmativa, el autor considera que la antijuridicidad no es un elemento de la responsabilidad ni como desvalor de acción ni tampoco como desvalor de resultado, a pesar de que el régimen se estructura normativamente a partir de la violación del *alterum non laedere*. Véase PAPA-YANNIS (2014), pp. 322 y ss.

[20] El derecho italiano ha seguido, desde esta perspectiva, un desarrollo doctrinario y jurisprudencial importante que, sobre la base de la cláusula del artículo 2043, plantea la exigencia de un daño injusto. Véase varios autores (ALPA (2018), p. 22; LASSO (2018), pp. 82-87; PALLOMBELLA (2003), p. 274). Pero también es el esfuerzo que se ha hecho en la dogmática francesa. Véase DUGUÉ (2019), pp. 154 y ss. En España, DÍEZ-PICAZO (1999), pp. 290 y ss. Para el ámbito anglosajón, véase varios autores (CANE (2011), pp. 105-106, 143; RIPSTEIN y ZIPURSKY (2001), pp. 219; 224; ZIPURSKY (1998), pp. 56-57). Por último, es la opción que adoptan los Principios de Derecho Europeo de la Responsabilidad Civil, PETL, artículo 2:101: "El daño requiere un perjuicio material o inmaterial a un interés jurídicamente protegido", con una especificación en el artículo 2:102. Con todo, como advierte INFANTINO (2018), p. 63, los PETL siguen el modelo alemán, conocidamente típico. También es el esfuerzo que se ha hecho en la dogmática francesa.

que se vulnera el deber de no dañar[21]. Este deber de no dañar, aquello que Ripstein y Zipursky llaman *duty non-injury*, debe distinguirse del deber en cuanto elemento de la negligencia (*non-injuriousness*)[22] del mismo modo que hemos sostenido que, en la culpa, no puede reconducirse al deber general de no dañar[23]. Esta perspectiva se conecta con la idea del fundamento en la justicia distributiva del régimen, pues, como expresa Lasso, el daño en particular, en una sociedad moderna, de masas y de mercados interconectados, debe necesariamente ser visto como infracción al deber de operar correctamente en un contexto colaborativo[24].

Pero la idea de justicia, es decir, que sea necesario recurrir a la justicia distributiva para justificar un reparto de roles a partir

---

[21]   En este sentido, especialmente RIPSTEIN y ZIPURSKY (2001), p. 219.

[22]   RIPSTEIN y ZIPURSKY (2001), p. 220. Como indica CAFAGGI (1996), pp. 387-388, la distinción entre regla de conducta y regla de responsabilidad y, en particular, de la culpa, es fácil. Con la primera se define el comportamiento debido, con la segunda se valoran las razones que han determinado la fallida adopción de tal comportamiento. Generalmente se distingue entre el deber de comportamiento y la medida del esfuerzo exigible destinado a la adopción de tal comportamiento. El juicio de la culpa viene determinado por la valoración de la medida del esfuerzo exigible para adoptar la conducta determinada. Por su parte, MAIORCA (1960), 559 indica que la culpa tiene parte en el momento causal del hecho ilícito, pero no se identifica con él.

[23]   KEATING (2021), pp. 60, 65. El autor señala un ejemplo muy interesante. Si un cirujano, dice, opera del oído al paciente sin el consentimiento de este, hay daño, aunque la operación hubiese resultado exitosa, porque la responsabilidad no está en la contradicción del comportamiento con una norma, sino en la invasión ilegítima de un interés ajeno. Para el argumento del deber de no dañar como norma primaria, véase el excelente tratamiento de PALLOMBELLA (2013), pp. 267-268.

[24]   LASSO (2018), pp. 68-74, 91-94.

de un deber social de no dañar versus intereses de indemnidad que deben ser protegidos reposa en la idea de la libertad
de los sujetos. Ello nos sugiere dos cuestiones adicionales que
complementan lo señalado precedentemente. En primer lugar, como indica Wright, no todas las pérdidas o daños deben
ser compensados socialmente, lo que implica que no todos los
riesgos pueden se prevenidos, de ahí que un sistema de responsabilidad (y la culpa en particular) constituya un sistema
de distribución de infortunios[25]. La segunda cuestión es que,
en definitiva, es la libertad de los individuos participantes en la
sociedad la que realmente fundamenta el régimen y articula la
idea de justicia[26].

---

[25] WRIGHT (1995), p. 159. Para la distinción entre responsabilidad
     por culpa y estricta, desde la idea común de riesgo, véase varios au-
     tores (AEDO (2018a), pp. 342-351; AEDO (2023), pp. 82-85; FLET-
     CHER (1972), pp. 542-549; SAN MARTÍN (2023), pp. 73-76). Desde
     la óptica de la culpa y cómo esta opera en el radio de determinación
     de riesgos con independencia de la previsibilidad de los resultados,
     véase nuestro reciente trabajo AEDO (2023), pp. 85-86. En un sen-
     tido similar, véase también varios autores (BARCELLONA (2011) p.
     282; CAFAGGI (1996), pp. 162-163; SALVADOR CODERCH, LUNA
     YERGA y RUIZ GARCÍA (2004), p. 4501 [ya aparece que es el tomo
     I en la bibliografía]; TRIMARCHI (1961), pp. 3 y ss. y, especialmen-
     te, TRIMARCHI (2017), pp. 64-65, 68-70).
[26] Como en la filosofía clásica, especialmente la Aristotélica, el hom-
     bre obra bien y, si lo hace mal, es por error. Véase para esta cuestión
     AEDO (2013), pp. 44 y ss. y AEDO (2022a), pp. 831-832. Por ello,
     siguiendo GORDLEY (1994), pp. 459-479; 483-505 y GORDLEY
     (1992), especialmente pp. 35 y ss, los juristas medievales adopta-
     ron, desde los textos romanos, la tradición filosófica de Aristóteles,
     recogida, a su vez, por Tomás de Aquino. Esta aproximación a la
     idea de libertad es la que va a estructurar todo el andamiaje de la
     codificación y la responsabilidad. Para esta cuestión varios autores
     (AEDO (2017), pp. 635-636; AEDO (2020), pp. 20-24; DE ÁNGEL
     (1993), p. 192; DÍEZ-PICAZO (1999), p. 43; OWEN (1997), p. 202;
     SALVADOR CODERCH y CASTIÑEIRA (1997), p. 103). Como se-
     ñala SÁNCHEZ DE LA TORRE (1962), pp. 12, 22 y ss., según esta

Esta perspectiva explica, siguiendo entonces a Muinelo,[27] que la justicia correctiva sea subordinada a la distributiva, que es la principal y que se preocupe únicamente de corregir los desequilibrios en el reparto individual. Esto explica, entonces, que la justicia correctiva intervenga exclusivamente en la determinación del *quatum respondetur*: por ello Aristóteles recurre a la aritmética para fundar la justicia correctiva[28].

En principio, digamos, si efectivamente la justicia correctiva incide, como hemos propuesto, en la determinación del

---

idea, cuando un sujeto ejerce sus pretensiones, cuando administra sus bienes e intereses, debe hacerlo de tal forma que no embarace, limite, perjudique o dañe la libertad e intereses de otro, cuando no respete la reciprocidad pertinente: eso es lo que llama responsabilidad jurídica. En este sentido, FILOMUSI (1949): 192-193. Es precisamente Kant el que puede calificarse como el epígono de la escuela del derecho natural racionalista. Sobre este tema, véase especialmente el trabajo de varios autores [CARPINTERO (1989), pp. 9-19; WELZEL (1977), pp. 175 ss]. Para la conexión de la idea de justicia aristotélica con el pensamiento de Kant, que según estos autores completa la idea aristotélica de justicia, véase varios autores (BEEVER (2009), pp. 48-49, 52-57; WEINRIB (2012), p. 212; WRIGHT (1992), especialmente pp. 707-710; WRIGHT (1995), pp. 166-174]. Estos autores consideran que la justicia correctiva no determina solamente cómo el derecho de daños responde cuándo un interés es violado, sino que, acorde con la tradición aristotélica, es posible afirmar que la justicia correctiva determina un área de relación interpersonal que determina los derechos que corresponden a cada sujeto.

27   MUINELO (2013), pp. 461-463.
28   Ni siquiera una pretendida función punitiva podría fundarse en la justicia distributiva, al margen de la correctiva. Siguiendo lo razonado precedentemente, la determinación de un delito penal sería un problema de justicia distributiva, pero la determinación de la pena es un problema de justicia correctiva. Véase varios autores (GUZMÁN DÁLBORA (2017a), p. 1237; GUZMÁN DÁLBORA (2017b), pp. 1050-1051; TALE (2010), pp. 17-18).

quantum indemnizatorio, no vemos razones por las cuales una eventual función punitiva traducida en la utilización de la indemnización como tal puede modificar el fundamento del régimen. La determinación de la responsabilidad, en efecto, como hemos visto antes, incluso en el campo penal, es una cuestión de justicia distributiva. En la responsabilidad civil, como en la penal, determinar si hay un ilícito civil así como un ilícito penal es una cuestión de justicia distributiva, en cuanto establece los elementos de la responsabilidad conforme con el mérito. Cuestión distinta nos parece a nosotros la determinación del *quantum* así como la asignación de la pena. Ambas cuestiones son un problema de justicia correctiva[29]. Y así también se aprecia el problema tanto en el campo penal[30] como en la filosofía[31].

II. JUSTICIA DISTRIBUTIVA, CORRECTIVA Y FUNCIONES

Visto el problema del fundamento, la justicia distributiva entonces explicaría el fin fundamental del régimen de compensar, al que nos referiremos en el apartado siguiente. Este mismo fin, de considerar la existencia efectivamente de un deber de no dañar, con carácter sustantivo, que delimite la órbita de los intereses protegidos, versus la esfera de libertad ajena, fundamentaría también una finalidad preventiva general, como parece recoger el Código Civil chileno, en el artículo 2333. Tal como he pensado a propósito de los fundamentos, los fines deben estar incardinados con el fundamento moral

---

[29] Para la responsabilidad civil se pronuncia expresamente por este argumento, LASSO (2018), pp. 205-207.

[30] Para el derecho penal, el ya citado trabajo GUZMÁN DÁLBORA (2017a), p. 1237.

[31] Véase SERRANO (2005), pp. 148-150.

del régimen[32]. Si la justicia distributiva es la que fundamenta el *an debeatur*, no veo razones morales para descartar la tutela preventiva, no desde el análisis económico del derecho, que comporta una razón de utilidad, ni tampoco asociada dicha finalidad a una pena. En un sentido similar, Vargas entiende que hay una relación asimétrica en el valor moral de prevenir y compensar, es decir, que no puede considerarse moralmente que compensar el daño sea equivalente a no dañar, pues otorgaría moralmente preeminencia a quien tiene una mayor capacidad o posibilidad de compensar[33].

Por consiguiente, un régimen de responsabilidad debería incorporar un deber general de prevención equivalente al deber de no dañar que funda la compensación. Para analizar las relaciones del principio de reparación integral con los fines compensatorio y punitivo, leídos desde la justicia correctiva (en la medida que toca a esta determinar el *quantum* dañoso), nos detendremos en el apartado siguiente.

III. FINES COMPENSATORIO, PUNITIVO Y PRINCIPIO DE REPARACIÓN INTEGRAL

1. Reparación integral y fin compensatorio

Una primera cuestión, no obstante, para pensar los fines de la responsabilidad civil, es fijar adecuadamente el concepto de reparación y determinar si el régimen efectivamente sirve a esos propósitos. Reparar, según el criterio de Alessandri es restituir

---

[32] Para esta cuestión, especialmente varios autores (LLAMAS (2020), p. 85; PAPAYANNIS (2022), pp. 141-142; SAN MARTÍN (2023), pp. 80-81).

[33] VARGAS (2018), pp. 348-349, 354-355.

las cosas al estado anterior, como si el daño no hubiera existido o bien restablecer en el patrimonio de la víctima el valor destruido por el hecho ilícito, definición que contempla las dos formas de reparación, a saber, en especie y por equivalente.

Si se atienden a las formas de reparación, es común afirmar que hay dos formas básicas en las que puede repararse el daño, a saber: la *reparación en especie,* por la que se restituye al lesionado la cosa u objeto que se ha dañado y, la *reparación por equivalencia,* dentro de las que encontramos la indemnización pecuniaria que cumple, a su vez, distintos roles, tratándose de indemnización de daño patrimonial o no patrimonial. En cuanto a la primera, es decir, la reparación en especie, quedan comprendidas en esta forma resarcitoria tanto la restitución propiamente como la obligación de crear una situación material que sea reproducción de la existente antes de ocasionado el daño. Alessandri nos dice que la reparación en especie consiste en la ejecución de actos o en la adopción de medidas que hagan desaparecer el daño causado, pero advierte con razón que estas medidas no consisten en cesación de un estado de alteración; en este caso no existiría verdadera reparación, pues esta nace a propósito del daño, no de la alteración de una situación jurídica determinada[34]. Para Rodríguez Grez, la reparación en especie consiste en la remoción de los hechos dañosos y el restablecimiento de la situación alterada por el ilícito, en términos de eliminar todo vestigio de daño posible[35]. Quedan comprendidas dentro de la restitución la entrega de la cosa hurtada, robada o estafada, la anulación de los actos simulados o falsos, o arrancados por la fuerza, la devolución de la honra en los casos de difamación, etc. La cuestión es que,

---

[34] ALESSANDRI (2005), p. 534.
[35] RODRÍGUEZ (1999), p. 344.

en estos casos, estamos en presencia de acciones restitutorias antes que indemnizatorias[36].

La segunda forma genérica en la que puede presentarse la reparación es la denominada *reparación en equivalente*, que consiste en compensar el daño sufrido por el ofendido con una cantidad de dinero. Queda comprendido dentro de esta forma de reparación lo que se conoce como *indemnización de perjuicios*. Es necesario consignar, no obstante, que para muchos autores la reparación por equivalencia puede presentarse de dos formas: a través de una reparación pecuniaria, caso en el que estaremos en presencia de la indemnización de perjuicios y la equivalencia no traducida en dinero, como ocurre con la reposición de un bien similar al dañado, caso en el que este tipo de reparación se identifica con la reparación en especie bajo la segunda modalidad explicada recientemente[37]. Según Mazeaud y Tunc, la condena en equivalente puede ser no pecuniaria, en los casos en que no se imponga la obligación de indemnizar con dinero y el equivalente pecuniario o indemnización propiamente dicha[38].

En suma, puede decirse que existen tres formas básicas de reparación del daño: a) la restitución, que consiste en devolver por parte del autor del daño la cosa u objeto del delito civil a su dueño, que algunos consideran un problema de restitución; b) la segunda modalidad indicada como reparación en especie y que se estima por otros autores como reparación en equivalencia no dineraria, que consiste básicamente en crear una situación jurídica y material que sea reproducción de la existente antes del daño, verbi gracia la reposición de un determinado

---

[36] Por todos, BARROS (2020), p. 920.
[37] ALESSANDRI (2005), p. 536. Véase también PIZARRO (2000), pp. 329-330.
[38] MAZEAUD y TUNC (1977), t. 3, vol. I, pp. 496 y ss. En el mismo sentido, PLANIOL y RIPERT (1991), p. 572.

bien por otro del mismo género y calidad, o la publicación en un periódico para reparar la injuria, infamia o calumnia cometida en contra de una persona, y c) la reparación en equivalente dinerario o *indemnización de perjuicios* y que consiste en el pago de una suma de dinero al ofendido, sea mediante un capital, sea mediante una renta vitalicia.

No obstante, como acertadamente argumenta Domínguez, la reparación es siempre solo una compensación, incluso tratándose del daño patrimonial[39], porque incluso cuando se trata de una reparación específica o de un suma de dinero, siempre son mecanismos resarcitorios, no de ejecución[40]. Por ello, advierte Gardner, compensar, acorde con la justicia correctiva, es decir, anular la transacción, no significa que dicha compensación suponga dejar a la víctima en idéntico estado, anterior al evento dañoso, porque ello es, en la mayoría de los casos, imposible[41]. En esta misma línea se mueve también Pino, quien propone una lectura restauradora de la justicia correctiva. Según Pino, cuando las pérdidas son inconmensurables para las víctimas, como en el caso del daño moral, la indemnización de daño moral busca poner a la víctima más cerca de la satisfac-

---

[39]   Véase, por ejemplo, las acertadas observaciones sobre esta materia de GOODIN (1991), pp. 150-151.

[40]   DOMÍNGUEZ HIDALGO (2019), pp. 111-118. Véase, en el mismo sentido, varios autores (ROSSO ELORRIAGA (2014), p. 476; RUBIO (2019), pp. 254-255). Como advierte DÍEZ-PICAZO (1999), pp. 41-42 es una ilusión pensar que indemnizar el daño es hacerlo desaparecer. Agrega: "Cuando se destruyen vidas humanas o bienes materiales, la indemnización no borra la destrucción. Como bienes jurídicos han desaparecido y no se crean en su lugar otros que los sustituyan. Por decirlo de un modo gráfico, en la contabilidad nacional, si en ella estuvieran asentados, hay que darlos de baja".

[41]   GARDNER (2013), p. 53. Una cuestión muy interesante en el debate de la órbita de la reparación y su conexión con la justicia correctiva es la reparación del daño mediante disculpas. Para este interesante tema, véase COHEN (2015), pp. 670-671.

ción total, lo que refleja un intento del derecho de dejar en la mejor situación posible a la víctima[42].

En consecuencia, no puede confundirse reparar con compensar si por reparación entendemos dejar a la víctima en la misma situación como si el daño no hubiese existido. Esta cuestión vale tanto para el daño patrimonial como el moral e, incluso, para la idea de pena[43].

El aspecto más problemático relativo a la reparación del daño, y en particular a la indemnización de perjuicios, guarda relación con la indemnización del daño moral. En Francia, por ejemplo, parte de la doctrina considera que la indemnización de perjuicios cumple la función de satisfacción de reemplazo[44]. Idéntico criterio sigue la doctrina y jurisprudencia en Chile. Domínguez estima que la indemnización de los daños morales es esencialmente reparatoria pues, aunque persiste algún recurso a la idea de sanción, esta es más bien secundaria. Afirma que para la mayoría de la doctrina chilena y decisiones judiciales, la respuesta civil ante daños no patrimoniales se explica fundamentalmente como una reparación. En efecto, el daño moral cumple una función de satisfacción, no estrictamente resarcitoria. Como señala Domínguez, la indemnización, tratándose del daño moral, tiene un papel de una compensación satisfactoria. Al respeto señala:

> En verdad, la calificación de "satisfactoria" de la reparación por daño moral sólo es válida cuando con ella se pretende expresar que la suma de dinero otorga a la víctima una satis-

---

[42] PINO (2018a), pp. 371-373. Hay otras consecuencias, que extrae Pino de lo que denomina el remedio simbólico del daño moral, asociadas a la prueba, por ejemplo, de la que no podemos hacernos cargo en este lugar.

[43] Véase, sobre el punto, GUZMÁN DÁLBORA (2017a), p. 1057.

[44] RIPERT y BOULAGNER (1965), p. 94. En el mismo sentido, MAZEAUD Y TUNC (1977), t. II, vol. 1, pp. 438 y ss.

facción distinta a la que se obtiene cuando se busca resarcir un daño de orden económico. En el primer caso, la indemnización es un medio para que se procure alegrías o goces que le "compensen" de algún modo tal lesión, y la satisfacción se logra, por tanto, por vía indirecta... En el segundo caso, en cambio, la satisfacción viene proporcionada directamente por la sola entrega de una cantidad que es bastante para reintegrar el patrimonio afectado.[45].

En el caso del daño moral, la dimensión antes descrita no puede soslayar el dolor humano, propio de la falibilidad y corporalidad del hombre. Ello es precisamente lo que se recoge desde la perspectiva de las funciones, porque, como ha dicho la doctrina unánimemente, el daño moral cumple una función de satisfacción no estrictamente resarcitoria. Una consideración como la anterior permitiría comprender la finalidad del régimen incluso a favor de personas que, en términos parciales, temporales o definitivamente, no están en condiciones de comprender el daño causado o incluso experimentar el sufrimiento derivado de una lesión a su esfera extrapatrimonial, entendiendo que una dimensión de la humanidad o que atienda a la dignidad humana no puede agotarse en sujetos con cierta aptitud intelectiva o volitiva. Y que a un ser humano, aun en condiciones desmejoradas, se le pueden otorgar satisfacciones y comodidades que le permitan una vida más digna.

Más problemático sería justificar, desde los fines del régimen, la compensación del daño moral tratándose de personas jurídicas[46]. Como advierte Larraín, la función del resarcimiento de daño moral (de satisfacción) y, por tanto, el fin admitido para el régimen, es difícilmente trasladable a una persona

---

[45]   DOMÍNGUEZ HIDALGO (2000), p. 162. Véase también varios autores (DOMÍNGUEZ HIDALGO (2015), pp. 913-914; DIEZ SCHWERTER (1998), pp. 248-249).

[46]   Para el tratamiento general de este problema, AEDO (2019), pp. 159-167.

jurídica, que no podrá proporcionarse goces sustitutivos del menoscabo inferido[47].

Atendido el carácter compensatorio que tiene el régimen, antes que propiamente restaurativo, algunas voces en Chile han cuestionado la existencia del denominado principio de reparación integral como una especie de regla normativa que, en definitiva, carece de real contenido[48]. Se debe tener presente, además, como advierte Ruz Lártiga, la reparación integral implica que, acorde con las reglas de responsabilidad del sistema chileno, lo que debe repararse es el daño acreditado: "Lo integral no es la reparación misma del daño sino la reparación del daño probado, entendiéndose por esto no sólo aquel que por su naturaleza permite su prueba, sino aquel cuya estimación ha sido suficientemente acreditada."[49].

2. Reparación integral y fin punitivo

De cara al principio de reparación integral, hay varios aspectos que en relación con la finalidad punitiva de la responsabilidad civil pueden abordarse. Una posibilidad es admitir la incorporación para un sistema continental de los *punitive*

---

[47]   LARRAÍN (2014), pp. 598-599.

[48]   Como acertadamente señala Rosso Elorriaga (2014), p. 487: "Como se aprecia, la legalización o constitucionalización del principio supondría entonces cambiar la naturaleza de la fuente, pasando de un principio de derecho natural a una regla de derecho positivo, pero que en cuanto al fondo nada cambia". Más bien el citado autor realiza un juego de palabras, de modo de generar una formal diferencia, donde no la hay. La reparación completa sigue siendo aquella simplemente razonable, porque la restitutio in pristinum no es posible, así como tampoco una estricta y absoluta restitutio in integrum. El principio sería lo que se dice que es, y tiene el contenido que se dice que tiene, no pudiéndosele pedir más.

[49]   RUZ LÁRTIGA (2009), p. 671.

damages,[50] o la represión de conductas dolosas,[51] o la consideración de los comportamientos dolosos o gravemente culposos en la determinación de *quantum*[52]. Otro aspecto sería considerar que el sistema chileno cumple un fin punitivo mediante la reparación del daño moral[53]. Este último enfoque no será abordado en este trabajo pues de lo que se trataría al reflexionar sobre las funciones es pensar los fines institucionales y no la manera en que los operadores emplean el mecanismo en la práctica, más allá de la correspondencia con esos fines. Si no se

---

[50] Para su tratamiento en el *common law,* DEAKIN y ADAMS (2019), pp. 39-40; 793-797. En el mismo sentido véase varios autores (BURROWS (2019), pp. 361 y ss.; EDELMAN (2020), 2-005). Para una panorama general de su adopción en Europa, DE ÁNGEL (2012), pp. 41 y ss.

[51] Véase varios autores (GALLO (1996), pp. 65-66, 69-72, 78-79; LANDINI (2017), pp. 267 y ss.; también GRONDONA (2017), pp. 16-17).

[52] El empleo de la gravedad de la falta transformaría la responsabilidad civil inmediatamente en una pena. En este sentido, por todos, DIEZ SCHEWERTER (1998) pp. 255-256. Se ha sostenido, entre nosotros, sin embargo, que debe ser considerada la gravedad de la falta e incluso el lucro del autor del daño. En efecto, RODRÍGUEZ GREZ (1999) pp. 338-342, sostiene que, en cuanto al hecho ilícito, los factores que hay que considerar serían los siguientes: a) *la gravedad objetiva del daño,* toda vez que no todos los hechos tienen la misma trascendencia, ni en lo personal ni en lo social; b) *la posición subjetiva del autor del daño,* pues no puede considerarse de la misma forma al que actúa con dolo, que al que lo hace por descuido o negligencia; c) *el espíritu de lucro asociado al daño que se causa,* pues no puede menospreciarse la motivación y finalidad del autor del daño; d) *la perversidad sicológica del hechor,* si el autor revela una maldad especial puede repercutir en el daño moral; e) *externalidad del acto y consecuencias sociales del mismo,* pues por lo general causan un mayor perjuicio moral los actos que tienen una manifiesta externalidad social y producen vergüenza y repudio.

[53] Para la consagración de la finalidad punitiva, a propósito del daño moral colectivo, véase varios autores (LORENZINI (2015), pp. 436 y ss.; MUNITA (2018), p. 13).

distingue adecuadamente, los problemas terminan mezclándose desafortunadamente[54].

La primera cuestión que propusimos está directamente emparentada con la aplicación de la previsibilidad y el artículo 1558 del Código civil chileno en la delimitación de los daños en el ámbito aquiliano[55]. Entre nosotros, Banfi ha defendido esta tesis. El argumento fundamental que desarrolla Banfi es el siguiente. La previsibilidad en la culpa importa determinar si el daño estaba dentro de las consecuencias que el actor debió prever. Agrega que, trasladado dicho criterio a la causalidad, la previsibilidad operaría por la vía de la causalidad adecuada. La distinta valoración del comportamiento doloso, frente al culposo, debe ponderarse a la hora de determinar la extensión de los daños indemnizables, tanto en el ámbito contractual como en el aquiliano, lo que desde luego alteraría las funciones del régimen[56]. De esta manera, solo el dañante doloso respondería de daños imprevistos, lo que incidirá en un agravamiento de la responsabilidad.

---

[54]   Esta es la misma distinción que, desde otra óptica, ha enfatizado LLAMAS (2020), pp. 53-54: "Hemos de dejar claro que cuando, en este punto, hablamos de función, nos referimos al sentido genuino de la expresión, como 'capacidad de acción o acción de un ser apropiada a su condición natural (para lo que existe)' y no 'al destino dado por el hombre (para lo que se usa)', según el DRAE". Advierte Llamas y con razón, en la línea de lo que planteamos, que no puede confundirse con funciones del sistema, una noción meramente descriptiva de lo que la regla produce.

[55]   En la sentencia de reemplazo recaída en la causa Agrícola Inversiones y renta Lucía Limitada con Comercializadora Minorista Ronitex Limitada (2022): Corte Suprema, 7 de marzo de 2022, rol 21250-2020, indicador vLex, ID 898385259, la Corte Suprema, invocando la teoría de la causa adecuada, consideró que era aplicable el artículo 1558 del Código Civil al régimen extracontractual.

[56]   BANFI (2012) pp. 17-20.

Lo cierto es que el argumento no convence. En otro lugar nos hemos referido a la dificultad que entraña radicar la previsibilidad en la culpa y separarla de la causalidad[57]. De hecho, el propio Banfi termina en definitiva argumentando que la culpa y el dolo deben tener una distinta repercusión en el *quantum respondetur* —lo que implica, por cierto, la aplicación del artículo 1558 del Código Civil—. Veamos dos órdenes de razones que nos llevaría a descartar el argumento de Banfi.

Desde la perspectiva de las funciones, el fin punitivo puede aceptarse limitadamente en la responsabilidad civil y no de modo general, fundamentalmente, por dos razones. En primer lugar, porque si el fundamento de la determinación del *quatum* es la justicia correctiva y el fin normativo del régimen es la compensación, no hay espacio para que la culpa o el dolo jueguen un rol en la cuantificación del daño. No hay nada en el régimen, en la indemnización en particular, que apunte a sancionar al autor o a considerar su capacidad económica del autor del daño[58], o la gravedad de la culpa. Es la entidad de la lesión la que determinaría el *quantum*. Con todo, la cuestión podría replantearse si, como afirma Pino, por ejemplo, la responsabilidad civil no recibe fundamento solo en la justicia correctiva, sino también en la distributiva. En otras palabras, aunque la justicia correctiva permitiese fundar el fin compensatorio, y aun reconociendo que se tratase del fin principal, la justicia

---

[57] Para las críticas en este ámbito y su confusión con la culpa, se pueden ver nuestro trabajo AEDO (2018a) p. 412 y nuestro trabajo conjunto AEDO Y MUNITA (2023) pp. 341-342. Véanse también las críticas, entre otros, de varios autores (DÍEZ-PICAZO (1999) p. 336; PREVOT (2010) pp. 162-163; REYES (2005) pp. 286-287).

[58] La posición tradicional de la dogmática chilena estima que la capacidad económica de las partes no debe ser considerada en la ponderación del *quantum*. Véase, por todos, varios autores (ALESSANDRI (2005) p. 565; BARROS (2020) pp. 304 y ss.; CORRAL (2004) p. 176).

distributiva permitiría admitir otras funciones al régimen[59]. No obstante, como he razonado, la justicia distributiva interviene en la determinación de los elementos del régimen, mientras que en la determinación del *quantum* estaríamos en presencia de un problema de justicia correctiva, lo que impediría, en principio, que se consagrase un fin punitivo en términos generales, pues esta persigue restaurar el equilibrio derivado de una intromisión injusta en la esfera de intereses ajenos[60].

En cuanto al diseño del régimen de responsabilidad contractual,[61] la distinción entre regímenes se comprende mejor si se emplea el riesgo como criterio orientador de la delimitación. En una sociedad moderna, definida, precisamente, sobre la base de múltiples ocasiones y posibilidades dañosas,

---

[59]   Analizando la capacidad económica como criterio de cuantificación del daño moral, es lo que exactamente ha expuesto en PINO (2018b), pp. 505-507.

[60]   Es lo que, con otras palabras, en el plano dogmático, afirmamos en nuestra obra AEDO (2006), p. 560.

[61]   La expresión responsabilidad contractual tiene dos sentidos. En un sentido amplísimo, debe entenderse por responsabilidad contractual la garantía patrimonial del acreedor y, por consiguiente, comprende todas las herramientas de tutela del acreedor. ALCALDE (2018), pp. 332 y ss. Por el contrario, en su sentido propio, que es el que se empleará en este trabajo, responsabilidad contractual designa una herramienta específica, destinada a la reparación del daño causado al acreedor. Varios autores [AEDO (2022b), p. 288; BIANCA (2018), pp. 120-121, 263 y ss.; DI MAJO (2005), pp. 246 y ss.; DI MAJO (2006), pp. 76-77; PANTALEÓN (2010), pp. 228-229]. La doctrina estima que deben reunirse dos requisitos para estar en presencia de responsabilidad contractual: la existencia de un contrato y el incumplimiento de una obligación derivada de ese contrato. Véase varios autores [AEDO (2018b), pp. 984-987; AEDO (2020), pp. 869-870; AEDO (2021), pp. 57-58; BARROS (2007), pp. 724-725; DOMÍNGUEZ (2000), p. 624). En el Derecho comparado, véase varios autores (DÍEZ-PICAZO (1999), pp. 264-266; YZQUIERDO (2019), p. 107].

tanto los regímenes de responsabilidad civil como los criterios de imputación deben ser agrupados —y mejor comprendidos— en la idea del riesgo. En la medida que quienes concurren a un reparto económico, o a un acuerdo contractual que incorporen en la prestación componentes no económicos, bajo ciertos presupuestos, están en condiciones de delimitar el riesgo al que deciden someterse[62].

Aquí el riesgo no tiene que ver con el tipo de actividad, sino con los sujetos que pueden preordenar sus relaciones. En efecto, el régimen de responsabilidad contractual reposa en la idea de que las partes están en planos de igualdad formal (aunque relativa), con igual acceso a la información y poder negociador, de manera que, a la luz del Código Civil, las partes se encuentran en posición de distribuir riesgos[63]. El contrato es así una parcela de autonomía soberana equiparable a la ley, como dispone el artículo 1545[64]. Es en este contexto que se inserta el artículo 1558; la norma se coloca en el centro del régimen de responsabilidad: si este se funda en la voluntad de las partes y permite el diseño de la reparación frente al incumplimiento, lo es porque en definitiva las partes determinan, como en el régimen aquiliano, un ámbito de riesgos predefinido.

---

[62] NEME (2018), pp. 112-113.

[63] Para el papel moderador que juega la buena fe y sus límites, materia ajena a este trabajo, ver varios autores [AEDO (2022) pp. 290 y 291; especialmente AEDO y LAZO (2023) pp. 253 y ss].

[64] Como afirma FLEMING (1987), p. 2, mediante el contrato, se trata de promover una voluntaria asignación de riesgos en una sociedad que se autorregula libremente, mientras que en la responsabilidad extracontractual se asignan riesgos, de acuerdo con las valoraciones de la comunidad, por decisión de los tribunales o la ley. Para una perspectiva similar del contrato, ver varios autores [ATIYAH (1988), pp. 150-151; CARTWRIGHT (2019), pp. 121; DE LA MAZA (2018), pp. 295-296; GONZÁLEZ (2018), pp. 167-168; PANTALEÓN (2010), p. 206; PEREIRA (2016), p. 91; ZIMMERMANN (2019), p. 100].

IV. CONCLUSIONES

Una correcta aproximación al problema del principio de reparación integral supone hacer varios distingos de la mano de Coleman. Una primera distinción, muy importante para estos efectos, separa el fundamento de la reparación (*grounds of recovery*) del fundamento de la responsabilidad (*grounds of liability*), es decir, las razones por las que la víctima tiene derecho a una compensación, por un lado, y las razones para imponer responsabilidad al agente[65]. La segunda distingue entre el fundamento de reparación y el modo de reparación, es decir, el derecho de la víctima ser reparada versus los modos en que lo es[66].

---

[65] COLEMAN (1992a), pp. 350-351. Una distinción que Coleman adopta de Thomas Scanlon se refiere a esta misma cuestión. En efecto, en COLEMAN (2001), p. 201 distingue entre atribución (*attribution*), es decir, quién es responsable y asignación (*allocation*), es decir, quién debe soportar el costo de la reparación. Véase también GARDNER (2013), pp. 39-41.

[66] COLEMAN (1992a), p. 352. Según COLEMAN (1992b), p. 430: "*Thus, any mode of rectification that does not create wrongful gains and losses is compatible with corrective justice; and any mode of rectification that creates wrongful losses violates corrective justice*". PAPAYANNIS (2014), p. 220 propone un buen ejemplo: "Supongamos que Xenofonte fue dañado por una acción negligente de Axileas, y que esto es suficiente para justificar su derecho a recibir una indemnización. Todavía quedaría abierta la pregunta referida al modo adecuado de indemnizar a Xenofonte ¿Cómo se debe indemnizar? Una posibilidad es que la compensación quede a cargo del agente dañador, y para ello deberían unificarse los fundamentos de la compensación y de la responsabilidad. Otras alternativas son que tome intervención un fondo común compuesto por los aportes de los agentes dañadores, o que el propio Xenofonte deba estar asegurado contra los daños que sufre por la negligencia de otros. Así, su compañía responderá solo cuando sea víctima de una acción culpable, pero no en otros casos. En definitiva, una vez fundado el derecho a ser compensado existen múltiples posibilidades para satisfacer este derecho, dentro

Este trabajo ha intentado hacer estas distinciones, que en la dogmática traducen, en líneas más gruesas, entre el *an debeatur* y el *quantum respondetur*. Como he argumentado, corresponde a la justicia distributiva determinar la responsabilidad (las razones para imponer la responsabilidad a un agente), mientras que la correctiva incide en la cuantificación del daño y en los modos de la compensación. Solo desde ahí pueden pensarse los fines del régimen que desde luego incide en el denominado principio de reparación integral el que, como señala Rosso, no presenta una sustancia normativa, sino que queda determinado por la aproximación al fundamento del régimen, así como por las funciones que este represente.

BIBLIOGRAFÍA CITADA

AEDO BARRENA, Cristian (2006): Responsabilidad Extracontractual (Santiago, Librotecnia).

AEDO BARRENA, Cristian (2013): "Raíces griegas de la noción de culpa romana", en: Revista de Estudios Histórico-Jurídicos (vol. XXXV), pp. 39-80.

AEDO BARRENA, Cristian (2017): "¿Siguió el Código Civil francés el pensamiento de Jean Domat en materia de culpa (faute) extracontractual?", en: Revista Chilena de Derecho (vol. 44, núm. 3), pp. 629-651.

AEDO BARRENA, Cristian (2018a): Culpa aquiliana. Una conjunción de aspectos históricos y dogmáticos (Santiago, Thomson Reuters).

AEDO BARRENA, Cristián (2018b): "La delimitación de la responsabilidad contractual y la aquiliana y su incidencia en la reparación del daño moral, en: Vidal Olivares, Álvaro (director) y Severin Fuster, Gonzalo (editor), Estudio de Derecho de Contratos. En Homenaje a Antonio Manuel Morales Moreno (Santiago, Thomson Reuters).

AEDO BARRENA, Cristian (2019): "El concepto de daño moral. Zonas problemáticas", en: Céspedes Muñoz, Carlos (director), Estudios de

---

de las cuales está incluida la indemnización por parte del agente dañador". Véase también PAPAYANNIS (2013), p. 18.

Derecho privado en memoria del profesor Nelson Vera Moraga (Santiago, Thomson Reuters).

AEDO BARRENA, Cristian (2020): "¿Es la libertad el presupuesto sobre el que se construye el edificio de la responsabilidad civil", en: Latin American Legal Studies (vol. 7), pp. 19-54.

AEDO BARRENA, Cristian (2021): "Contornos de la responsabilidad contractual", Revista de Derecho Universidad Austral (vol. XXXIV, N° 2), pp. 51-71.

AEDO BARRENA, Cristian (2022a): "Los estadios de la culpa en el mundo griego. Importancia de su estudio para la responsabilidad civil", en: Revista de Estudios Histórico-Jurídicos (vol. XLIV), pp. 827-848.

AEDO BARRENA, Cristian (2022b): "Régimen de responsabilidad en materia de consumidor", en Walker Silva, Nathalie y Schiele Manzor, Carolina (editoras), Estudios de Derecho de consumidor IV (Santiago, Tirant Lo Blanch).

AEDO BARRENA, Cristian (2023): "Regulación general de la responsabilidad civil por culpa. Instrumentos comparados, proyectos de reforma y derecho chileno", en: Céspedes Muñoz, Carlos (director), Responsabilidad civil extracontractual: instrumentos de derecho comparado, proyectos de reforma y derecho chileno (Valencia, Tirant Lo Blanch).

AEDO BARRENA, Cristian y MUNITA MARAMBIO, Renzo (2023): "Algunos problemas que plantean las teorías de la equivalencia de las condiciones y de la causalidad adecuada en la responsabilidad civil", en: Latin American Legal Studies (vol. 11, núm. 1), pp. 297-352.

AEDO BARRENA, Cristian y LAZO GONÁLEZ, Patricio (2023): "Dolo, excepción de dolo y buena fe. Una aproximación al derecho chileno y continental en la perspectiva de las funciones dogmáticas", en: Revista de Derecho privado, Universidad Externado (núm. 45), pp. 141-169.

ALCALDE RODRÍGUEZ, Enrique (2018): La Responsabilidad Contractual (Santiago, Ediciones UC).

ALPA, Guido (2018): "¿Hacia dónde se dirige la responsabilidad civil?", en: VV.AA., La Responsabilidad Civil. Estudios italianos contemporáneos (Santiago, Olejnik).

ATIYAH, P.S. (1988): Essays on Contract (Oxford, Clarendon Press).

BANFI DEL RÍO, Cristian (2017): "De la función punitiva de la responsabilidad aquiliana en Francia: algunas implicancias para la comprensión del Derecho de daños en Derecho chileno", en: Revista de Derecho (Valdivia) (vol. XXX, núm. 1), pp. 97-125.

BANFI DEL RÍO, Cristian (2019): "Riesgos en la aplicación del principio precautorio en responsabilidad civil y ambiental", en: Revista Chilena de Derecho (vol. 46, núm. 3), pp. 643-667.

BARROS BOURIE, Enrique (2007): "La diferencia entre 'estar obligado' y 'ser responsable' en el derecho de los contratos", en: Corral Talciani, Hernán y Rodríguez Pinto, María Sara (coordinadores), Estudios de Derecho Civil II (Santiago, LexisNexis).

BARROS BOURIE, Enrique (2019): "¿Qué justifica imponer responsabilidad civil por daños?", en: Barria Paredes, Manuel y otros (directores y coordinadores), Estudios de Derecho Privado en homenaje al profesor Daniel Peñailillo Arévalo (Santiago, Thomson Reuters).

BARROS BOURIE, Enrique (2020): Tratado de Responsabilidad Extracontractual, 2.ª edición (Santiago, Editorial Jurídica de Chile).

BASOZABAL ARRUE, Xabier (2015): Responsabilidad extracontractual objetiva: parte general (Madrid, BOE).

BEEVER, Allan (2009): Rediscovering the Law of Negligence (London, Bloomsbury Publishing).

BIANCA, Massimo (2018): Diritto Civil, t. V: La responsabilità, 2ª edizione (Milano, Giuffrè, ristampa).

BURROWS, Andrew (2019): Remedies for torts, breach of contract, and equitable wrongs (Oxford, Oxford University Press).

CAFAGGI, Fabrizio (1996): Profili di relazionalità della colpa. Contributo ad una teoría della responsabilità extracontrattuale (Padova, Cedam).

CANE, Peter (2011): Anatomía del Derecho de daños (Trad. de Daniel Carvallo Montes y Pablo Becerra Poblete, Santiago, Editorial Flandes).

CARPINTERO BENÍTEZ, Francisco (1989): La Cabeza de Jano (Cádiz, Servicio de Publicaciones Universidad de Cádiz).

CARTWRIGHT, John (2019): Introducción al Derecho inglés de los contratos (traducción Juan Pablo Murga Fernández, Madrid, Thomson Reuters-Aranzadi).

COHEN, Andrew (2015): "Corrective Justice vs Distributive Justice: the Case of Apologies", en: Ethical Theory and Moral Practice (vol. 19, núm. 3), pp. 663-677.

COLEMAN, Jules (1992a): Risk and wrongs (Cambridge, Cambridge University Press).

COLEMAN, Jules (1992b): "The mixed conception of corrective justice", en: Iowa Law Review (núm. 7), pp. 427-444.

COLEMAN, Jules (2001): "Tort Law and Tort Theory. Preliminary Reflections on Method", en: Postema, Gerald (edited), Philosophy and the Law of Torts (Cambridge, Cambridge University Press).

DEAKIN, Simon y ADAMS, Zoe (2019): Markesinis and Deakin's Tort Law, 8th Edition (Oxford, Oxford University Press).

DE ÁNGEL YÁGÜEZ, Ricardo (1993): Tratado de Responsabilidad Civil (Madrid, Civitas).

DE ÁNGEL YÁGÜEZ, Ricardo (1995): Algunas previsiones sobre el futuro de la responsabilidad civil (Madrid, Civitas).

DE ÁNGEL YÁGÜEZ, Ricardo (2012): Daños punitivos (Madrid, Civitas, Thomson Reuters).

DE LA MAZA GAZMURI, Iñigo (2018): "El daño moral en materia contractual: la mirada de la Corte Suprema", en: Revista Chilena de Derecho (vol. 45, núm. 2), pp. 275-309.

DÍEZ-PICAZO, Luis (1999): Derecho de Daños (Madrid, Civitas).

DÍEZ SCHEWERTER, José Luis (1998): El Daño extracontractual (Santiago, Editorial Jurídica de Chile).

DI MAJO, Adolfo (2005): "Tutela risarcitoria: alla ricerca di una tipologia", en: Revista di Diritto Civile (vol. LI), pp. 243-265.

DI MAJO, Adolfo (2006): "Adempimento e risarcimento nella prospettiva dei rimedi", en: VV.AA., Il diritto delle obbligazioni e dei contratti: verso una riforma? (Milano, Cedam).

DOMÍNGUEZ HIDALGO, Carmen (2000): El Daño Moral (Santiago, Editorial Jurídica de Chile).

DOMÍNGUEZ HIDALGO, Carmen (2015): "Naturaleza, evaluación y prueba del daño moral: aspectos a desarrollar en el estado actual de la reparación", en: Vidal Olivares, Álvaro, Severin Fuster, Gonzalo y Mejías Alonso, Claudia (editores), Estudios de Derecho Civil X (Santiago, Thomson Reuters).

DOMÍNGUEZ HIDALGO, Carmen (2019): "Contenido del principio de reparación integral del daño: algunas consecuencias, en especial, para el daño moral", en: Domínguez H., Carmen (editora), El principio de reparación integral en sus contornos actuales. Una revisión desde el Derecho chileno, latinoamericano y europeo (Santiago, Thomson Reuters).

DUGUE, Marie (2019): L'intérêt protégé en Droit de la responsabilité civile (Paris, LGDJ)

EDELMAN, James (2020): MacGregor on Damages, 21ˢᵗ edition (London, Sweet and Maxwell, Thomson Reuters).

FILOMUSI GUELFI, Francesco (1949): "La codifizione civile e le idee moderne che ad essa si riferiscono", en: del Vecchio, Giorgo (a cura di), Lezioni e saggi di Filosofía del diritto (Milano, Giuffrè).

FLEMING, J. G. (1987): The Law of Torts, 7ᵗʰ edition (Sidney, The Law Book Company).

FLETCHER, George P. (1972): "Fairness and Utility in Tort Theory", en: Harvard Law Review (vol. 85, núm. 3), pp. 537-573.

GALLO, Paolo (1996): Pene private e responsabilità civile (Milano, Giuffrè).

GARDNER, John (2013): "La justicia correctiva, corregida", en: Papayannis, Diego (editor), Derecho de daños, principios morales y justicia social (Madrid, Marcial Pons).

GONZÁLEZ CAZORLA, Fabián (2018): Daño Moral en el Derecho del consumidor (Santiago, Der Ediciones).

GOODIN, Robert (1991): "Compensation and redistribution", en: Chapman, John (editor), Compensatory Justice: Nomos XXXIII (New York, NYU Press).

GORDLEY, James (1992): The Philosophical origins of modern contract doctrine (Oxford, Clarendon Press).

GORDLEY, James (1994): "Myths of the French Civil Code", en: The American Journal of Comparative Law (vol. XLII), pp. 459-505

GORDLEY, James (2002): "The Moral Foundations of Private Law", en: The American Journal of Jurisprudence (vol. 47), pp. 1-23.

GRONDONA, Mauro (2017): "El problema dei danni punitivi e la funzione degli istituti giuridici, overo: il giurista e la política del diritto", en: Giustizia Civile (núm. 5).

GUZMÁN DÁLBORA, José Luis (2017a): "La idea de proporción y sus implicancias en la dogmática penal", en: Política Criminal (vol. 12, núm. 24), pp. 1228-1263.

GUZMÁN DÁLBORA, José Luis, "Sentido de la pena y reparación", en: Política Criminal, (vol. 12, núm. 24), pp. 1044-1065.

INFANTINO, Marta (2018): "¿Hacia un Derecho europeo de la responsabilidad civil? Los proyectos, los métodos, las perspectivas", en: VV.AA., La Responsabilidad Civil. Estudios italianos contemporáneos (Santiago, Olejnik).

KEATING, Gregory (2021): "Form and Substance in the "Private Law" of Torts, en: Journal of Tort Law (vol. 14, núm. 1), pp. 45-99.

LANDINI, Sara (2017): "La condanna a danni punitivi tra penale e civile: la questiones rimane attuale", en: Dir. pen. e proc. (Núm. 2), pp. 267-272.

LARRAÍN PÁEZ, Cristián (2014): "Daño moral a personas jurídicas: prevenciones teóricas y propuesta de solución", en: Turner Saelzer, Susan y Varas Braun, Juan Andrés (coordinadores), Estudios de Derecho Civil IX (Santiago, Thomson Reuters).

LASSO, Anna (2018): Riparazione e punizione nella responsabilità civile (Napoli, Edizioni Scientifiche italiana).

LLAMAS POMBO, Eugenio (2020): Las formas de prevenir y reparar el daño (Madrid, La Ley, Wolters Kluwer).

LORENZINI B., Jaime (2015): "Los daños morales colectivos en las relaciones de consumo", en: Vidal Olivares, Álvaro; Severin Fuster, Gonzalo y Mejías Alonso, Claudia (editores), Estudios de Derecho Civil X (Santiago, Thomson Reuters).

MAIORCA, Carlo (1960): "Colpa civile (teoría general)", en: Enciclopedia del Diritto (Milano. Guiffrè), t. VII.

MAZEAUD, Henri, MAZEAUD, Leon y TUNC, André (1977): Tratado teórico y práctico de la responsabilidad civil delictual y contractual (trad. de la 5ª edición francesa por Luis Alcalá-Zamora y Castillo, Buenos Aires, Ediciones Jurídicas Europa-América).

MUINELO COBO, Juan Carlos (2013): "La unidad analógica del término Derecho en Aristóteles", en: AFD (vol. XXIX), pp. 443-466.

MUNITA MARAMBIO, Renzo (2018): "Del daño moral y su cuestionable tratamiento desde la órbita de una acción colectiva o difusa (comentarios a la Ley N° 21.081, que modifica la Ley N° 19.496, sobre protección de los derechos de los consumidores), en: Actualidad Jurídica (núm. 39), pp. 207-231.

NEME VILLARREAL, Martha Lucía (2018): "El contrato, una estructura capaz de contener los elementos del desarrollo", en: Neme V. Martha L. (coordinadora), Autonomía Privada. Perspectivas del Derecho Contemporáneo (Bogotá, Ediciones Universidad Externado).

OWEN, David (1997): "Philosophical Foundations of Fault in Tort Law", en: Owen, David (editor), Philosophical Foundations of Tort Law (Oxford, Oxford University Press)

PALLOMBELLA, Gianluigi (2003): "La collocazione del risarcimento del danno tra giustizia ed etica", en: Diritto & Questione publiche (núm. 3), pp. 247-280.

PANTALEÓN PRIETO, Fernando (2000): "Cómo repensar la responsabilidad civil (también de las Administraciones públicas)", en: Anuario de la Facultad de Derecho de la Universidad Autónoma de Madrid (núm. 4).

PANTALEÓN PRIETO, Fernando (2010): "El sistema de responsabilidad contractual (materiales para un debate)", en: Soto Coaguila, Carlos (coordinador), Incumplimiento contractual. Acciones del acreedor contra el deudor (Buenos Aires, La Ley).

PEREIRA FREDES, Esteban (2016): ¿Por qué obligan los contratos? Justificación normativa de la obligatoriedad del vínculo contractual (Santiago, Thomson Reuters).

PAPAYANNIS, Diego (2012): "Teorías sustantivas de la responsabilidad extracontractual y la relevancia de la metodología", en: Isonomía (núm. 37), pp. 61-97.

PAPAYANNIS, Diego (2013): "Introducción. Veinte años de Riegos y daños. Una propuesta arriesgada y poco dañosa", en: Papayannis, Diego (editor), Derecho de daños, principios morales y justicia social (Madrid, Marcial Pons).

PAPAYANNIS, Diego (2014): Comprensión y justificación de la responsabilidad extracontractual (Madrid, Marcial Pons).

PAPAYANNIS, Diego (2022): "Responsabilidad Civil. Funciones", en: Eunomía. Revista en Cultura de la Legalidad (núm. 22), pp. 307-327.

PERRY, Stephen R. (1988): "The impossibility of General Strict liability", en: Canadian Journal of Law and Jurisprudence (núm. 1), pp. 147-171.

PINO EMHART, Alberto (2013): "Entre reparación y distribución: la responsabilidad civil extracontractual como mecanismo de distribución de infortunios", en: Revista Chilena de Derecho Privado (núm. 21), pp. 89-135.

PINO EMHART, Alberto (2018a): "Restaurar para corregir. La dimensión restaurativa de la justicia correctiva en la responsabilidad extracontractual", en: Papayannis, Diego y Pereira Fredes, Esteban (editores), Filosofía del Derecho privado (Madrid, Marcial Pons).

PINO EMHART, Alberto (2018b): "La situación económica de las partes y la avaluación del daño moral. Al rescate de una vieja tesis", en: Bahamondes Oyarzún, Claudia, Etcheberry Court, Leonor y Pizarro Wilson, Carlos (editores), Estudios de Derecho Civil XIII (Santiago, Thomson Reuters).

PIZARRO, Ramón (2000): Daño Moral. Prevención. Reparación, reimpresión 1.ª edición. Punición (Buenos Aires, Hammurabi).

PLANIOL, Marcel y RIPERT, Georges (1991): Tratado elemental de Derecho civil, t. IV: Las obligaciones, 2.ª edición (trad. de José M. Cajica, Cárdenas Editor, México D.F.,).

PREVOT, Juan Manuel (2010): "El problema de la relación de causalidad en el Derecho de la responsabilidad civil", en: Revista Chilena de Derecho Privado (núm. 15), pp. 143-178.

REYES, Yesid (2005): Imputación objetiva, 3.ª edición (Bogotá, Temis).

RIPERT, Georges y BOULAGNER, Jean (1965): Tratado de Derecho Civil, según el Tratado de Planiol, t. IV: Las obligaciones (2ª parte) (trad. de Delia García Daireaux, Buenos Aires, La Ley).

RIPSTEIN, Arthur y ZIPURSKY, Benjamin (2001): "Corrective Justice in an Age of Mass Tort", en: Postema, Gerald (editor), Philosophy and the Law of Tort (Cambridge, Cambridge University Press).

ROSSO ELORRIAGA, Gian Franco (2014): "El principio de la responsabilidad civil objetiva limitada: un elemento de equilibrio sistémico que no contradice el denominado principio de la reparación integral del daño", en: Revista de Derecho Privado, Universidad Externado (núm. 26), pp. 449-497.

RUBIO VARAS, Francisco (2019): "El principio de reparación integral y la valoración del daño moral: el baremo estadístico jurisprudencial chileno", en: Domínguez Hidalgo, Carmen (editora), El principio de reparación integral en sus contornos actuales. Una revisión desde el Derecho chileno, latinoamericano y europeo (Santiago, Thomson Reuters).

RUZ LÁRTIGA, Gonzalo (2009): "La reparación integral del daño ¿mito o realidad?", en: Pizarro Wilson, Carlos (coordinador), Estudios de Derecho Civil IV (Santiago, LegalPublishing).

SALVADOR CODERCH, Pablo y CASTIÑEIRA PALOU, María Teresa (1997): Prevenir y castigar. Libertad de información y expresión, tutela del honor y funciones del Derecho de daños (Barcelona, Marcial Pons).

SALVADOR CODERCH, Pablo, RAMOS GONZÁLEZ, Sonia, LUNA YERGA, Álvaro y RUIZ GARCÍA, Juan Antonio (2004): "El Derecho de daños hoy: características diferenciales", en: González Porras, Nombre J.M. y Méndez González, F.P. (coordinadores), Libro Homenaje al profesor Manuel Albaladejo García (Murcia, Colegio de Registradores de la Propiedad y Mercantiles de España, Universidad de Murcia), t. I.

SÁNCHEZ DE LA TORRE, Ángel (1962): Los griegos y el derecho natural (Madrid, Tecnos).

SAN MARTÍN NEIRA, Lilian (2020): "¿Hacia una función social o asistencial de la responsabilidad civil?, en: Morales Ortiz, María Elisa y Mendoza Alonzo, Pamela (coordinadoras), Estudios de Derecho Privado. II Jornadas Nacionales de profesoras de Derecho Privado (Santiago, Der Ediciones).

SAN MARTÍN NEIRA, Lilian (2023): Responsabilidad civil por desastres naturales. Fenómenos naturales extremos ante la responsabilidad civil (Valencia, Tirant Lo Blanch).

SERRANO, Enrique (2005): "La teoría aristotélica de la justicia", en: Isonomía (núm. 22), pp. 123-160.

TALAMANCA, Mario (1979): "Obbligazioni (Storia)", en: Enciclopedia del Diritto (Milano, Giuffrè), t. XXIX.

TALE, Camilo (2010): "Primera Parte: Los legítimos fines de la pena jurídica", en: Hernández, Héctor (director), Fines de la pena, abolicionismo, impunidad (Buenos Aires, Cathedra Jurídica).

TRIMARCHI, Pietro (1961): Rischio e responsabilità oggettiva (Milano, Giuffrè).

TRIMARCHI, Pietro (2017): La responsabilità civile: atti illeciti, rischio, danno (Milano, Giuffrè).

VARGAS TINOCO, Alexander: "El valor de no dañar: de la responsabilidad civil a la prevención", en: Papayannis, Diego y Pereira Fredes, Esteban (editores), Filosofía del Derecho Privado (Madrid, Marcial Pons).

WEINRIB, Ernest (2000): "Restitutionary Damages as Corrective Justice", en: Theoretical Inquiries in Law (vol. 1, núm. 1), pp. 1-37.

WEINRIB, Ernest (2012): The idea of Private Law (Oxford, Oxford University Press).

WELZEL, Hans (1977): Introducción a la filosofía del derecho: derecho natural y justicia material, 2.ª reimpresión de la 2.ª edición (trad. de Felipe González Vicén, Madrid, Biblioteca Jurídica Aguilar).

WRIGHT, Richard (1992): "Substantive Corrective Justice", en: Iowa Law Review (núm. 77), pp. 625-711.

WRIGHT, Richard (1995): "Right, Justice and Tort Law", en: Owen, David (editor), Philosophical foundations of Tor Law (Oxford, Clarendon Press Oxford).

YZQUIERDO TOLSADA, Mariano (2019): Responsabilidad civil extracontractual (Madrid, Dykinson).

ZIMMERMANN, Reihnard (2019): La indemnización de los daños contractuales (traducción de Antoni Vaquer Aloy, Santiago, Olejnik).

ZIPURSKY, Benjamin (1998): "Rights, Wrongs and Recourse in the Law of Torts", en: Vanderbilt Law Review (vol. 54, núm. 1), pp. 3-100.

Normas jurídicas citadas

Código Civil de Chile.

Jurisprudencia citada

Agrícola Inversiones y renta Lucía Limitada con Comercializadora Minorista Ronitex Limitada (2022): Corte Suprema, 7 de marzo de 2022, rol 21250-2020, indicador vLex, ID 898385259.

El principio de reparación integral del daño y la (mal) denominada responsabilidad por acto lícito

CARLOS CÉSPEDES MUÑOZ*

RESUMEN: La (mal) denominada "responsabilidad por acto lícito" agrupa una serie de supuestos que generan ciertos daños, pérdidas o menoscabos patrimoniales originados en acciones o conductas ajustadas a derecho, en que no existe transgresión a un deber jurídico alguno y, no obstante, se concede una indemnización. A través del presente trabajo concluiremos que en esta materia no rige el principio de reparación integral del daño, pues las compensaciones económicas que se conceden por tal causa sólo persiguen restablecer el equilibrio patrimonial roto por la disposición normativa que autoriza el comportamiento dañoso, el que se entiende cumplido pagando el valor objetivo o de cambio del derecho o interés sacrificado o perturbado.

PALABRAS CLAVE: Reparación integral – daño – responsabilidad – acto lícito – compensaciones por sacrificio

---

*   Doctor en Derecho por la Universidad de Salamanca, España. Profesor de Derecho Civil de la Universidad Católica de la Santísima Concepción, Concepción, Chile. Correo electrónico: ccespedes@ucsc.cl. El presente artículo se enmarca en el Proyecto Fondecyt Regular N°1220697, denominado "Criterios de distinción entre obligaciones restitutorias e indemnizatorias en situaciones extracontractuales de intromisión en derecho ajeno", del cual el autor es investigador responsable.
Se utilizarán las siguientes abreviaturas: C.C.: Código Civil chileno; C.P.E.: Constitución Política del Estado de Chile; D.F.L.: Decreto con Fuerza de Ley; D.L: Decreto-Ley.

I. INTRODUCCIÓN

La reparación integral, piedra angular de la reparación de daños y perjuicios, es un principio clásico de la responsabilidad civil[1]. Se acostumbra a sintetizarlo en el siguiente enunciado acuñado por la doctrina francesa: "hay que reparar el daño, todo el daño y nada más que el daño", según la conocida fórmula de Toulemon-Moore[2].

En virtud del principio de reparación íntegra (*restitutio in integrum, compensatio in integrum, repensatio in integrum, reductio ad integrum*), cualquier sistema de valoración del daño —de tipo judicial o legal— ha de estar enderezado a proporcionar una reparación que comprenda todos y cada uno de los daños padecidos, con referencia tanto a los extrapatrimoniales como a los patrimoniales, habiéndose de socorrer solamente el daño, pero sin dejar de resarcir daño alguno relevante[3].

Para cumplir tal objetivo, deben concurrir dos condiciones: primero, la indemnización no puede limitarse a compensar solamente una parte de ese daño y, segundo, la indemnización no puede exceder del perjuicio efectivamente causado

---

[1]   Aunque ciertamente, en su evolución, se ha destacado que la idea de colocar a la víctima en la misma situación en que se habría encontrado si el hecho dañoso no se hubiera producido no es en realidad más que un deseo. Se agrega que en la mayor parte de los casos es una ilusión imaginarse que el daño puede ser "reparado", es decir, que el estado anterior puede ser restaurado o que los daños y perjuicios pueden "indemnizar" a la víctima. A menudo, ellos no aportan más que una "cierta compensación" del daño (DE ÁNGEL (1995), p. 108). Un estudio más acabado del principio puede examinarse en DOMÍNGUEZ HIDALGO (2019) y en BONDON (2020).

[2]   LLAMAS (2020), pp. 222-223. Así también varios autores [MEDINA (2011), p. 26; DOMÍNGUEZ ÁGUILA (2010), p. 10; DOMÍNGUEZ HIDALGO (2019), p. 103].

[3]   MEDINA (2011), p. 26.

para no comportar un enriquecimiento injustificado a favor del perjudicado[4].

Lo que estudiaremos a continuación es si tal principio mantiene su vigencia tratándose de la (mal) denominada "responsabilidad por acto lícito", denominación que agrupa una serie de supuestos que generan ciertos daños, pérdidas o menoscabos patrimoniales originados en acciones o conductas ajustadas a derecho, en que no existe transgresión a un deber jurídico alguno y, no obstante, se concede una indemnización[5]. Ejemplos de esta situación los encontramos en las indemnizaciones por retractación tempestiva de la oferta, por imposición de servidumbres legales, por los daños causados en estado de necesidad, por situaciones de accesión o por la expropiación[6].

II. ALGUNOS SUPUESTOS LEGALES Y DECISIONES JUDICIALES

Para ilustrar la problemática, conviene referirse a algún pronunciamiento jurisprudencial y ciertas disposiciones legales, que, en una primera mirada, parecieran apuntar a la aplicación del principio de reparación integral en los supuestos que regulan.

Un primer caso es el resuelto por la sentencia de la Excma. Corte Suprema de 09 de octubre de 2018[7], a propósito de un juicio sobre reclamación del monto de la indemnización provisional en un juicio de expropiación. Dentro de sus consideraciones, enuncia la siguiente:

---

[4] NAVEIRA (2003), pp. 599-600.
[5] CÉSPEDES (2021), p. 115.
[6] CÉSPEDES (2021), p. 116.
[7] Rol 38.617-2017.

conforme la doctrina atingente a la *reparación integral del daño*[8], la indemnización que corresponde otorgar debe ser íntegra o plena, dejando al afectado en un posición igual o equivalente a aquella anterior a la ocurrencia del acto expropiatorio.

El segundo dice relación con la constitución de las servidumbres legales que contempla el D.F.L. 323, de 1931, del Ministerio del Interior (Ley de Servicios de Gas), cuyo artículo 22-B, en su inciso 1°, señala lo siguiente:

las servidumbres se constituirán previa determinación del monto de la indemnización a pagar por *todo perjuicio*[9] que se cause al dueño de los terrenos o al de la concesión sirviente en su caso, o a cualquiera otra persona.

Finalmente, el tercer supuesto es el contemplado en el Reglamento de la Ley General de Servicios Eléctricos (Decreto 327, de 1997, del Ministerio de Minería), cuyo artículo 80 en su inciso 2° ordena que "será también de cargo del interesado, *todo otro perjuicio*[10] que se produjere en la instalación existente, con motivo de la constitución de la servidumbre de paso".

Con respecto a la indemnización expropiatoria, el art. 19 N°24 CPE dispone que el expropiado "tendrá siempre derecho a indemnización por el daño patrimonial efectivamente causado". Concretando el mandato constitucional[11], el artículo 38 del D.L. 2186 (Ley Orgánica de Procedimiento de

---

[8]   La cursiva es nuestra.

[9]   La cursiva es nuestra.

[10]   La cursiva es nuestra.

[11]   Así lo declaran varias sentencias de la Corte Suprema, *v. gr.*, la de 06 de mayo de 2019, rol 8423-2018 considerando 9°: "Como lo ha establecido esta Corte, la norma da un contenido concreto al concepto de indemnización que se encuentra en perfecta armonía con lo consagrado en el artículo 19, N° 24, de la Constitución Política de la República".

Expropiaciones) dispone que la indemnización a que hace alusión tal texto normativo "se refiere al daño patrimonial efectivamente causado con la expropiación, y que sea una consecuencia directa e inmediata de la misma". Con dichos textos, aunque no lo digan expresamente, se tiene por ampliamente aceptado que la indemnización debe ser completa, con la limitación de que no debe constituir una fuente de enriquecimiento para el expropiado[12].

Pues bien, el fundamento de que la indemnización expropiatoria sea completa lo encontramos precisamente en el derecho del expropiado de obtener "siempre" la "indemnización por el daño patrimonial efectivamente causado", como lo ordenan imperativamente las normas antes aludidas, pero no en el principio de la reparación integral del daño, propio de la responsabilidad civil extracontractual y completamente ajeno a la naturaleza de las indemnizaciones expropiatorias[13]. En efecto, estas últimas reconocen la ley y no los delitos o cuasidelitos civiles como fuente de la obligación. Asimismo, constituyen una reparación por un daño lícito o no antijurídico, a diferencia del daño ilícito de la responsabilidad aquiliana[14]. A mayor abundamiento, la indemnización expropiatoria es un supuesto típico de las denominadas compensaciones por sacrificio, que por su naturaleza impiden repercutir todos los daños causados, ya que estos no se extienden de ninguna forma ni a la reparación del daño extrapatrimonial ni del *id quod interest*[15].

---

[12] PEÑAILILLO (1995), p. 77.
[13] CÉSPEDES (2019 a), p. 82.
[14] CÉSPEDES (2016), pp. 310-325.
[15] Varias publicaciones [CÉSPEDES (2016), p. 322; CÉSPEDES (2021), p. 127].

Por ello se tiene como un hecho pacífico que la indemnización expropiatoria excluye la reparación del daño moral[16].

Así las cosas, no obstante lo declarado en la sentencia de la Corte Suprema de 09 de octubre de 2018, pareciera no haber controversia sobre la circunstancia de que no tiene aplicación el principio de reparación integral de la responsabilidad civil extracontractual en materia de indemnización expropiatoria, ya que no se resarcen todas las partidas de daños que podrían causarse al afectado.

Sin embargo, tratándose de las indemnizaciones vinculadas a la constitución de servidumbres legales, existen sentencias contradictorias que nos impiden asumir sin más trámite una conclusión, como pasamos a analizar.

La primera es la sentencia de la Corte de Apelaciones de Concepción de 22 de marzo de 2019[17], que versaba sobre la constitución de una servidumbre legal de gasoducto. El beneficiado por una concesión de servicio público de transporte de gas en red instó por la declaración judicial de una servidumbre legal de gasoducto en contra de uno de los varios propietarios de los predios por donde cruzarían las respectivas tuberías, ofreciendo pagar las partidas que indica el artículo 22-J del D.F.L. 323[18]. Por su parte, el demandado invocando el artículo 22-B antes transcrito exigía que, además, se le indemnizaran

---

[16] PEÑAILILLO (1995), pp. 76 y 77. En el mismo sentido, sentencia de la I. de la Corte de Apelaciones de Concepción de 07 de agosto de 2009, rol 2462-2007.

[17] Rol 946-2018.

[18] "Artículo 22-J. El dueño del predio sirviente tendrá derecho a que se le pague:
1. El valor de todo terreno ocupado por las tuberías y sus zanjas, por los centros reductores de presión, por las estaciones de bombeo, por los edificios, por los caminos de acceso y, en general, obras anexas, según los planos de servidumbre.

los perjuicios motivados al propietario por la franja de protección o seguridad que estaba obligado a respetar por aplicación del artículo 17 del D.S. N°280 (Reglamento de Seguridad para Transporte y Distribución de Gas en Red). Señalaba que en dicha franja no podían emplazarse edificaciones y que ello privaba al terreno del propietario de la posibilidad de agregarle valor mediante construcciones, que es su destinación natural y más beneficiosa en conformidad con los usos de suelo aplicables en el área.

La Corte de Apelaciones de Concepción, confirmando la sentencia de primera instancia —que solo había acogido la reparación de las partidas del artículo 22-J—, declaró:

> la indemnización debe resarcir el valor del bien, reemplazándolo por otro de monto equivalente, con el objeto de evitar un menoscabo o perjuicio del patrimonio del propietario afectado, debiendo efectivamente, como lo indica la sentencia en alzada, indemnizarse los posibles perjuicios que se causen a quien debe soportar el deterioro de su dominio en razón de la actividad consustancial a tender tuberías y ocupar y cerrar los terrenos y realizar las obras requeridas para el transporte y la distribución del gas.

---

2. El valor de los perjuicios ocasionados durante la construcción de las obras o como consecuencia de ellas o del ejercicio de las servidumbres. Igualmente el valor de los perjuicios que causen las tuberías.

3. Una indemnización por el tránsito que el concesionario tiene derecho a hacer para los efectos de la custodia, conservación y reparación de las tuberías y obras anexas. Esta indemnización no podrá ser superior al valor de una faja de terreno de dos metros de ancho, en la parte del predio ocupado por las tuberías.

Si al constituirse una servidumbre quedaren terrenos inutilizados para su natural aprovechamiento, el concesionario estará obligado a extender la servidumbre a todos estos terrenos".

Por lo tanto, cerró la puerta a reparar otras partidas distintas de las contempladas en el artículo 22-J, pese a que el artículo 22-B ordena la indemnización de "todo" perjuicio que se cause al dueño de los terrenos. Con ello, solo aceptó la reparación de determinadas partidas, consistentes en los menoscabos efectivamente causados y que son necesarios para el ejercicio del derecho en cuestión, pero no de todos los perjuicios que pudieran haberse provocado.

La tesis contraria es la asumida por la Corte de Apelaciones de San Miguel de 02 de agosto de 2021[19], con motivo de una demanda de indemnización de perjuicios, en sede de responsabilidad extracontractual, interpuesta por el dueño de una red de línea trifásica en contra de una compañía distribuidora de electricidad que usaba sus cables y postaciones sin autorización alguna[20]. La pretensión del actor se fundó en las normas que regulan las indemnizaciones por la imposición de la servidumbre legal de postación y de paso de electricidad, reguladas

---

[19]   Recaída en causa rol 1850-2020. Contra esta sentencia se interpuso recurso de casación en el fondo, el que fue declarado inadmisible por sentencia de la Corte Suprema de 28 de abril de 2022, en causa rol 63.490-2021, por manifiesta falta de fundamentos.

[20]   Sobre si la situación de hecho del actor satisface los requisitos de una indemnización de perjuicios extracontractuales o de una acción de restitución por enriquecimiento injustificado nos pronunciamos en CÉSPEDES (2024), en prensa.

en los artículos 79[21] y 80[22] del Reglamento de la Ley General de Servicios Eléctricos.

La Corte de Apelaciones de San Miguel, conociendo de la apelación de la demandante y aplicando las disposiciones recién citadas, revocó la sentencia en la parte que no concedió la indemnización de perjuicios por daños morales, concediendo la suma de $ 10 000 000 por tal concepto[23]. Sostuvo:

> que dicha indemnización de perjuicios tiene como fundamento reparar pecuniariamente los daños sufridos por el demandante conforme a la acción de servidumbre que se ha

---

[21] "Artículo 79. El propietario de las instalaciones sobre las cuales se imponga alguna de las servidumbres reguladas en este párrafo, tendrá derecho a ser indemnizado por sus costos de inversión. La indemnización se pagará a prorrata de la potencia máxima transitada por el interesado, respecto de la potencia máxima total transitada por todos los usuarios de las instalaciones y obras complementarias afectadas. Los cálculos serán anuales y considerarán, cada año, la prorrata que corresponda.

Las instalaciones y obras complementarias, principales y de respaldo, que deben considerarse para el cálculo de la indemnización, serán todas aquéllas necesarias para mantener una adecuada seguridad y calidad del servicio, conforme a las normas de este reglamento".

[22] "Artículo 80. El interesado deberá concurrir con los demás usuarios, en la misma proporción señalada en el artículo anterior, a los gastos de mantención y operación de las instalaciones afectadas por la servidumbre, que usen en común.

Será también de cargo del interesado, todo otro perjuicio que se produjere en la instalación existente, con motivo de la constitución de la servidumbre de paso".

[23] La sentencia de primera instancia solo acogió la demanda en cuanto dispuso el pago del valor de construcción de las instalaciones eléctricas por la suma de $ 1 567 171, debidamente reajustadas desde la fecha de su pago, esto es, el 14 de octubre de 1994. Pero rechazó la demanda de daño moral, por no haberse acreditado su existencia y extensión.

130 CARLOS CÉSPEDES MUÑOZ

deducido y para ello, debe examinarse el quantum de los perjuicios extramatrimoniales (sic) sufridos por la víctima, como compensación satisfactoria que tienda a paliar los sufrimientos inmateriales provocados por la contraria, una empresa eléctrica que por años se ha beneficiado de la instalación del poste N°5-0477420 de propiedad del actor, por lo que tiene derecho a ser indemnizado.

Agregó que

esta clase de indemnización cumple una función de equivalencia conforme al provecho que la empresa CGE ha obtenido durante el periodo que va desde el año 2006 hasta el presente, de modo que, utilizándose criterios jurisprudenciales, debe considerarse en su regulación determinados baremos, tales como el tiempo que la empresa se ha servido gratuitamente de la servidumbre, beneficios obtenidos, circunstancias personales y sociales del demandante, antecedentes todos que permiten a esta Corte disentir con el tribunal a quo y acoger el daño moral sufrido por el actor, daños que han quedado acreditados con los antecedentes analizados en el motivo quinto de la sentencia en estudio y que son consecuencia del actuar de una empresa de alto volumen de negocio, en tanto que el actor al momento de la servidumbre era un adulto mayor que actualmente tiene 85 años, lo que ha sido reconocido en la instancia.

Podrá apreciarse que la decisión de la Corte de Apelaciones de San Miguel entiende que deben repararse todos los menoscabos, pérdidas y daños que ha sufrido el actor por el actuar de la compañía de electricidad, incluyendo expresamente al daño moral, no obstante que entiende que la controversia versa sobre "la acción de servidumbre que se ha deducido". Es decir, discurre sobre un supuesto de la (mal) denominada responsabilidad por acto lícito para resolver una controversia propia de la responsabilidad civil extracontractual. Y ese razonamiento genera la duda que pretendemos disipar en este trabajo: ¿tiene lugar el principio de la reparación integral del daño respecto de las indemnizaciones originadas en actos lícitos? Lo veremos de inmediato.

III. ALGUNAS NOTAS SOBRE LAS INDEMNIZACIONES POR ACTO LÍCITO

Tal como concluimos en algunos trabajos anteriores dedicados exclusivamente al tema[24], las indemnizaciones concedidas por acto lícito son completamente ajenas a la responsabilidad civil. Tales reparaciones no tienen por causa reproche alguno que formular a la conducta del obligado a ella, desde que el comportamiento dañoso ha sido autorizado y permitido expresamente por el ordenamiento. Recordemos que la responsabilidad consiste en una desvalorización del comportamiento del sujeto, erigiéndose como mecanismo de restablecimiento o recomposición del orden normativo violado[25]. La represión de la conducta lesiva responde a una elemental exigencia ética: el autor del daño responde de él, responsabilidad que se traduce en la obligación de indemnizar o reparar los perjuicios causados a la víctima[26]. Ello emana del propio concepto de responsabilidad, definido como

> la reacción del Derecho ante la infracción de una de sus normas, por parte del comportamiento de un agente moral destinatario de las mismas, consistente en la realización de un reproche que se manifiesta en la consecuencia jurídica enlazada con dicha violación normativa[27].

---

[24] Varias publicaciones [CÉSPEDES (2023 a), pp. 87-111; CÉSPEDES (2021), pp. 114-135].

[25] Varios autores [KRAUSE (2015), pp. 54-55; LÓPEZ (2019), p. 20].

[26] DE ÁNGEL (1993), p. 13.

[27] SANZ (2001), pp. 49-50. Se ha dicho que, en un sentido muy amplio, el método de exclusión permite hablar de responsabilidad cada vez que resulta incumplido un deber de carácter jurídico YZQUIERDO (2021), p. 29. LÓPEZ (2019), p. 550, indica que sin obligación preexistente o deber jurídico incumplido, nunca puede configurarse un supuesto de obligación resarcitoria. BIANCA (2019), p. 559, refiriéndose a la responsabilidad extracontractual, señala que ella tiene

Por otro lado, las indemnizaciones que surgen en estos supuestos no lo son a consecuencia de la existencia de un daño ilícito o antijurídico, ya que el resultado lesivo o perjudicial se encuentra amparado por la norma que autorizó la conducta dañosa, concurriendo la causal de justificación de ejercicio legítimo de un derecho[28]. Solo el daño no justificado es el que permite hablar de responsabilidad civil, ya que esta última se controla mediante la idea del ejercicio del derecho de obrar: solo se atribuye al causante el daño injusto, y únicamente se considera injusto el perjuicio que es causado sin derecho[29], lo que aquí no se aprecia. Así, la licitud del acto excluye la injusticia del daño[30], aserto que incluso transforma en irresarcibles ciertos perjuicios manifiestos, como los causados en el legítimo ejercicio del derecho de huelga[31] o con motivo de la legítima defensa[32]. Por lo demás, el daño que se ordena reparar no se ha imputado al obligado a pagarlo con base en la culpa o negligencia o de un determinado riesgo[33], sino por razones de

---

lugar por la violación de una norma de conducta que regula la vida social y que impone deberes de respeto a los intereses de otro.

[28]   Varios autores [BARROS (2020), pp. 141-142; CORRAL (2013), p. 124; RODRÍGUEZ (1999), pp. 159-160].

[29]   LLAMAS (2010 a), p. 53.

[30]   BIANCA (2019), p. 569.

[31]   Varios autores [KARILA DE VAN (1995), pp. 537-538; CÉSPEDES (2017), pp. 250-289].

[32]   Varias publicaciones [CÉSPEDES (2016), pp. 79-84; CÉSPEDES (2023 b), pp. 128-134 y 145-146].

[33]   Pantaleón afirma que se indemniza a título de responsabilidad civil no porque se haya obrado antijurídicamente, sino porque el daño es imputable a la conducta del agente sobre la base de la culpa [PANTALEÓN (1991), p. 1995]. En el mismo sentido, YZQUIERDO (2001), p. 112. Más ampliamente se ha sostenido "... que hoy sólo constituye presupuesto necesario de la responsabilidad civil la propia existencia del daño, por un lado, y su atribución a un determinado sujeto en virtud de un adecuado título de imputación por otros.

justicia material o de equidad[34], por la cual el titular del interés privilegiado ha de reparar al perjudicado que hubo de soportar la perturbación de su derecho.

En otras palabras, tanto la inexistencia de una conducta reprobada por el ordenamiento como la de un daño antijurídico impiden la configuración de un ilícito civil, condición necesaria para hablar de responsabilidad civil[35].

Abona la conclusión anterior el hecho de que la indemnización concedida en algunos supuestos lo es como consecuencia de la existencia de daños lícitos o, en otros, de restitución de enriquecimientos. En efecto, los daños lícitos[36] son aquellos que emanan de acciones o conductas ajustadas a derecho, caracterizados por la ausencia de transgresión a un deber jurídico[37] y cuando generan una obligación indemnizatoria no lo es por responsabilidad civil[38], sino que por razones de justicia

---

Éste ha de provenir necesariamente de una norma y se sustenta no sólo en el dolo o la culpa del dañante, sino sobre circunstancias de muy diversa índole (relación con personas o cosas, ejercicio de una determinada actividad, titularidad de bienes…" [REGLERO y PEÑA (2015), p. 74]. El binomio daño y criterio de imputación se consagra en los Principios Europeos de Responsabilidad Civil (PETL) y en el denominado Marco Común de Referencia (DCFR).

[34] BUSTO (1998), p. 166. LARENZ (1959), p. 690, sostiene que la indemnización que se concede lo es por razones de justicia conmutativa. BRIGUGLIO (1971), p. 173, sostiene que lo es por razones de justicia distributiva, ya que su única finalidad es restablecer el equilibrio económico entre los patrimonios afectados: repartir las consecuencias no injustas de una situación no querida.

[35] BRUN (2015), p. 267; BIANCA (2019), pp. 543-545.

[36] CÉSPEDES (2016), pp. 42-43, 170-171.

[37] BRIGUGLIO (1971), p. 174.

[38] Varios autores [DE CUPIS (1975), pp. 93-100; BUSTO (1998), pp. 166, 192; GHERSI (1997), p. 478]. Que la indemnización concedida no lo sea a título de responsabilidad civil permite distinguir esta

material o de equidad[39]. Más aun, de no haberse establecido tal indemnización por la ley, ella no habría nacido, por cuanto —como se dijo— no se reparan los perjuicios causados en el ejercicio de un derecho o facultad. En estos casos, el daño no puede calificarse de ilícito, no solo porque la conducta generadora de este es lícita, sino, esencialmente, porque la posibilidad de inferir daños se comprende dentro del radio de acción de la conducta autorizada por el ordenamiento[40]. De esta manera, el daño lícito se caracteriza por ser un daño tolerado y permitido por el ordenamiento. Normalmente se identifica con la existencia de una norma permisiva que autoriza la ejecución de un comportamiento dañoso, de tal suerte que el perjuicio resultante se califica como no antijurídico o simplemente justo[41]. Por ello, se dice que aquellos están constituidos por ciertos daños que el ordenamiento jurídico no repele, que algunas veces tolera y que incluso puede favorecer[42].

En el mismo orden de ideas, otros de los supuestos corresponden a casos de restituciones de enriquecimientos, que se encuentran anudados al principio de interdicción del enriquecimiento injustificado, institución bastante distinta a la responsabilidad civil. Así, la medida de la restitución es la ganancia injustificada y no el perjuicio causado, ya que la lógica de la acción de enriquecimiento es la justicia restitutoria y no la correctiva; la obligación restitutoria es primaria, ya que no deriva del incumplimiento de una obligación ni de la infracción de

---

clase de actos de los supuestos de responsabilidad objetiva, en que el resarcimiento concedido si lo es a ese respecto.

[39] Varios autores [BUSTO (1998), p. 166; LARENZ (1959), p. 690; BRIGUGLIO (1971), p. 173].

[40] CÉSPEDES (2016), p. 42; CÉSPEDES (2018), pp. 132-133.

[41] Varios autores [BRIGUGLIO (1971), p. 160; CÉSPEDES (2016), pp. 42-43].

[42] DÍEZ-PICAZO (1999), p. 294.

un deber de cuidado, y las acciones restitutorias no reconocen como antecedente un hecho ilícito, ya que no exige la concurrencia de dolo o culpa[43].

Todo lo anterior permite corroborar la absoluta ajenidad al estatuto de la responsabilidad civil de los casos contemplados bajo el rótulo de "responsabilidad por acto o hecho lícito".

La diferencia se puede apreciar nítidamente tratándose de la reparación de los daños causados en estado de necesidad, en que se concluye que las actuaciones amparadas por el estado de necesidad justificante no traen aparejada responsabilidad penal ni civil alguna, no obstante lo cual se reconoce una compensación a favor del sujeto perjudicado por los daños sufridos en tal situación de emergencia[44]. En este caso, el daño que afecta al interés sacrificado no es antijurídico y la reacción que genera —una compensación— no es una sanción, ya que no sólo se permite la prevalencia de un interés, sino que, más aún, se compensa al sujeto titular del interés sacrificado[45]. Ello porque las disposiciones que regulan el estado de necesidad son normas permisivas o autorizantes que derogan el principio general de no causar daño a otro[46]. En virtud de aquello, se permite realizar un comportamiento productor de perjuicios para terceros[47], pero que generan daños justos[48].

Conforme con lo expuesto y descartada la pertenencia de esta clase de indemnizaciones a aquellas propias de la respon-

---

[43]   Varios autores [BARROS (2009), pp. 27-29; CORRAL (2013), pp. 57-58].

[44]   CÉSPEDES et al. (2022), p. 93.

[45]   Varios autores [DE CUPIS (1975), p. 93; CÉSPEDES (2016), p. 304].

[46]   CÉSPEDES (2021), p. 119.

[47]   Varios autores [BRIGUGLIO (1971), p. 160; CÉSPEDES (2021), p. 119].

[48]   Varios autores [BUSTO (1998), p. 383; CÉSPEDES (2021), p. 119].

sabilidad civil, sostenemos que las reparaciones concedidas con motivo de la mal denominada "responsabilidad por hecho o acto lícito" constituyen supuestos de indemnizaciones o compensaciones por sacrificio[49].

Las indemnizaciones por sacrificio son aquellas compensaciones que las leyes atribuyen a determinados sujetos como consecuencia de la pérdida, ablación o limitación forzosa de derechos subjetivos o como recompensa parcial del sacrificio que se exige a los titulares[50]. Así las denomina Díez-Picazo, donde admite un uso amplio y equívoco de la palabra "indemnización", pero en el entendido de que aquellas son netamente distintas a las genuinas "indemnizaciones de daños" propias de la responsabilidad civil. Y reserva esta denominación precisamente a varias de las hipótesis antes mencionadas, como algunas formas de accesión, ciertas servidumbres legales y el justiprecio de las expropiaciones forzosas[51].

Por nuestra parte, preferimos denominarlas "compensaciones por sacrificio"[52], porque tal concepto evidencia el contenido de la prestación a que tiene derecho el perjudicado: una "compensación" para obtener la restitución de los enriquecimientos obtenidos por el beneficiado por ellos o para restablecer el equilibrio roto por el daño y como una forma de reparación de este[53]. Más aún, se ha sostenido que la expresión "indemnizar" resulta una expresión ambigua pues en unas ocasiones se le atribuye un significado equivalente a reparar y en otras se emplea como sinónimo de resarcir, en el estricto

[49]   CÉSPEDES (2019 b), pp. 1041-1055.
[50]   DÍEZ-PICAZO (1999), pp. 56-57. En el sistema chileno estas compensaciones se conocen con el nombre de "indemnizaciones por afectación lícita de derechos" [CORRAL (2013), pp. 58-59].
[51]   DÍEZ-PICAZO (1999), p. 57.
[52]   CÉSPEDES (2021), p. 124.
[53]   LLAMAS (2010 b), p. 8.

sentido específico de reparación mediante equivalente pecuniario, que pareciera ser la correcta por su carácter específico y restringido[54].

Las funciones de las "compensaciones por sacrificio" son las siguientes: solucionar un conflicto de intereses, permitir la restitución de enriquecimientos obtenidos a costa de otros, otorgar licitud a un acto objetivamente ilícito y limitar el *quantum* reparatorio[55]. Y es justamente esta última función la que nos interesa para efectos del presente trabajo.

IV. LAS COMPENSACIONES POR SACRIFICIO SÓLO DAN DERECHO A UNA REPARACIÓN LIMITADA

El término "compensación" da cuenta de la lógica restitutoria que se encuentra tras esta clase de reparaciones[56]. La idea fuerza que subyace es la de mantener el equilibrio entre los intereses en conflicto[57], lo que se traduce en que se autoriza el ejercicio del derecho que la legislación considera meritorio de mayor tutela y, como contrapartida, se concede una compensación económica al titular del interés afectado por dicha autorización[58]. En este escenario, tal prestación se convierte en el instrumento adecuado para reparar el equilibrio turbado[59]

---

54 Varios autores [LLAMAS (2010b), p. 9; DE CUPIS (1975), pp. 822-823].
55 CÉSPEDES (2019 b), pp. 1048-1052.
56 Varios autores [BARROS (2020), p. 1043; CÉSPEDES (2021), p. 125].
57 Varios autores [GIACOBBE (2005), p. 102; TORREGROSSA (1964), p. 75; CÉSPEDES (2021), p. 125].
58 Varias publicaciones [CÉSPEDES (2016), p. 171; CÉSPEDES (2021), p. 125].
59 Varios autores [BRIGUGLIO (1971), p. 175; BUSTO (1998), p. 383; CÉSPEDES (2021), p. 126].

o restablecer el equilibrio patrimonial roto[60] por la disposición normativa que autoriza el comportamiento dañoso[61].

La voz "compensación" permite, además, dar cuenta de que tal prestación económica cumple la función de restituir, restaurar o reintegrar el valor del bien o interés sacrificado[62], teniendo un alcance más limitado que la típica indemnización de daños de la responsabilidad civil extracontractual, en que rige el principio de reparación integral. En efecto, ello se puede deducir fácilmente respecto de las restituciones de enriquecimientos a que puedan dar lugar las compensaciones por sacrificio, en que el monto de la restitución está dado por el enriquecimiento o ganancia injustificada[63], como puede apreciarse respecto de aquellas indemnizaciones concedidas en las situaciones de accesión, que tienen por objeto restablecer el desajuste económico o el desequilibrio patrimonial sufrido por el perjudicado y que se traduce en el abono del valor de lo perdido por esta causa[64]. Lo mismo sucede con las indemnizaciones por la constitución de servidumbres legales, las que se consideran como análogas a aquellas nacidas del enriquecimiento

---

[60]   Varios autores [DÍEZ-PICAZO (1966), pp. 846, 853-854; ALONSO (1980), pp. 255, 257, 261 y 267; CARRASCO (1986), pp. 115-116; BASOZABAL (1998), pp. 268, 277 y 301; CÉSPEDES (2021), p. 1256].

[61]   Varios autores (DE CUPIS (1975), p. 97; BRIGUGLIO (1971), p. 175; BUSTO (1998), p. 383; TORREGROSSA (1964), p. 75; GIACOBBE (2005), p. 102; CÉSPEDES (2021), p. 126).

[62]   Tiene la misma idea que evoca alguna de las acepciones de "compensar" en el *Diccionario de la lengua española* de la R.A.E. (2022): 1. Igualar en opuesto sentido el efecto de una cosa con el de otra; 2. Dar algo o hacer un beneficio a alguien en resarcimiento del daño, perjuicio o disgusto que se ha causado.

[63]   Varios autores [BARROS (2009), p. 28; PEÑAILILLO (1996), pp. 14 y 16].

[64]   Varios autores [DÍEZ-PICAZO (1966), pp. 846, 853-854; ALONSO (1983), pp. 257, 261 y 267; BASOZABAL (1998), pp. 268 y 277-280].

injustificado[65] y, por ende, distintas de aquellas surgidas de la responsabilidad civil[66].

También lo podemos vislumbrar respecto de aquellas agresiones o afectaciones a la propiedad de otro autorizadas por la ley (que constituyen supuestos de daños lícitos), en que la compensación concedida busca reponer o reintegrar el patrimonio del titular del interés sacrificado. Es lo que ocurre con la expropiación, en que se ha afirmado que la indemnización del "daño patrimonial efectivamente causado" (art. 38 del D.L. 2186, Ley Orgánica de Procedimiento de Expropiaciones) lo es en retribución de aquello de lo cual el administrado es privado[67], afirmándose que no es más que "reintegrar por equivalente" el valor de una cosa o de un atributo, por medio de un justiprecio[68].

En estos últimos casos, apreciamos que la indemnización que dispone la ley solo se extiende al daño patrimonial efectivamente causado y que es necesario para el ejercicio del derecho en cuestión[69], no extendiéndose de ninguna forma ni a la reparación del daño extrapatrimonial ni del *id quod interest*[70]. El fundamento de ello lo encontramos en que tras estos daños lícitos lo que se persigue es restablecer el equilibrio patrimonial roto por la disposición normativa que autoriza el comportamiento dañoso, que entendemos como cumplido pagando

---

[65] BARROS (2020), p. 499.
[66] CÉSPEDES (2020), pp. 255-267.
[67] BARROS (2020), p. 512.
[68] MONTORY (2019), p. 118. En el mismo sentido, DÍEZ-PICAZO (1991), pp. 1269-1270.
[69] Como lo reconoció la sentencia de la Corte de Apelaciones de Concepción, rol 946-2018, de 22 de marzo de 2019, antes analizada.
[70] Varias publicaciones [CÉSPEDES (2016), p. 322; CÉSPEDES (2021), p. 127].

el valor objetivo o de cambio del derecho o interés sacrificado o perturbado[71].

Lo anterior se plantea porque los daños a los que nos estamos refiriendo son aquellos calificados como daños lícitos o no antijurídicos, y la esencia de la prestación del *id quod interest* es "la causación de un perjuicio, del daño injusto, antijurídico, imputable objetivamente a la falta de cumplimiento, cuando, además, tal incumplimiento es subjetivamente imputable al deudor..."[72]. Así las cosas, atendido el fundamento mencionado, resulta coherente que el *quantum* de la reparación solo comprenda la *aestimatio rei* —total o parcialmente—, pero nunca el *id quod interest*[73], que es el interés que el perjudicado tenía en las cosas de que ha sido privado o perturbado o el valor que tengan precisamente para la persona perjudicada, o sea, la repercusión subjetiva en el patrimonio de la víctima (*pretium singulare*); a diferencia de la *aestimatio rei*, que se refiere al *pretium commune* o valor que el objeto tiene para todos[74]. De lo contrario, no habría diferencia de tratamiento entre los daños

---

[71]　Varias publicaciones [CÉSPEDES (2016), p. 322; CÉSPEDES (2021), p. 127].

[72]　LLAMAS (2020), p. 263, que si bien se refiere a la relación contractual, pone de manifiesto la existencia de un hecho ilícito imputable al dañador como condición para la reparación de tales perjuicios, presupuesto que no concurre en los daños lícitos reparables donde no existe una conducta reprochable del autor del daño ni tampoco criterio de imputación de este, propio de la responsabilidad civil.

[73]　Así, refiriéndose a las funciones de la *indennità* en el ordenamiento italiano, Messineo apunta lo siguiente: "*Inoltre, l'indennità è correlativa a un danno, ma non anche a un atto illecito e, quindi, essa —a rigore— esula dalla materia dell'atto illecito; e —a quanto pare— l'indennità si risolve nella prestazione della sola aestimatio*" (MESSINEO (1958), p. 562).

[74]　LLAMAS (2010 a), p. 3. Un completo y exhaustivo análisis puede verse en todo el desarrollo de la obra de LLAMAS (2020).

ilícitos y aquellos causados justamente por haberlos permitido el ordenamiento, lo que no resultaría lógico.

Por lo demás, las normas que regulan indemnizaciones por actos lícitos se nos presentan como componedoras de un conflicto singular de intereses que, por su propia naturaleza transaccional y su carácter legítimo, impiden repercutir la totalidad de su importe en el bolsillo del autor como si hubiere actuado en forma antijurídica o causado un daño ilícito[75]. Y bien se ha dicho que la licitud o legitimidad de las acciones sirve, precisamente, para limitar las consecuencias del daño causado[76].

En consecuencia, no rige el principio de la reparación integral del daño en la (mal) denominada responsabilidad por acto lícito, pues las disposiciones legales que ordenan las reparaciones de tal naturaleza no alcanzan a la totalidad de aquellas pérdidas susceptibles de sufrir el perjudicado en su patrimonio[77].

BIBLIOGRAFÍA CITADA

ALONSO PÉREZ, Mariano (1980): "Arts. 353 y ss.", en: Albaladejo, Manuel, Comentarios al Código Civil y Compilaciones Forales (Madrid, Edersa), tomo V, volumen 1°, pp. 192-338.

BARROS BOURIE, Enrique (2009): "Restitución de ganancias por intromisión en derecho ajeno, por incumplimiento contractual y por ilícito extracontractual", en: Barros, Enrique et al., Derecho de Daños (Madrid: Fundación Coloquio Jurídico Europeo), pp. 11-78.

BARROS BOURIE, Enrique (2020): Tratado de responsabilidad extracontractual, segunda edición actualizada (Santiago, Editorial Jurídica de Chile), tomos I y II.

---

[75]   CÉSPEDES (2016), p. 322.
[76]   GHERSI (1997), p. 480.
[77]   CÉSPEDES (2016), pp. 310-325.

BASOZABAL ARRUE, Xabier (1998): Enriquecimiento injustificado por intromisión (Madrid, Civitas).

BIANCA, C. Massimo (2019): Diritto Civile. V. Responsabilità, reimpresión actualizada de la segunda edición (Milán: Giuffrè Francis Lefebvre).

BONDON, Marie-Sophie (2020) : Le principe de réparation intégrale du préjudice (Aix-en-Provence, Presses Universitaires d'Aix Marseille).

BRIGUGLIO, Marcello (1971): El estado de necesidad en el Derecho Civil (Traducc. Manuel García Amigo, Madrid, Editorial Revista de Derecho Privado).

BRUN, Philippe (2015): Responsabilidad civil extracontractual (Lima, Instituto Pacífico).

BUSTO LAGO, José Manuel (1998): La antijuridicidad del daño resarcible en la responsabilidad civil extracontractual (Madrid, Tecnos).

CÉSPEDES MUÑOZ, Carlos (2016): El daño lícito (Madrid, La Ley-Wolters Kluwer).

CÉSPEDES MUÑOZ, Carlos (2017): "El daño lícito y el derecho de huelga", en: Revista de Derecho U. del Norte (Nº47), pp. 250-289.

CÉSPEDES MUÑOZ, Carlos (2018): "El daño lícito reparable y su proyección en el sistema chileno: concepto y naturaleza", en: Revista Ius et Praxis (año 24, N°1), pp. 129-158.

CÉSPEDES MUÑOZ, Carlos (2019 a): "Expropiación e indemnización", en: Fuentes, Rodrigo y Opazo, Valeska, El derecho de propiedad: estudios públicos y privados (Valencia, Tirant lo Blanch), pp. 72-101.

CÉSPEDES MUÑOZ, Carlos (2019 b): "Identificando a las indemnizaciones por sacrificio en el sistema chileno", en: Gómez de la Torre, Maricruz et al., Estudios de Derecho Civil XIV (Santiago, Thomson Reuters), pp. 1041-1055.

CÉSPEDES MUÑOZ, Carlos (2020): "Naturaleza y extensión de la indemnización debida por la constitución de servidumbres legales", en: Elorriaga, Fabián, Estudios de Derecho Civil XV (Santiago, Thomson Reuters), pp. 255-267.

CÉSPEDES MUÑOZ, Carlos (2021): "Notas sobre la denominada 'responsabilidad' por acto lícito en el Derecho Civil. Reconociendo a las compensaciones por sacrificio", en: Revista Ius et Praxis (año 27, N°2), pp. 114-135.

CÉSPEDES MUÑOZ, Carlos (2023 a): "Indemnizaciones por hecho o acto lícito", en: Rosso, Gian Franco, Derecho de daños y responsabilidad civil (Valencia, Tirant lo Blanch), pp. 87-111.

CÉSPEDES MUÑOZ, Carlos (2023 b): "Causas de justificación de la responsabilidad civil extracontractual. Perspectiva comparada y de Derecho nacional", en: Céspedes, Carlos, Responsabilidad civil extracontractual. Instrumentos de Derecho comparado, proyectos de reforma y Derecho chileno (Valencia, Tirant lo Blanch), pp. 107-154.

CÉSPEDES MUÑOZ, Carlos (2024): "Causa de un daño o enriquecimiento sin causa", en: Munita, Renzo, Cuestiones esenciales en torno al daño y la causalidad en la responsabilidad civil (Santiago, Rubicón), en prensa.

CÉSPEDES MUÑOZ, Carlos; ESCOBAR VEAS, Javier y MENDOZA ALONZO, Pamela (2022): "Las consecuencias civiles del estado de necesidad justificante en Chile", en: Revista Chilena de Derecho y Ciencia Política (vol. 13, N°2), pp. 76-109.

CORRAL TALCIANI, Hernán (2013): Lecciones de responsabilidad civil extracontractual, segunda edición actualizada (Santiago, Legal Publishing-Thomson Reuters).

DE ÁNGEL YAGÜEZ, Ricardo (1993): Tratado de responsabilidad civil (Madrid, Civitas).

DE ÁNGEL YÁGÜEZ, Ricardo (1995): Algunas previsiones sobre el futuro de la responsabilidad civil. Con especial atención a la reparación del daño (Madrid, Civitas).

DE CUPIS, Adriano (1975): El daño. Teoría general de la responsabilidad civil (Traducc. la segunda edición italiana Ángel Martínez Sarrión, Barcelona, Bosch).

DÍEZ-PICAZO, Luis (1966): "La modificación de las relaciones jurídico-reales y la teoría de la accesión", en: Revista Crítica de Derecho Inmobiliario (N°455), pp. 829-862.

DÍEZ-PICAZO, Luis (1991): "Algunas reflexiones sobre el derecho de propiedad privada en la Constitución", en: Estudios sobre la Constitución Española. Homenaje al profesor Eduardo García de Enterría (Madrid, Civitas), tomo II, pp. 1257-1270.

DÍEZ-PICAZO, Luis (1999): Derecho de Daños (Madrid, Civitas).

DOMÍNGUEZ ÁGUILA, Ramón (2010): "Los límites al principio de reparación integral", en: Revista Chilena de Derecho Privado (N°15), pp. 9-28.

DOMÍNGUEZ HIDALGO, Carmen (2019, editora): El principio de reparación integral en sus contornos actuales (Santiago, Thomson Reuters),

DOMÍNGUEZ HIDALGO, Carmen (2019): "Contenido del principio de reparación integral del daño: algunas consecuencias, en especial, para el daño moral", en: Domínguez, Carmen (editora), El principio de reparación integral en sus contornos actuales (Santiago, Thomson Reuters), pp. 103-122.

GHERSI, Carlos (1997): "Responsabilidad por actos lícitos", en: Bueres, Alberto y Kemelmajer, Aída, Responsabilidad por daños en el tercer milenio (Buenos Aires, Abeledo Perrot), pp. 474-480.

GIACOBBE, Giovanni (2005): "Gli atti leciti dannosi nella teoria della responsabilità civile", en: Bessone, Mario, Trattato di Diritto privato. Vol X. Illecito e responsabilità civile (Turín, Giappichelli Editore), pp. 100-104.

KARILA DE VAN, Juliana (1995): "Le droit de nuire", en: Revue Trimestrielle de Droit Civil (julio-septiembre), pp. 533-558.

KRAUSE MUÑOZ, María Soledad (2015): Responsabilidad: lo unitario en los sistemas civil y penal (Santiago, Thomson Reuters).

LARENZ, Karl (1959): Derecho de Obligaciones (Traducc. Jaime Santos Briz, Madrid, Editorial Revista de Derecho Privado).

LLAMAS POMBO, Eugenio (2010 a): Reflexiones sobre derecho de daños: casos y opiniones (Madrid, La Ley-Wolters Kluwer).

LLAMAS POMBO, Eugenio (2010 b): "Formas de reparación del daño (I)", en: Revista Práctica de Derecho de Daños (N°80), en: La Ley (183/2010). Disponible en: www.laleydigital.es [visitado el 01 junio 2012], pp. 1-23.

LLAMAS POMBO, Eugenio (2020): Las formas de prevenir y reparar el daño (Madrid, La Ley-Wolters Kluwer).

LÓPEZ MESA, Marcelo (2019): La responsabilidad civil (Montevideo-Buenos Aires Editorial B de F).

MEDINA CRESPO, Mariano (2011): "La ambigüedad de la jurisprudencia civil sobre la reparación íntegra y vertebrada", en: Revista de la Asociación de Abogados Especializados en Responsabilidad Civil y Seguro (N°40), pp. 25-42.

MESSINEO, Francesco (1958): Manuale di Diritto Civile e Commerciale (Codici e norme complementari), novena edición (Milán, Giuffrè Editore), tomo V.

MONTORY BARRIGA, Gonzalo (2019): La propiedad constitucional: limitaciones, privaciones, contenido esencial (Valencia, Tirant lo Blanch).

NAVEIRA ZARRA, Maita (2003): "La valoración del daño resarcible", en: Anuario da Facultade de Dereito Universidade da Coruña (N°7), pp. 597-616.

PANTALEÓN PRIETO, Fernando (1991): "Art. 1902", en: Paz-Ares, Cándido et al., Comentario del Código Civil (Madrid, Centro de Publicaciones Ministerio de Justicia), tomo II, pp.1971-2003.

PEÑAILILLO ARÉVALO, Daniel (1995): La expropiación ante el Derecho Civil, segunda edición (Santiago, Editorial Jurídica de Chile).

PEÑAILILLO ARÉVALO, Daniel (1996): "El enriquecimiento sin causa. Principio de Derecho y fuente de obligaciones", en: Revista de Derecho U. de Concepción (N°200), pp. 7-40.

REGLERO CAMPOS, Fernando y Peña López, Fernando (2014): "Conceptos generales y elementos de delimitación", en: Reglero, Fernando y Busto, José Manuel, Tratado de responsabilidad civil, quinta edición (Cizur Menor, Thomson Reuters Aranzadi), tomo I, pp. 66-263.

RODRÍGUEZ GREZ, Pablo (1999): Responsabilidad extracontractual (Santiago, Editorial Jurídica de Chile).

SANZ ENCINAR, Abraham (2001): "El concepto jurídico de responsabilidad en la teoría general del Derecho", en: Pantaleón, Fernando, La responsabilidad ante el Derecho (Madrid, U. Autónoma de Madrid–Boletín Oficial del Estado), pp. 27-55.

TORREGROSSA, Giovanni (1964): Il problema della responsabilità da atto lecito (Milán, Giuffrè Editore).

YZQUIERDO Tolsada, Mariano (2001): Sistema de responsabilidad civil, contractual y extracontractual (Madrid, Dykinson).

YZQUIERDO Tolsada, Mariano (2021): Responsabilidad civil extracontractual, séptima edición (Madrid, Dykinson).

CAPÍTULO II

DELIMITACIONES INTRÍNSECAS O LIMITACIONES EXTRÍNSECAS AL PRINCIPIO DE LA REPARACIÓN INTEGRAL

La responsabilidad de las niñas, los niños y los adolescentes en el derecho civil alemán a propósito del estudio del principio de reparación integral del daño

CAROLINA RIVEROS FERRADA[*]

RESUMEN: Este capítulo tiene como objetivo examinar cómo el derecho alemán se enfrenta a la temática de la responsabilidad civil de niños, niñas y adolescentes (en adelante NNA) como asimismo a la responsabilidad de sus padres. Todo ello en el marco del análisis del principio de reparación integral del daño.

PALABRAS CLAVES: responsabilidad civil extracontractual, NNA, padres, reparación integral del daño

---

[*] Doctora en Derecho, Ludwig-Maximilian-Universität, Múnich; profesora titular de Derecho Civil de la Facultad de Ciencias Jurídicas y Sociales de la Universidad de Talca, criveros@utalca.cl. Este trabajo fue desarrollado durante la primera etapa de la estadía investigativa de Humboldt-Forschungsstipendien-Programm für erfahrene Forschende de la Fundación Alexander von Humbodlt. Agradezco los comentarios de la profesora Lilian San Martín.

I. INTRODUCCIÓN

La doctrina chilena ha puesto interés en analizar la responsabilidad civil que le compete a los NNA y a sus padres[1]. El marco legal en Chile está determinado por el artículo 2320 el Código Civil que indica: "Toda persona es responsable no sólo de sus propias acciones, sino del hecho de aquellos que estuvieren a su cuidado. Así los progenitores son responsables del hecho de los hijos menores que habiten en la misma casa". Se agrega en el inciso final de la norma: "Pero cesará la obligación de esas personas si con la autoridad y el cuidado que su respectiva calidad les confiere y prescribe, no hubieren podido impedir el hecho". En el derecho alemán existe una norma similar. El § 832 BGB señala:

> Quien por disposición legal está obligado a ejecutar la vigilancia sobre una persona que, por su minoría de edad o por su estado psíquico o físico requiere de tal vigilancia, está obligado a indemnizar del daño que esta que esta persona ilícitamente haya causado a un tercero. El deber de indemnizar cesa si se cumplió con del deber de vigilancia o si igualmente el daño se hubiere producido[2].

Es por ello por lo que en este texto procuraré analizar cómo se responde a la cuestión de la responsabilidad civil de los niños, niñas y adolescentes y de sus padres. Para ello, en primer

---

[1]   SAN MARTIN (2017), pp. 405; RIZIK (2020), p. 384; MENDOZA (2019), pp. 531.

[2]   Traducción propia. "§ 832. Haftung des Aufsichtspflichtigen(1) Wer kraft Gesetzes zur Führung der Aufsicht über eine Person verpflichtet ist, die wegen Minderjährigkeit oder wegen ihres geistigen oder körperlichen Zustands der Beaufsichtigung bedarf, ist zum Ersatz des Schadens verpflichtet, den diese Person einem Dritten widerrechtlich zufügt.Die Ersatzpflicht tritt nicht ein, wenn er seiner Aufsichtspflicht genügt oder wenn der Schaden auch bei gehöriger Aufsichtsführung entstanden sein würde".

lugar me referiré a su capacidad delictiva y al deber de vigilancia de sus padres. En segundo lugar, presentaré dos interesantes y recientes casos jurisprudenciales. Posteriormente, comentaré el principio de reparación integral y finalizaré con el seguro de responsabilidad civil personal.

II. CAPACIDAD DELICTIVA DE LOS NNA

La capacidad delictiva de los NNA en Chile se encuentra regulada por el artículo 2319 del Código Civil que fija como criterio de incapacidad el hecho de que una persona sea menor de siete años, vale decir, que sea un infante. En relación con los mayores de siete y menores de dieciseis años, es posible que judicialmente se determine la inimputabilidad cuando se actuó sin discernimiento[3]. En el caso alemán, la situación es relativamente similar: la persona que no ha cumplido los siete años no será responsable de los daños que cause a otro. La persona que ha cumplido los siete años pero que es menor de diez años no será responsable de los daños que cause a otra persona en caso de accidente en el que intervenga un vehículo de motor, un ferrocarril o un teleférico, salvo que haya causado deliberadamente el daño. Finalmente, las personas que no han cumplido los dieciocho años no serán responsables de los daños que causen a otra persona, cuando no hayan actuado con discernimiento (§ 828 BGB). Por lo tanto es posible apreciar que en Chile se es responsable plenamente desde los 16 años y que en Alemania se es plenamente responsable desde los dieciocho años.

---

[3]   CORRAL (2013), p. 103.

III. OBLIGACIÓN LEGAL DE VIGILANCIA

En Chile se presume la culpa de los padres. Esta presunción de carácter legal permite la exoneración de los padres, probando que se actuó con la debida diligencia en cuanto hubo vigilancia de NNA. En términos generales, en Alemania toda persona que tiene la obligación legal de ejercer vigilancia de otra persona, cuando por su minoría de edad o debido a su estado mental o físico, necesite vigilancia, estará obligada a reparar el perjuicio que dicha persona haya causado a un tercero. Esta obligación de indemnizar cesa cuando se cumple con la obligación de supervisión o cuando el perjuicio se hubiera producido igualmente con la debida supervisión (§ 832 BGB).

La norma legal alemana considera hipótesis diferentes a las establecidas en el artículo 2320 del Código Civil chileno. Respecto de los NNA, la obligación legal de vigilancia se encuentra fundada en el derecho constitucional y en el derecho de familia, ya que los padres tienen paralelamente el derecho y el deber de cuidado de sus hijos menores de edad.

Esta noción se encuentra contemplada en el artículo 6 inciso 2 de la carta fundamental alemana y también se recoge en diversas normas del derecho de familia determinando que el deber de vigilancia impone a los padres eventualmente responsabilidad[4]. Es decir, solo se produce la responsabilidad cuando se compruebe que los padres han sido negligentes. La jurisprudencia ha reconocido la responsabilidad de los padres cuando un niño pequeño provoca un incendio en el inmueble arrendado por estar jugando con fósforos[5], pues en ese caso se ha infringido el deber de vigilancia. En la doctrina chilena, el texto de San Martín analiza cómo influye el derecho de familia

---

[4]   DETHLOFF (2022), p. 402.
[5]   OLG Köln FamRZ, 1986, 713.

en la responsabilidad civil de los padres por los daños causados por los hijos menores[6].

IV. LA CICLISTA DISTRAÍDA

Para ejemplificar un caso de la jurisprudencia alemana se presenta la siguiente sentencia: Una niña de ocho años va paseando con su bicicleta acompañada de sus padres y repentinamente mira hacia atrás, pierde el control de su bicicleta y atropella a un transeúnte, por lo que le causa una fractura del tobillo, entre otros perjuicios. La niña es condenada a pagar 7. 448,39 € más intereses. Además, debe indemnizar a la víctima por todos los daños inmateriales y materiales que surjan en el futuro como consecuencia del incidente. También es condenada a pagar a la demandante honorarios de abogados extrajudiciales por un importe de 887,03 € más intereses. Los padres de acuerdo con el tribunal no incumplen con su deber de vigilancia, pues van acompañando a su hija y al percatarse de la distracción de la niña, le gritan que mire hacia adelante[7].

V. EL CONDUCTOR PRECOZ

En este segundo caso, un niño de dos años y medio provoca un grave accidente automovilístico. Toda la familia se encontraba en una fiesta familiar. La madre deja a su hijo sentado en el asiento de copiloto en su silla, pero sin abrochar los seguros de la silla. Además, deja las llaves del auto dentro del auto y vuelve al interior de la casa. El niño toma las llaves del auto, enciende el auto y atropella a su abuela que estaba sentada en

---

6   SAN MARTIN (2017). pp. 403-419.
7   OLG Celle, 19.02.2020-14 U 69/19.

una banca a 1,5 metros del auto. La abuela sufre lesiones graves en ambas rodillas y debe ser trasladada al hospital.

Lo interesante en este caso es que la que vendría siendo la ISAPRE alemana demanda a la madre argumentando que existe un incumplimiento del deber de vigilancia. La madre por su parte en la contestación señala que no era previsible la conducta de su hijo, puesto que encender el auto no es sencillo y que solo estuvo dos minutos dentro de la casa. En primera instancia, el tribunal rechaza la demanda. En segunda instancia se determina la responsabilidad de la madre, ya que el deber de vigilancia se mide de forma concreta y además en general respecto de niños pequeños es menester vigilarlos constantemente; la madre al no asegurar al niño en su silla y dejar las llaves en el auto provocó un gran accidente. Es importante indicar que los costos de salud casi alcanzaron 78.000 €[8].

VI. EL PRINCIPIO DE REPARACIÓN INTEGRAL DEL DAÑO

(Prinzip der Totalreparation)

En el Código Civil alemán se regulan las causales de responsabilidad (*Haftungsbegründung*) y también el contenido de la responsabilidad (*Haftungsausfüllung*)[9]. En este sentido las causales de responsabilidad están diseminadas en este cuerpo legal, tanto por casos de responsabilidad contractual como extracontractual. Ahora bien, el contenido de la responsabilidad civil está determinado principalmente por las disposiciones ge-

---

[8]   OLG Oldenburg, 20.04.2023- 14 U 212/22.

[9]   PÖSCHKE (2010), pp.257-259; JOUSSEN (2021), pp. 292-293.

nerales de §§249-255 BGB[10], que incluso son utilizadas en el derecho público[11].

Se señala que el principio de reparación integral del daño es un principio del todo o nada, pues existiendo el daño se debe simplemente reparar íntegramente[12]. Solo es posible disminuir la extensión de la reparación cuando quien sufrió el daño tiene algún grado de culpabilidad en lo acontecido (§ 254 BGB)[13]. La mayoría de los autores niega tal posibilidad de mitigar la extensión de daño, aunque Canaris posee una visión crítica de la doctrina mayoritaria[14]. No posee importancia en términos generales si se actuó con culpa o con dolo. Consecuentemente con ello, la economía alemana ha creado un seguro de responsabilidad civil personal (familiar) para evitar caer en una situación económica deplorable. Es por ello por lo que es usual contratar un seguro de responsabilidad civil (*Haftpflichtsversicherung*).

VII. SEGURO DE RESPONSABILIDAD CIVIL PERSONAL (HAFTPFLICHTSVERSICHERUNG).

El seguro de responsabilidad civil personal es una clase de seguro de responsabilidad civil que protege al titular de la póliza privada y su familia respecto de las demandas de terceros por los daños que aquellos les hayan ocasionado en actividades de la vida cotidiana.

---

[10]   RÜßMANN (2021), p. 5.
[11]   MÜLLER (2005), p.1461.
[12]   Varios autores (GRÜNEBERG (2021), p. 286; LOOSCHELDERS (2022), pp. 381-382; TEICHMANN (2021), pp. 1-2).
[13]   MOHR (2010), p. 174.
[14]   CANARIS (1987), pp. 993-994.

Dado que la responsabilidad civil de los particulares generalmente no está limitada debido al principio de reparación integral del daño, la importancia del seguro de responsabilidad civil personal es evidente. Este seguro se puede caracterizar como un seguro de carácter voluntario, de muy bajo costo (aproximadamente 5 euros mensuales) que básicamente permite a cada persona responder íntegramente por el daño que ella o su familia pudiese causar a terceros. El fundamento del seguro de responsabilidad civil personal está configurado por el §823 BGB en relación con §249 BGB.

VIII. VISIÓN CRÍTICA

Es factible indicar que la cuestión de los límites a la extensión se vuelve compleja cuando el daño es sustantivo. Este daño incluso puede hacer peligrar la existencia mínima de una persona por la deuda millonaria que ha generado. En los casos que NNA están involucrados como autores del daño, ellos podrían eventualmente responder incluso cuando fuesen adultos, de accidentes que ocasionaron cuando sus padres no habían contratado un seguro de responsabilidad civil personal. La crítica en este punto está determinada porque los NNA responden de sus conductas, pero no pueden directamente contratar un seguro porque no tienen la capacidad para efectuarlo[15]. Entonces, ellos dependen en este contexto completamente de sus padres, esto es, de la contratación o no del seguro de responsabilidad civil personal.

Looschelders considera que esto puede atentar contra el libre desarrollo de la personalidad por las nefastas consecuencias que implica estar pagando la vida entera una millonaria

---

[15]   ERMAN (2020), p. 914.

deuda[16]. Lorenz y Staudinger frente a esta problemática analizan la cláusula de reducción de la reparación para evitar las graves consecuencias de estar pagando la vida entera por un daño provocado en la niñez[17].

IX. CONCLUSIÓN

En síntesis, es posible apreciar que en Alemania los niños, niñas y adolescentes pueden responder civilmente, sin perjuicio de que a los padres también se les puede hacer responsables por faltar al deber de vigilancia que les corresponde.

En el caso alemán, las hipótesis están determinadas en el §832 BGB que considera a quienes requieren de vigilancia, entre los cuales están quienes son menores de edad. En cuanto a la capacidad delictiva, los menores de siete años no responden como ocurre en Chile. Sin perjuicio de ello, se pudo apreciar que en el caso del conductor precoz la madre es civilmente responsable por el daño causado con el automóvil.

En este último caso como en el caso de la ciclista distraída es preciso destacar la importancia que puede tener la contratación por parte de los padres de un seguro de responsabilidad civil personal (familiar) dada la real aplicación del principio de reparación integral del daño en el derecho alemán.

Con todo, particularmente en este tipo de casos parte de la doctrina es bastante crítica. Ellos rechazan la enorme responsabilidad y la carga financiera que les puede caber a estos sujetos de derecho pues ellos directamente no están habilitados

---

[16]   Varias publicaciones (LOOSCHELDERS (1999a), p. 141; LOOSCHELDERS (1999b), p. 102).

[17]   Varios autores (MEDICUS/LORENZ (2021), p. 310; STAUDINGER (2021), p. (Rn)28).

para contratar un seguro de responsabilidad personal, aunque
sí pueden responder por los daños causados.

BIBLIOGRAFÍA CITADA

CANARIS, Claus-Wilhelm (1987) "Verstöße gegen das verfassungsrechtliche Übermaßverbot im Recht der Geschäftsfähigkeit und im Schadensrecht", en: Juristen Zeitung (42. Jahrg., Nr. 21), pp. 993-1040.

ERMAN, Walter (2020): Erman BGB Handkommentar zum Bürgerlichen Gesetzbuchbearbeitet von Ebert, 16. Ausgabe (Köln, Otto Schmidt Verlag).

DETHLOFF, Nina (2022): Familienrecht, 33. Ausgabe (München, C.H.
Beck Verlag).

GRÜNEBERG, Christian (2022): *Grüneberg Bürgerliches Gesetzbuch BGB
Vorbemerkungen zu § 249*, 81. Ausgabe (München, C.H. Beck Verlag),
pp. 286-320.

JOUSSEN, Jacob (2021): Schuldrecht I, Allgemeiner Teil, 6. Ausgabe,
(Stuttgart, W. Kohlhammer GmbH).

RÜSSMANN, Helmut (2021): *§ 249* en: Junker, Roland; Beckmann Mi-
chael, Rüßmann Helmut (Herausgeber) *Juris Praxiskommentar BGB
Bürgerliches Gesetzbuch* Band 2 – Schuldrecht § 249 BGB. 9. Ausgabe
(Saarbrücken, Juris Verlag).

LOOSCHELDERS, Dieter (1999a): "Verfassungsrechtliche Grenzen der
deliktischen Haftung Minderjähriger–Grundsatz der Totalreparation
und Übermaßverbot", en: VersR (1999), pp. 141-151.

LOOSCHELDERS, Dieter (1999b): "Die Ausstrahlung der Grundrechte
auf das Schadensrecht", en: Wolter & Riedel & Taupitz, *Einwirkungen
der Grundrechte auf das Zivilrecht, Öffentliche Recht und Strafrecht*, 1999,
pp. 93-111.

LOOSCHELDERS, Dieter (2021): Schuldrecht Allgemeiner Teil, 20.
Ausgabe (München, Franz Vahlen Verlag).

MEDICUS, Dieter & LORENZ, Stephan (2021): Schuldrecht I Allgemeiner Teil. 22. Ausgabe (München, Verlag C.H. Beck).

MENDOZA, Pamela (2019): "La responsabilidad de los padres por los
daños cometidos por sus hijos menores como supuesto de plurali-
dad de responsables", en: Mondaca, A y Aedo, C (coord.), Estudios

de Derecho de Familia IV (Santiago, Chile. Thomson Reuters), pp. 529- 547.

MOHR, Jochen (2010): "Grundlagen des Schadensersatzrechts", en: JURA (2010), pp. 168-179.

MÜLLER, Gerda (2005): "Alles oder nichts?", en: VersR (2005), pp. 1461-1474.

PÖSCHKE, Moritz (2010): "Art und Umfang des Schadensersatzes – die Systematik der §§ 249 ff. BGB", en: JA (2010), pp. 257-259.

RIZIK, Lucía (2020): "Modelos de responsabilidad civil de los padres por daños ocasionados por sus hijos menores de edad. Ideas para un estudio dogmático en Chile", en: Mendoza, Pamela y Morales, María Elisa (editoras), Estudios de Derecho Privado: II Jornadas nacionales de profesoras de Derecho privado (Universidad de la Frontera, Chile. Editorial DER), pp. 377-403.

SAN MARTÍN, Lilian (2017): "La (necesaria) influencia del derecho de familia en la responsabilidad de los padres por los daños causados por sus hijos menores", en: Acuña, Marcela y Del Picó, Jorge (editores), *Estudios de derecho de familiar. Segundas Jornadas Nacionales de Derecho de Familia* (Santiago, Thomson Reuters), pp. 403-419.

VON STAUDINGER, Julius (Begründer) (2021): *Staudinger Kommentar zum Bürgerlichen Gesetzbuch Buch 2: Recht der Schuldverhältnisse: §§ 249-254 (Schadensersatzrecht)Vorbemerkungen zu §§ 249 ff. BGB*, Rn. 1-113; § 249 BGB, Rn. 1-304 jeweils berabeitet von Höpfner (Köln, Otto Schmidt Verlag).

TEICHMANN, Arndt en: JAUERNIG, Othmar (2021): Bürgerliches Gesetzbuch, 18. Aufgabe.

Jurisprudencia citada

OLG Celle, 19.02.2020-14 U 69/19.

OLG Oldenburg, 20.04.2023- 14 U 212/22.

La compensatio lucri cum damno: algunos apuntes acerca de su aplicación en el derecho chileno

PAMELA PRADO LÓPEZ*

RESUMEN: La *compensatio lucri cum damno* constituye un criterio fundamental al momento de determinar y cuantificar el daño resarcible en un juicio de responsabilidad civil. Con todo, presenta una serie de dificultades en su aplicación práctica, lo que ha llevado a la doctrina a intentar identificar diversos criterios que permitan reconocer los grupos de casos en que ello es procedente. A pesar de esto, solo un análisis caso a caso permite concluir en qué situaciones es pertinente compensar los lucros obtenidos del monto de la indemnización.

PALABRAS CLAVE: *Compensatio lucro cum damno*, beneficios, relación causal, daño, indemnización de perjuicios.

I. INTRODUCCIÓN

Uno de los aspectos que puede ser considerado al momento de determinar los daños resarcibles en el juicio de responsabilidad civil es aquel relacionado con las ventajas o beneficios económicos que ha obtenido la víctima a causa del daño que ha padecido. Ello nos sitúa en la figura de la compensación del beneficio obtenido a partir del ilícito o *compensatio*

---

* Doctora en Derecho por la Universidad de Chile. Profesora de Derecho Civil, Facultad de Derecho, Universidad de Valparaíso, Valparaíso, Chile. Correo electrónico pamela.prado@uv.cl.

lucri cum damno. Se trata de un ámbito que en Chile ha sido escasamente abordado, pero que, en nuestro caso, nos interesa analizar debido al nimio conocimiento que sobre él tienen los operadores jurídicos, lo que queda de manifiesto, primero, en el hecho de que no es usualmente alegada por la parte demandada como forma de obtener una rebaja del monto de la indemnización pretendido por el actor y, luego, atendida la manera en que es aplicada —en forma exigua, por lo demás— por los juzgadores. Este escenario es muy diferente del que se aprecia en el derecho foráneo, en que tanto la doctrina como la jurisprudencia recurren a la *compensatio lucri cum damno* habitualmente.

Con todo, la *compensatio lucri cum damno* presenta una serie de dificultades, tanto teóricas como prácticas, las que intentaremos poner en evidencia en estas líneas, con énfasis en el derecho chileno.

Por consiguiente, el propósito de este análisis es, primero, revisar en qué consiste la figura de la compensación de beneficios, en segundo lugar, exponer las principales problemáticas que plantea la figura y en tercer término, revisar críticamente algunos casos conocidos recientemente por los tribunales de justicia en Chile, a fin de comprobar que la compensación de beneficios sigue planteando interrogantes en cuanto a su aplicación, tal como ocurre en el derecho extranjero.

II. LA *COMPENSATIO LUCRI CUM DAMNO*: ALGUNAS IDEAS GENERALES

Siguiendo a De Cupis, la *compensatio lucri cum damno* refiere a "la disminución proporcional que el daño experimenta cuando con él concurre un lucro (ventaja), o con otras palabras, la reducción del montante del daño resarcible por la concurrencia de un lucro"[1]. En efecto, es posible que ya por un ilícito o un incumplimiento de contrato, quien tiene derecho a hacer valer la pretensión resarcitoria, a la vez, haya obtenido algún provecho, beneficio, lucro o utilidad derivado de esas circunstancias, de manera tal que el cuestionamiento que surge es si aquellas son susceptibles de ser descontadas del monto o cuantía de la correspondiente indemnización[2]. Como dice Orgaz:

> consiste en la mera confrontación y computación de las consecuencias favorables y desfavorables producidas por el acto ilícito, confrontación que impone el concepto mismo de daño, y que el juez está facultado y aun obligado a hacer de oficio, con prescindencia de que el responsable la haya pedido o no[3].

Algunos prefieren utilizar la denominación de *compensatio damni cum lucro* —y no *compensatio lucri cum damno*— debido a que no sería el valor del beneficio el que se compensa con el daño, sino que la operación sería inversa, es el daño el que se compensaría con el provecho[4].

Por cierto que hay consenso en orden a que esta figura es distinta de la compensación que tiene el carácter de modo de extinguir las obligaciones y que en el sistema chileno se encuentra recogida en el artículo 1567 N°5° CCCh[5].

En una primera mirada, la fórmula parece no solo sencilla de justificar, sino, de ser aplicada en los hechos, sin embargo, como mencionamos, se trata de un ámbito que provoca varias interrogantes, especialmente, en cuanto a los requisitos de procedencia.

---

[1]   DE CUPIS (1975), p. 327.
[2]   ELORRIAGA (2011), p. 567.
[3]   ORGAZ (1992), p. 187.
[4]   CRESPO (2015), p. 16.
[5]   Varios autores (CRESPO (2015), p. 19; ELORRIAGA (2011), p. 568).

De otra parte, cabe destacar que no son muchos los cuerpos normativos que consagran la *compensatio* de manera expresa[6], salvo ciertas excepciones. Así, resalta, en primer lugar, lo que dispone el art. 6:100 del Código Civil de Países Bajos, que dispone: *"When the injured person has not only suffered damage from an event, but also a benefit, then this benefit has to be subtracted, as far as this reasonable, from the damage that has to be compensated to him".*

Por su parte, el artículo 10:103 de los Principios Europeos de Responsabilidad Civil (PETL) establece lo siguiente: "Beneficios obtenidos mediante el evento dañoso. Al determinar la cuantía de la indemnización, deben tenerse en cuenta los beneficios que el dañado ha obtenido mediante el evento dañoso, a menos que ello sea incompatible con la finalidad del beneficio"[7]; en tanto que el Marco Común de Referencia preceptúa:

> VI. 6:103: *Compensatio lucri cum damno.* (1) Los beneficios que el perjudicado obtenga con motivo de la causación del daño jurídicamente relevante no se tendrán en cuenta salvo que sea justo y razonable hacerlo. (2) Para decidir si es justo y razonable tener en cuenta esos beneficios, habrá que considerar el tipo de daño sufrido, la razón por la que se imputa responsabilidad a quien lo ha causado y, si los beneficios los confiere un tercero, el propósito para el que fueron conferidos[8] [9].

---

[6]   CRISTÓBAL MONTES (1989), p. 1966

[7]   PRINCIPIOS EUROPEOS DE LA RESPONSABILIDAD CIVIL. Mayo de 2005 ¿Alguna fecha? Considerarlo cada vez que se cite.

[8]   PRINCIPIOS, DEFINICIONES Y REGLAS DE UN DERECHO CIVIL EUROPEO: EL MARCO COMÚN DE REFERENCIA (DCFR)a (2015).

[9]   También se ha entendido que la Propuesta de Reglamento sobre una normativa común de compraventa europea (CESL) contemplaría una aplicación de la figura, en el artículo 164, que considera como uno de los criterios para fijar el monto del daño la posibilidad de que el acreedor haya celebrado un nuevo negocio después del incumplimiento. Artículo 164: "Transacción sustitutiva. Cuando

En lo que respecta a la disposición contenida en los PETL, se ha señalado que si bien no contempla la forma en que se hará operativa la regla según la cual el juez no tomará en consideración los beneficios obtenidos por el demandante a consecuencia del evento dañoso, ello se justifica por la conveniencia de evitar que la *compensatio* se aplique en forma en extremo rígida[10]. Se agrega que el beneficio obtenido debe tener una relación de causalidad con el evento dañoso, no bastando únicamente con el hecho de que la víctima haya obtenido un lucro o provecho y, en seguida, el beneficio debe ser compatible con la finalidad de este, como señala Martín Casals, que agrega que ciertamente se puede afirmar que todo beneficio, en último término, provee de ayuda económica a la víctima del daño, pero la *compensatio* no solo debe evitar que ella se enriquezca, sino también debe evitar que el causante del daño se beneficie[11]. Algo similar se aprecia en las otras dos disposiciones transcritas, pues en ninguna de ellas se propone la aplicación del descuento de los beneficios en forma automática o matemática, sino que ello se lleva a cabo en la medida que sea razonable.

En Chile, pese a no haber norma expresa que la contemple, los autores han afirmado la plena aplicación de la *compensatio lucro cum damno*. Así, el profesor Hernán Corral, con ocasión del análisis de los requisitos de la resarcibilidad del daño, estudia la compensación de lucros y daños y el cúmulo

---

un acreedor haya resuelto un contrato en su totalidad o en parte y haya realizado una transacción sustitutiva en un plazo y modo razonables podrá, en la medida en que tenga derecho a percibir una indemnización, cobrar la diferencia entre el valor que hubiera sido debido en virtud del contrato resuelto y el debido en virtud de la transacción sustitutiva, así como reclamar una indemnización por otras pérdidas que haya podido sufrir". ZURITA (2014), p. 2362.

[10]   INFANTINO (2014), p. 426.

[11]   MARTÍN CASALS (2005), p. 20.

de indemnizaciones, destacando que la doctrina moderna es más bien restrictiva de la compensación, siendo aplicada en aquellos casos en que el lucro provenga del mismo ilícito y no de otro hecho desconectado directamente del daño[12]. De igual forma, el profesor Fabián Elorriaga analiza los requisitos que en el derecho foráneo tradicionalmente se han exigido para dar lugar a la aplicación de la *compensatio lucri cum damno,* para luego estudiar las situaciones que, estima, producen mayores conflictos[13]; de igual forma, el profesor Enrique Barros lo aborda en su clásico tratado de responsabilidad extracontractual[14].

En efecto, no resulta complejo argumentar en favor de la aplicación de la *compensatio* pues, en general, se considera que el fundamento se sitúa en el principio de proscripción al enriquecimiento sin causa. Se trata de evitar que se produzca un enriquecimiento para la víctima debido a los beneficios que obtiene al padecer un daño[15]. Para ilustrarlo, la profesora Roca cita una conocida sentencia pronunciada por el Tribunal Supremo español el año 1981, en que a causa de un accidente de tránsito, un camión provocó daños a un antiguo edificio, que debió ser derribado y vendido a terceros, lo que originó una serie de provechos para las víctimas. La sentencia, al revisar el monto indemnizatorio, expresa que de haberse obtenido alguna ventaja, ella debe tomarse en consideración al momento de cuantificar el daño, en la medida que "exista relación entre el daño y la ventaja, según la opinión autorizada de la doctrina, lo cual, en definitiva, no es más que la aplicación del tradicional y siempre vigente principio del enriquecimiento injusto."[16].

---

[12]   CORRAL (2003), pp. 144-145.
[13]   ELORRIAGA (2011), pp. 567-583.
[14]   BARROS (2020), pp. 1007-1019.
[15]   ROCA (2004), p. 905.
[16]   Varios autores (ROCA (2004), p. 906; BARROS (2020), p. 1008).

Sin embargo, la doctrina más autorizada en la materia considera que, en verdad, "su fundamento último es siempre el concepto abstracto del daño: cuando la reparación exceda al daño abstracto, será necesario compensarlo"[17].

En el derecho chileno es perfectamente factible postular, entonces, que no es necesaria una norma expresa que autorice la *compensatio,* pues ella se funda, de una parte, en las normas y principios de la responsabilidad civil, en particular, en el principio de reparación integral del daño[18] y en su correlato de proscripción a percibir una reparación que sobrepase dicho daño, conforme con lo dispuesto en los artículos 2314 y 2329, inciso primero, del Código Civil, y, por cierto, en el repudio al enriquecimiento injustificado.

III. LOS CUESTIONAMIENTOS ACERCA DE LA APLICACIÓN DE LA *COMPENSATIO LUCRI CUM DAMNO*: EN PARTICULAR, LOS BENEFICIOS QUE HAN DE DESCONTARSE

Como hemos indicado, la mayor dificultad que entraña la *compensatio lucri cum damno* no es la elaboración de una argumentación dogmática en pro de su aplicación en los sistemas jurídicos que no la contemplan en forma expresa, como el de Chile, sino sus condiciones o requisitos de procedencia, lo que redunda en los grupos de casos en que ella puede ser aplicada.

Una de las primeras cuestiones que surgen respecto de la figura en estudio refiere a si, de reunirse los requisitos para ser utilizada, ella puede ser aplicada de oficio por el juez que conoce de la causa o, por el contrario, solo ha de serlo a pe-

---

[17]   FISCHER (1928), p. 188.
[18]   DOMÍNGUEZ (2019), p. 22.

tición de parte. Fischer postula que el juez debe "indagar de oficio la existencia y cuantía de los *lucra*"[19]. Recordemos que Orgaz, según reproducimos líneas atrás, también postula que el juez está facultado para llevar a cabo la compensación de beneficios de oficio[20]. Distinta es la opinión de Aldax, quien considera que solo procede a petición de parte. Para sustentar esta postura, este último explica que la cuestión de la compensación de provechos debe ser situada a propósito de la valuación del daño y no de la teoría del daño, a diferencia de Fischer, pues en caso contrario efectivamente el juzgador estaría facultado para aplicarla de oficio, en tanto es el encargado de comprobar que el daño cumple con todos los requisitos necesarios para que sea resarcido, con lo que no concuerda[21]. En nuestra opinión, siguiendo la primera corriente descrita, nos parece que la *compensatio* es una cuestión que dice relación con el daño efectivamente padecido por la víctima, lo que, por cierto, incidirá en la cuantía de la reparación, pero alude a los requisitos copulativos que han de reunirse para que el daño sea reparado, de manera tal que, en esa línea, nos parece que el juez se encuentra facultado para evaluar en cada caso si procede que se lleve a cabo la compensación con los beneficios que ha obtenido la víctima, de ser procedente.

Sin embargo, como venimos anunciando, el aspecto que reviste mayor interés refiere a los casos en que procede la aplicación de la compensación de beneficios. Ello nos lleva a los requisitos que, según la doctrina, deben cumplirse para tal efecto.

---

[19]   FISCHER (1928), p. 192.

[20]   ORGAZ (1992), p. 187.

[21]   Por tal razón, define la *compensatio lucri cum damno* con el siguiente tenor: "regla que indica que al momento de realizar la valuación del daño patrimonial, debe descontarse de las consecuencias perjudiciales, las consecuencias beneficiosas, y así obtener una determinación exacta del monto del daño, cumplimiento del principio de la reparación integral". ALDAX (2012), pp. 24-25.

Según Orgaz,[22] los requisitos son: en primer término, los beneficios y los daños que se compensan deben provenir del mismo ilícito —o del mismo incumplimiento contractual si tal es el caso—;[23] en segundo lugar, que el ilícito sea la causa tanto de los daños como los provechos que se compensan, y finalmente, que su aplicación no se encuentre excluida por aplicación de otro principio jurídico —cita, al efecto, el principio *propriam turpitudinem allegans est audiendus*—[24]. En Chile, Elorriaga postula que los requisitos son: "que i) los beneficios provengan del mismo hecho que causa daño; ii) que el ilícito sea la causa adecuada del beneficio, y iii) que los beneficios tengan la misma naturaleza que los daños sufridos".[25]

Pues bien, no cabe duda de que aquel que provoca mayores dificultades, tanto teóricas como prácticas, es aquel que refiere a la relación causal que debería existir entre los beneficios que se obtienen con el hecho que origina la indemnización[26]. Por ello es que De Cupis plantea que los límites de aplicación de la *compensatio lucri cum damno* son tan graves, que la doctrina precisamente ha intentado superarlos considerando que ella solo es pertinente si tanto el lucro como el daño proceden de un mismo hecho. Para tal efecto, ilustra con el caso en que una persona padece un daño derivado de un ilícito y, a la vez, se realiza en su favor un acto de liberalidad por parte de un tercero, como una donación. Acá, continúa el autor, la donación tiene sus propios propósitos, tiene una causa específica que se agota con su propia función, que es la liberalidad, por lo que el hechor del daño no podría pretender que el provecho

---

[22]   ORGAZ (1992), pp. 189-197.

[23]   CRISTÓBAL MONTES (1989), pp. 1966-1967.

[24]   ORGAZ (1992), p. 197.

[25]   ELORRIAGA (2011), p. 571.

[26]   FISCHER (1928), p. 193.

obtenido de la donación le sea rebajado o descontado de la indemnización a que sea condenado como autor del ilícito[27].

Por consiguiente, este es el aspecto más conflictivo de la *compensatio*: determinar los criterios que se aplican a fin de dirimir en cada situación particular cuáles son los provechos o lucros que provendrían del mismo hecho generador del daño y, por ende, de la indemnización[28]; según cuál sea la posición que se adopte, refleja, en último término, abogar por una aplicación más o menos amplia de la *compensatio*. No en balde, como afirma Martín Casals a propósito de las opiniones que se ventilaron en el seno del *European group on tort law* con ocasión de la elaboración de los Principios Europeos de la Responsabilidad Civil, "los ordenamientos jurídicos analizados por el grupo se encuentran divididos al 50 % y mayor es la discrepancia cuando se trata de resolver los supuestos concretos en que se aplica la regla."[29].

Por ejemplo, continuando con la opinión de De Cupis, se deben contraponer y compensar

> los éxitos favorables y desfavorables de un mismo acto. Recalcamos de un mismo acto, ilícito, culpable, ya que las consecuencias favorables de otros actos, aunque hayan sido realizados por la misma persona, quedan al margen de la acción ilícita y de su responsabilidad subsiguiente, por lo que no juegan a la hora de determinarla ni de disminuirla[30].

Y agrega que "para que la delimitación de la *compensatio lucri cum damno* no pierda su propio valor, se necesita no sólo que subsista la relación causal, sino que también guarde una

---

27   DE CUPIS (1975), p. 330.
28   Criterio consolidado, por ejemplo, en la jurisprudencia española. MALO (2020), pp. 241-244.
29   MARTÍN CASALS (2005), p. 20.
30   DE CUPIS (1975), pp. 330-331.

cierta consistencia tanto frente al lucro como al daño."[31]. Como explica Von Thur, se debe aplicar el mismo criterio restrictivo que a los daños, esto es, el de causa adecuada, debiendo prescindirse "de todos aquellos beneficios que, en un cálculo de probabilidades, sean tan ajenos al suceso dañoso, que no haya más remedio que considerarlos puramente fortuitos"[32]. En otras palabras, tanto el daño, como el beneficio, deben ser consecuencia inmediata y directa del ilícito que se idóneo para determinarlos, es decir, "que presenten como hechos contrapuestos del mismo hecho."[33].

Mariano Crespo, por su parte, elabora una taxonomía de las diversas situaciones en que es necesario cuestionarse por la eventual aplicación de la *compensatio,* distinguiendo entre las siguientes: primera, la referida a los beneficios directos que se obtienen en virtud del hecho dañoso, que correspondería a la interpretación más restrictiva de la figura, y sugiere como ejemplo de carácter meramente académico, el del gavilán y las palomas, en que alguien mata a un gavilán que iba a entrar a un palomar de un disparo y, de paso, da muerte a dos palomas, pues bien, el daño serían las dos palomas, pero habría que compensar como ventajas obtenidas, las demás palomas que en mayor número el gavilán dejó de matar. La segunda situación alude a los beneficios indirectos o colaterales que se obtienen de un título legal o negocial que es anterior al daño y que tiene como presupuesto el hecho dañoso, y cita como ejemplo el caso de los beneficios de seguridad social que derivan de un infortunio laboral. El tercer supuesto es aquel que dice relación con los que denomina beneficios adventicios u ocasionales que se producen por un título legal o negocial posterior al daño, como sería el caso de la mujer que demanda por lucro cesante

---

[31]   DE CUPIS (1975), pp. 331.
[32]   VON THUR (2007), p. 60.
[33]   DÍEZ PICAZO (2011), p. 342.

derivado del fallecimiento de su marido a cuyas expensas vivía, y luego contrae nuevas nupcias, viviendo, esta vez, a expensas de su nuevo cónyuge, o la situación de aquel arrendador cuyo arrendatario le dejó de pagar la renta y abandona el inmueble y en el intertanto lo vuelve a arrendar a un tercero[34].

A mayor abundamiento, cabe advertir que uno de los criterios a los que se suele recurrir para dar lugar a la compensación de beneficios o lucros refiere a si se genera un derecho a reembolso o de subrogación en favor del tercero que ha pagado el beneficio, como expresa Elorriaga[35], como ocurre en el sistema chileno con lo dispuesto a propósito del contrato de seguro, según dispone el artículo 534, inciso primero del Código de Comercio, y en el artículo 69, letra a), de la Ley N°16.744, pues, como afirma Crespo, en estos casos el problema respecto de si procede o no la *compensatio* no se plantea, toda vez que se soluciona en virtud de una norma legal preexistente.[36]

A vía ejemplar, la jurisprudencia italiana a contar del año 2018, para efectos de dar respuesta a las situaciones en que procede aplicar la *compensatio,* exige como requisitos, de una parte, la naturaleza compensatoria de los beneficios económicos que percibe la víctima, pero agrega como elemento adicional la provisión legal de llevar a cabo una subrogación *a posteriori*[37], con lo cual se reduciría el campo de aplicación de la figura en estudio.

El problema se suscita en aquellas situaciones en que no se encuentran consagrados tales derechos para el tercero pagador del beneficio. Pues bien, lo que la doctrina mayoritariamente ha sustentado es que no hay unos criterios uniformes que per-

---

[34]   CRESPO (2015), pp. 61-66.
[35]   ELORRIAGA (2011), p. 572.
[36]   CRESPO (2015), pp. 255-256
[37]   SPADA (2020), p. 674.

mitan resolver el problema[38], sino que es necesario analizar caso a caso, tomando en consideración no solo la conexión causal a que aludíamos, sino también el fin que persigue el beneficio, esto es, indemnizatorio o no[39]. Esa es la razón por la cual si se revisa la doctrina que se ha ocupado del estudio de la *compensatio lucri cum damno,* luego de caracterizar la figura, analiza los casos en que ella procedería.

IV. TRES CASOS BAJO LA LUPA

Decíamos al comienzo que en Chile se advierte un grado de desconocimiento por parte de los operadores jurídicos de la figura de la *compensatio lucri cum damno..* Ello no es extraño si se tiene presente las dificultades que plantea la determinación de los casos en que ella es procedente, razón por la cual no solo no es usualmente alegada por la demandada con la finalidad de rebajar el monto de la indemnización, sino que tampoco existe mayor claridad por parte de los juzgadores a la hora de ser aplicada.

Para ilustrar lo que venimos afirmando, revisaremos tres ámbitos que se manifiestan en sentencias recientes pronunciadas por los tribunales de justicia en diversas materias.

1. El lucro cesante demandado por accidentes de trabajo en caso de que el trabajador obtenga pensión de invalidez por incapacidad parcial

Este es un caso interesante si se mira con cuidado, toda vez que en el actual debate que se presenta ante los tribunales de

---

38   BARROS (2020), p. 1009.
39   ORGAZ (1992), p. 190.

justicia en las causas en que se hace valer la responsabilidad civil del empleador por el daño ocasionado por un accidente de trabajo, no dice relación con la compatibilidad o incompatibilidad entre los montos obtenidos por los trabajadores demandantes por concepto de pensión de invalidez parcial con la indemnización que se demanda por el lucro cesante, sino que el conflicto se genera solo respecto de la procedencia de este rubro indemnizatorio atendida la eventual incertidumbre del daño. En efecto, los actores plantean la pretensión descontando desde ya los montos de la pensión de invalidez parcial que perciben y solicitan se les resarza como lucro cesante un monto de dinero que se obtiene restando dicha pensión de lo que habrían obtenido como remuneración total proyectada por el número de años de trabajo que restan hasta la fecha de jubilación[40].

En esa línea, como hemos señalado, el debate se ha centrado en el monto indemnizatorio que se solicita por los actores, atendidos los problemas que suscita la determinación de la certidumbre del lucro cesante, ámbito en que la Corte Suprema ha tendido a conceder la referida indemnización, teniendo presente que en estos casos "el lucro cesante es la pérdida de ingresos que se sigue del daño corporal y el objeto de la reparación es la expectativa objetiva de ingresos futuros que la persona lesionada tenía al momento del accidente."[41].

---

[40] Así, por ejemplo, se demanda por lucro cesante la diferencia entre la remuneración total y la pensión por invalidez correspondiente a un 17 % de incapacidad en causa del Juzgado del Trabajo de San Bernardo, RIT N°O-665-2018, de 5 de septiembre de 2019; de 55 % de incapacidad, en la causa de Juzgado del Trabajo de Copiapó, RIT N°O-242-2019, de 24 de febrero de 2020; de 37,5 % en la causa del Juzgado de Letras de San José de la Mariquina, RIT N°O-2-2020, de 10 de mayo de 2021.

[41] Corte Suprema, Rol N°75.685-2021 de 28 de diciembre de 2022. Así también, en Corte Suprema, Rol N°2.788-2020 de 20 de octubre de 2021.

Por el contrario, en lo que refiere a la compensación de los lucros que derivan de la pensión de invalidez por la incapacidad parcial del trabajador, se subentiende que es incompatible con la indemnización por lucro cesante, toda vez que ella no se demanda en forma completa, sino solo por aquella parte que no es cubierta por la misma, lo que supone dar lugar a la *compensatio lucri cum damno*, aunque no se señale en forma explícita. Criterio que, por lo demás, es coherente con el hecho de que, en este sector, el órgano pagador del beneficio tiene derecho a repetir en contra del responsable por las prestaciones que haya otorgado o deba otorgar, conforme con lo dispuesto en el artículo 69, letra a), de la Ley N°16.744.

2. Los beneficios obtenidos por la familia del personal policial por muerte acaecida en acto de servicio

En sentencia pronunciada por el 2° Juzgado Civil de Temuco, Rol 1837-2017, 6 de marzo de 2017, se debatió acerca de la compatibilidad de los beneficios que obtienen la cónyuge e hijos de un carabinero fallecido en acto de servicio.

En efecto, la demandada se excepcionó en una suerte de compensación de beneficios, la que no fue acogida. Los hechos en que se fundó la demanda se originaron el 2 de abril de 2012, en que el marido y padre de los actores, carabinero perteneciente al GOPE, participó en un procedimiento policial en una zona de conflicto mapuche, en que fueron atacados, y él resultó herido por un proyectil balístico que ingresó por su cuello, producto del cual finalmente falleció.

Los actores, la cónyuge y los tres hijos de la víctima directa, demandaron al Fisco de Chile, fundando la acción en el incumplimiento de la obligación de seguridad en que habría incurrido la demandada y en la responsabilidad extracontractual del Estado, por no haber provisto a la víctima directa de los medios de protección idóneos conforme con la normativa que rige a Carabineros de Chile; en particular, no contaba con un chaleco antibalas adecuado.

Solicitaron, así, el resarcimiento del daño moral, que avaluaron en la suma de doscientos millones de pesos para la cónyuge sobreviviente y de ciento cincuenta millones de pesos para cada hijo. En la contestación de la demanda, además de las otras defensas de la demandada, se solicitó el rechazo de la pretensión indemnizatoria, atendida una serie de beneficios económicos recibidos por los demandantes. Entre ellos, una pensión de montepío que se calcula de una forma especial para el personal fallecido en acto de servicio, además del hecho de que como reconocimiento póstumo, el carabinero fallecido tuvo un ascenso extraordinario, lo que redundó en un aumento de este beneficio; y una indemnización especial a los beneficiarios de pensión de montepío y de la indemnización de desahucio; por consiguiente, se argumentó que este sistema especial de indemnizaciones sería incompatible con las demás reparaciones que se pretendían, conforme con las reglas y principios de la responsabilidad civil, pues tendrían la misma fundamentación. Adicionó la demandada que, además, a la viuda se le reconoció la devolución de los aportes efectuados por el causante al departamento habitacional y poblaciones, la devolución de los aportes efectuados por el causante en la comisión de acción social, la cuota mortuoria y una cantidad de dinero por concepto de un seguro de vida de la Mutualidad de Carabineros.

La sentencia de primera instancia, que quedó ejecutoriada, como efecto del desistimiento al recurso de apelación deducido por la demandada, acogió la demanda, ordenando el pago de una indemnización de perjuicios para reparar el daño moral, ascendente a veinte millones de pesos para cada uno de los demandantes. En cuanto a la alegación respecto a los beneficios obtenidos por los actores, la sentencia expresó:

> tales indemnizaciones no pueden entenderse que también cu-
> bran el daño causado por culpa de la institución, puesto que
> ello implicaría que en la práctica ninguna distinción existiría
> entre el caso que la muerte se hubiese producido por un ac-
> cidente ocurrido en el marco de las labores propias del cargo
> y aquel en que el fallecimiento derive de una negligencia del
> servicio, razonamiento que derivaría en obviar -y, por tanto,
> dejar sin sanción- el disvalor adicional que se observa en la
> conducta de la institución en el segundo caso, razón por la
> cual se rechazará la excepción alegada.

Como se ve, la defensa planteada por la demandada dice relación con la configuración, a su juicio, de la *compensatio lucri cum damno*, a pesar de no utilizar esta denominación. No obstante, no se aprecia en la argumentación de la demandada un desarrollo de la institución en los términos que la perfila la doctrina; por ejemplo, no hay mención alguna de los requisitos que se reunirían para dar lugar a su aplicación, conforme con la opinión de la demandada. De igual forma, esta tampoco se vale de una petición subsidiaria que tuviera por objeto rebajar el monto de la indemnización, en consideración a los beneficios o provechos derivados del ilícito, lo que sería procedente y recomendable como estrategia en el juicio; por el contrario, utiliza la alegación de la recepción de los beneficios antes indicados, solo con la finalidad de que la demanda sea completamente desechada.

En la sentencia definitiva, si los montos indemnizatorios ordenados por el sentenciador fueron menores a aquellos pretendidos por las actoras, ello solo se debió a que tuvieron por objeto resarcir el daño moral, el que fue cuantificado en forma prudencial por el sentenciador, como es habitual tratándose de dicho daño. Por otra parte, en lo que refiere al razonamiento empleado en el fallo, si bien tampoco reconoce en forma explícita la figura de la *compensatio* en los términos aquí expuestos, parece no caber duda de que reflexiona en atención a la finalidad perseguida por los lucros recibidos por las víctimas, los que no tendrían por objeto resarcir el daño derivado del ilícito. Esto dice relación con uno de los criterios que se sugieren para dar lugar o no a la aplicación de la *compensatio,* como es el fin que persiguen los beneficios, esto es, reparar o no el daño ocasionado por el ilícito, propósito que en este caso no perseguirían, razón por la cual no procedería dar lugar a ella. En efecto, el sentenciador es del parecer que ninguno de los provechos percibidos, persiguen como objetivo resarcir el daño moral, que es el demandado en la causa, razonamiento con el que concordamos.

3. El daño moral demandado por las víctimas por repercusión en causas de lesa humanidad

Como se sabe, desde hace tiempo han proliferado las demandas presentadas por víctimas por repercusión, mediante las cuales se pretende hacer valer la responsabilidad extracontractual del Estado por los delitos de lesa humanidad cometidos durante la dictadura militar, a fin de obtener la reparación del daño moral padecido. Ante estas demandas, una de las defensas a que ha acudido el Consejo de Defensa del Estado es que el daño reclamado por los demandantes habría sido ya objeto de reparación, mediante las prestaciones contenidas en la Ley N°19.123. Pues bien, la Corte Suprema al desechar dicha alegación, ha expresado lo siguiente:

> En lo civil, quedó asentado que las medidas compensatorias de la Ley N° 19.123 son solo de carácter social, previsionales, educacionales o de salud a favor de la familia o parientes de las víctimas y no constituyen la precisa y debida reparación del daño inmaterial reclamado en la demanda, el cual se origina en el sufrimiento de la ofendida como consecuencia del ilícito penal, el que de acuerdo al derecho interno chileno da acción judicial para proteger el interés jurídico en cuanto a reparar determinadamente el derecho infringido. Es decir, las medidas compensatorias entregadas por el Estado por medio

de la Ley N° 19.123, no constituyen una completa y debida indemnización del daño moral padecido. Así lo prevé expresamente el artículo 24 de la indicada ley[42].

No obstante, recientemente en una aquellas causas, para efectos de cuantificar la indemnización de perjuicios por el daño moral, se tomó en consideración la concesión de los beneficios conforme con la ley antes indicada. Así, la sentencia de segunda instancia razona en los siguientes términos:

> para que la reparación del daño moral provocado por el crimen de lesa humanidad que nos ocupa sea íntegra y total, debe entenderse que las reparaciones en dinero otorgados por las Leyes 19.123 y 19.980 son compatibles con el resarcimiento que, por la vía jurisdiccional, pretenden la cónyuge e hijas de la víctima, respecto de la afección emocional que dicho crimen provocó en cada una de ellas, razonamiento que, desde luego, obliga a esta Corte a considerar dichas prestaciones dinerarias en la determinación del monto del resarcimiento que será regulado, por la sencilla razón que el daño es uno solo. Sostener lo contrario, esto es, que debe prescindirse de ellas, equivaldría a decir que las prestaciones obtenidas por las demandantes al amparo de las leyes en estudio, tuvieron una causa diversa de la que generó el daño cuya indemnización reclaman en estos autos, lo que desde luego no es efectivo, pues en uno y en otro caso la fuente de la obligación del ente estatal es la misma, o sea, el hecho ilícito constituido por el crimen de lesa humanidad[43].

En contra de esta sentencia, las demandantes dedujeron recurso de casación en el fondo, fundado precisamente en la compensación efectuada por los sentenciadores de alzada, lo que contravendría los elementos propios de la normativa

---

[42]   Corte Suprema, Rol N°13.154-2015 de 3 diciembre de 2015; Corte Suprema, Rol N°29.567-2014 de 20 de julio de 2015; Corte Suprema, Rol N°22.379-2019, de 17 de octubre de 2022, entre varias.

[43]   Corte de Apelaciones de Rancagua; Rol N°1350-2019 29 de septiembre de 2020.

internacional en la determinación del daño moral. La Corte Suprema, empero, desecha esta argumentación y sostiene que la alegación anotada se limita a criticar el monto de la indemnización, lo que es materia de ponderación de los jueces del fondo, desestimando el recurso. Como se ve, la Corte Suprema entra a conocer del fondo del asunto, haciendo suyo el razonamiento contenido en el fallo emanado de la Corte de Apelaciones de Rancagua.

Dos cuestionamientos nos surgen de las dos sentencias anotadas: el primero es si es factible aseverar que se trata de una hipótesis susceptible de ser calificada de *compensatio lucri cum damno* o si, por el contrario, solo se trató de un antecedente que se consideró para efectos de cuantificar el daño moral, respecto del cual, como se sabe, presenta la dificultad de los criterios a que se acude para su valorización, de manera tal que la obtención de los beneficios de la Ley N°19.123 es solo uno de aquellos muchos elementos que deben ser considerados para tal efecto. En nuestra opinión, a pesar de que la Corte no explicita que se está ante la figura de la *compensatio,* al reflexionar en orden a que dichos provechos emanan del mismo ilícito que la indemnización que se pretende, estaría dando lugar a la *compensatio lucri cum damno,* descontando el monto de los beneficios del valor de la indemnización de perjuicios que se condena a pagar a la demandada.

Supuesto lo anterior, el segundo cuestionamiento refiere a la corrección en la aplicación de la *compensatio* en la fijación del monto de la indemnización de perjuicios para resarcir el daño moral. La pregunta surge toda vez que, como regla general, la *compensatio lucri cum damno* tiende a relacionarse con daños patrimoniales. Sin embargo, nos parece que la respuesta estará supeditada a los propósitos que persigan los beneficios o lucros que se compensen, eso es, si ellos tienen por objeto también compensar daños de índole extrapatrimonial, en cuyo caso, consideramos, no parece haber mayor obstáculo en descontarlos de la indemnización de perjuicios por daño moral. Con todo, en la especie, será necesario esperar a fin de comprobar si los tribunales de justicia mantienen esta interpretación.

V. CONCLUSIONES

1. Aunque la *compensatio lucri cum damno* no se encuentra reconocida en forma expresa en el derecho chileno, no hay mayores dificultades en argumentar a favor de su procedencia a partir del principio de reparación integral del daño y de la proscripción del enriquecimiento injustificado.

2. La doctrina ha identificado los requisitos que deben reunirse para dar lugar a la compensación de los beneficios o lucros con el monto de la indemnización de perjuicios, los que, en caso de reunirse, la compensación puede ser aplicada de oficio por el juez.

3. Con todo, las mayores dificultades que surgen de la *compensatio lucri cum damno* refieren a los casos en que ella procede que sea aplicada, especialmente, en relación con el requisito referido a la relación de causalidad que debe existir entre los beneficios que se obtienen y el hecho que origina la indemnización, para lo cual se han identificado diversos criterios, entre ellos, el fin que persigue el beneficio y si la ley reconoce un derecho a reembolso o subrogación en favor de quien paga el beneficio. No obstante, las dificultades en su aplicación persisten, lo que ha llevado a la necesidad de analizar su procedencia en forma casuística.

4. En el derecho chileno, los operadores jurídicos no tienen mayor conocimiento acerca de la *compensatio lucro cum damno*, lo que redunda en que sea escasamente alegada por las demandadas y pocas veces aplicada por los sentenciadores.

BIBLIOGRAFÍA CITADA

BARROS, Enrique (2020): Tratado de responsabilidad extracontractual (Santiago, Editorial Jurídica de Chile).

CORRAL, Hernán (2003): Lecciones de responsabilidad civil extracontractual (Santiago, Editorial Jurídica de Chile).

CRESPO, Mariano (2015): La compensación del beneficio obtenido a partir del daño padecido. Aplicación del principio *"compensatio lucri cum damno"* en el Derecho de daños (Barcelona, Bosch).

CRISTÓBAL MONTES, Ángel (1989): *"Compensatio lucri cum damno* en el resarcimiento del daño por el deudor"*, en: Revista Crítica de Derecho Inmobiliario (año 65, N°595), pp. 1965-1976.

DE CUPIS, Adriano (1975): El daño. Teoría general de la responsabilidad civil (Barcelona, Bosch).

DÍEZ PICAZO, Luis (2011): Fundamentos del derecho civil patrimonial V. La responsabilidad extracontractual (Navarra, Thomson Reuters, Aranzadi).

DOMÍNGUEZ, Carmen (2019): "Los principios que informan la responsabilidad civil en el Código Civil: versión original y mirada del presente", en: Carmen Domínguez, El principio de reparación integral en sus contornos actuales. Una revisión desde el derecho chileno, latinoamericano y europeo (Santiago, Thomson Reuters).

ELORRIAGA, Fabián (2011): "Conflictos en la aplicación de la *compensatio lucri cum damno*", en: Gonzalo Figueroa, Enrique Barros y Mauricio Tapia, Estudios de Derecho Civil VI. Jornadas Nacionales de Derecho Civil Olmué, 2010 (Santiago, Abeledo Perrot, Legal Publishing), pp. 567-583.

FISCHER, Hans (1928): Los daños civiles y su reparación (Traducc. W. Roces, Madrid, Biblioteca de la Revista de Derecho Privado, Gráfica Universal).

INFANTINO, Marta (2014): "¿Hacia un derecho europeo de la responsabilidad civil? Los proyectos, los métodos, las perspectivas", en: Revista de Derecho Privado (N°26), pp. 407-447.

MALO, Miguel Ángel (2020): "Comentario de la sentencia del Tribunal Supremo de 2 de julio de 2019 (382/2019)", en Mariano Izquierdo, Comentarios a las sentencias de unificación de doctrina civil y mercantil (Madrid, Dykinson), pp. 235-248.

MARTÍN CASALS, Miquel (2005): "Una primera aproximación a los "Principios de Derecho europeo de la responsabilidad civil", en: InDret, Revista para el análisis del derecho (2), pp. 2-25.

ORGAZ, Alfredo (1992): El daño resarcible (Córdoba, Marcos Lerner Editora Córdoba).

ROCA, Encarna (2004): "Resarcir o enriquecer. La concurrencia de indemnizaciones por un mismo daño", en: Anuario de Derecho Civil (vol. 57, N°3), pp. 901-928.

SPADA, Carlotta (2020): "The equalisation of benefits (*compensation lucri cum damno*) in the law. A possible inspiration for other European member estates?", en: European Review of Private Law (3), pp. 665-682.

VON THUR, A. (2007): Tratado de las obligaciones (Traducc. W. Roces, Granada, Comares S. L.)

ZURITA, Isabel (2014): "La regulación de la indemnización de daños y perjuicios e intereses en la propuesta de reglamento sobre una normativa común de compraventa europea (CESL)", en: Revista Crítica de Derecho Inmobiliario (año N°90, N°745), pp. 2347-2394.

Normas jurídicas citadas

Ley N°16.744, establece normas sobre accidentes del trabajo y enfermedades profesionales. Diario Oficial, 1 de febrero de 1969.

Ley N°19.123, que crea la Corporación Nacional de reparación y reconciliación, y establece pensiones de reparación y otros beneficios en favor de las personas establecidas en la ley. Diario Oficial, 08 de febrero de 1992.

Principios europeos de la responsabilidad civil. European Group on Tort Law. Mayo de 2005

Principios, definiciones y reglas de un derecho civil europeo: el marco común de referencia (DCFR). 2015 (Madrid, Agencia Estatal, Boletín Oficial del Estado).

Reglamento del Parlamento Europeo y del Consejo relativo a una normativa común de compraventa europea. 2011/0284 (COD).

Jurisprudencia citada

Rosales y otros con Fisco de Chile (2015): Corte Suprema 20 de julio de 2015 (casación en el fondo), Rol N° 29.567-2014, en: pjud.cl

C/Enrique Sandoval y otros (2015): Corte Suprema 3 de diciembre de 2015 (casación en el fondo), Rol N° 13.154-2014, en pjud.cl.

Riveros con Murano Muebles S.A. y otro (2019): Juzgado del Trabajo de San Bernardo 5 de septiembre de 2019 (acción de indemnización de perjuicios), RIT N° O-665-2018, en: pjud.cl.

Escobar con Orica Chile S.A. (2020): Juzgado del Trabajo de Copiapó 24 de febrero 2020 (acción de indemnización de perjuicios), RIT N° O-242-2019, en: VLEX-845525567.

L.A.C. con A.S.B.S.A. (2021): Juzgado del Trabajo de San José de la Mariquina 10 de mayo 2021 (acción de indemnización de perjuicios), RIT N° O-2-2020, en: microjuris.com.

Riveros con Murano Muebles S.A. y otro (2021): Corte Suprema 20 de octubre de 2021 (recurso de unificación de jurisprudencia), Rol N° 2.766-2020, en: pjud.cl.

Vega y otros con Fisco de Chile (2022): Corte Suprema 17 de octubre de 2022 (casación en el fondo), Rol N° 22.379-2019, en: pjud.cl.

L.A.C. con A.S.B.S.A. (2022): Corte Suprema 28 de diciembre 2022 (recurso de unificación de jurisprudencia), Rol N° 75.685-2021, en: microjuris.com.

La acción indemnizatoria reconocida a propósito de la garantía legal y sus limitaciones a la reparación integral

ERIKA ISLER SOTO[*]

RESUMEN: La Ley 19.496 sobre Protección de los Derechos de los Consumidores (LPDCCH) otorga al consumidor defraudado, en cuanto a la conformidad de la cosa comprada, una serie de remedios que aglutina bajo la figura de la garantía legal. En concreto, le concede al comprador la posibilidad de optar entre el cambio del producto, su reparación o la devolución del dinero (resolución), a lo cual agrega su derecho de ser resarcido de aquellos perjuicios que la no conformidad le provocó (arts. 20 y 21).

Si bien el derecho de opción cuenta con alguna disciplina (art. 21), lo cierto es que la acción indemnizatoria consagrada a propósito de esta institución es escasamente regulada. A consecuencia de lo anterior, la inicial declaración del legislador, en orden a conferir al consumidor un derecho de resarcimiento, se torna incierta, atendido a que la técnica utilizada para consagrarlo da lugar a una serie de dudas acerca de su procedencia, alcance y eficacia, lo que termina limitando la inicialmente pretendida reparación integral (art. 3 letra e). El texto tiene por objeto enunciar estas últimas, las que circunscribe al estatuto jurídico aplicable y a los daños indemnizables.

PALABRAS CLAVES: Consumidor, garantía legal, acción indemnizatoria, limitaciones, reparación integral.

---

[*]   Doctora en Derecho, Pontificia Universidad Católica de Chile; académica investigadora Instituto de Investigación en Derecho, Universidad Autónoma de Chile, Santiago, Chile, erika.isler@uautonoma.cl.

I. INTRODUCCIÓN

"Todo daño, pero nada más que el daño" es el aforismo a partir del cual se suele graficar el contenido de la reparación integral del daño y que enuncia el rol que cumple el daño dentro de la responsabilidad civil reparatoria: es a la vez su fundamento y su criterio de delimitación. Corral Talciani, de hecho, recuerda que el doble carácter de esta noción envuelve una tautología: se lo debe reparar íntegramente, pero, para ello, primero ha de ser determinado[1].

Ahora bien, tal como se desprende de la enunciación, el programa establece exigencias en un doble sentido[2]. Por una parte, reclama que todos los perjuicios que ha sufrido una víctima y que no deban ser soportados por ella deben ser resarcidos, reparados o compensados. Al contrario, aquellos otros que se sitúen fuera de dicha esfera no son merecedores de una tutela jurídica, al menos en este estadio.

En Chile, se ha vislumbrado en el art. 2329 inc. 1 CC de Chile[3] un reconocimiento del principio de reparación integral, el cual se proyectaría desde el estatuto extracontractual —donde está ubicada la norma— hacia todo el derecho de daños.

En el ámbito del derecho de consumo nacional, en tanto, es el catálogo de garantías básicas de los consumidores[4] el que

---

[1] CORRAL (2020), p. 286.

[2] De acuerdo con RUBIO (2019), p. 235, la reparación integral, en un sistema de responsabilidad civil de función principalmente resarcitoria como lo es el chileno, no solo es deseable, sino que además necesaria.

[3] Art. 2329 inc. 1 CCCH: "Por regla general todo daño que pueda imputarse a malicia o negligencia de otra persona, debe ser reparado por ésta".

[4] Se distinguen los derechos básicos y los que no tienen tal carácter. Los primeros se atribuyen tanto al consumidor material (quien dis-

serviría de fundamento de la vigencia de los imperativos de la reparación integral[5].

Así, el art. 3 inc. 1 letra e) LPDCCH consagra el "derecho a la reparación e indemnización adecuada y oportuna de todos los daños materiales y morales en caso de incumplimiento de cualquiera de las obligaciones contraídas por el proveedor"[6]. No obstante, la redacción utilizada por el legislador ha dado origen a una serie de discusiones dogmáticas que le han introducido incertezas a la procedencia de eventuales pretensiones indemnizatorias de consumidores-víctimas, así como a la efectiva completitud del resarcimiento. No se alude, por lo tanto, en esta ocasión, a aquellos daños que deben ser soportados por la víctima debido a una decisión clara del legislador, sino que a aquellos otros que, debiendo ser resarcidos de acuerdo con el espíritu de la reparación integral, son de compensación incierta, a causa de la técnica normativa.

Un grupo de amenazas a la reparación integral se sitúan en la acción indemnizatoria reconocida a propósito de las garantías de conformidad, que proceden en las relaciones de consumo. En efecto, si bien se trata de un derecho que se encuentra ampliamente contemplado en los estatutos de protección de los derechos de los consumidores (art. 17 Ley 24.240 Argentina; art. 3 N.° 10 Directiva 770/2019; art. 3 N.° 6 Directiva 771/2019), lo cierto es que la técnica legislativa utilizada en

---

fruta o utiliza el bien o servicio) como al jurídico (quien contrata con el proveedor). Los segundos, en tanto se conceden a ciertos y determinados individuos, como podría ser, por ejemplo, el comprador en la garantía legal. Al respecto se puede revisar: JARA (1999), p. 62; ISLER (2019), pp. 196-198.

[5]   BARRIENTOS-CAMUS (2016), p. 215.

[6]   El Art. 3 letra e LPDCCH consagra el principio de reparación integral del daño en el derecho de consumo chileno: MENDOZA (2019), p. 64.

Chile torna su disciplina en confusa e incierta, lo cual, a su vez, deviene en la ausencia de claridad en torno a su procedencia y contenido.

El presente texto parte de la concepción de la garantía legal como una institución con escasa eficacia indemnizatoria práctica, y su finalidad es enunciar los motivos de ello. De esta manera, el propósito del texto consiste en indicar las razones por las cuales la acción indemnizatoria inicialmente consagrada en favor del consumidor puede ver limitada su procedencia y alcance, mas no agotar cada una de las discusiones que se presentan en torno a ello.

II. LA ACCIÓN INDEMNIZATORIA RECONOCIDA A PROPÓSITO DE LA GARANTÍA LEGAL: UNA APROXIMACIÓN

El derecho de consumo concede a aquel consumidor que ha sido defraudado en cuanto a la conformidad de la prestación ciertas prerrogativas dentro de las cuales se encuentran las garantías legales o también llamadas de conformidad. Aunque con algunos matices, en general, ellas dan origen a remedios sinalagmáticos —resolución, *quanti minoris*— o bien de puesta en conformidad —reparación, sustitución—, a los cuales se agregan bajo ciertos presupuestos una acción indemnizatoria e incluso una de carácter contravencional (Perú y discutiblemente Chile).

En Chile, la mencionada acción indemnizatoria es consagrada en la misma norma que reconoce los demás remedios de la garantía. Así, el art. 20 inc. 1 LPDCCH señala que en caso de activación de la garantía legal "el consumidor tiene el derecho irrenunciable a optar, a su arbitrio, entre la reparación gratuita del bien o, previa restitución, su reposición o la devolución de la cantidad pagada, sin perjuicio de la indemnización por los daños ocasionados".

Ahora bien, la redacción escogida por el legislador consumeril —"sin perjuicio de la indemnización por los daños ocasionados"— adolece de una ambivalencia enunciativa que ha originado diversas dudas interpretativas en relación con los principios y reglas que disciplinan este derecho a resarcimiento y que en concreto se traducen en la ausencia de un estatuto jurídico claro que pueda no solo conferir a la víctima certeza en su eventual derecho, sino que también luces al propio proveedor que desea conocer el estándar de licitud.

III. EL ESTATUTO JURÍDICO APLICABLE A LA ACCIÓN INDEMNIZATORIA RECONOCIDA A PROPÓSITO DE LA GARANTÍA LEGAL

La primera problemática dice relación con el propio estatuto jurídico que le resulta aplicable: ¿se trata de una acción dependiente o autónoma de la triple opción? Se reitera en cierta medida en el derecho de consumo, la discusión del derecho común acerca de la eventual autonomía de la acción indemnizatoria en la responsabilidad contractual[7].

En el régimen de la LPDCH, la primera opción sugeriría un carácter contractual, así como la recepción por rebote de las características del remedio al cual accede, esto es, una naturaleza objetiva[8] y una eficacia temporal limitada a los seis meses

---

[7]   Sobre esta temática, se puede revisar: LÓPEZ (2010), pp. 65-113; LÓPEZ (2013), pp. 51-103; LÓPEZ (2014), pp. 139-207; LÓPEZ (2014b), pp. 275-301; RUBIO (2019), p. 251.

[8]   A la triple opción se le reconoce como un caso de responsabilidad objetiva: BARRIENTOS-CAMUS (2014), p. 65; CORRAL (1999), p. 180; CORRAL (2011), p. 119.

contados desde la entrega del producto (art. 21 LPDCCH). La segunda, en tanto, sustentaría una remisión al derecho común, a partir de lo cual se obtendría su régimen jurídico por supletoriedad, lo cual, entre otras consecuencias, alargaría su plazo de prescripción propiamente tal.

La escasa doctrina en Chile que ha abordado esta temática en general ha relevado el problema acusando además su falta de resolución[9], sobre la cual no existe consenso.

Barrientos Zamorano, aun sin referirse exactamente a esta discusión, a propósito de las exigencias de información, pareciera decantarse por la autonomía. En efecto, comentando el deber del proveedor de bienes de comunicar al consumidor su eventual carácter de deficiente, usado, refaccionado, fabricado con partes o piezas usadas (art. 14 LPDCCH), señala que su cumplimiento, aunque exime al proveedor del derecho de opción derivado de la garantía legal (art. 14 inc. 2 LPDCCH), deja indemne la acción indemnizatoria[10]. El autor, como se señaló, no alcanza a explicitar su inclinación por la autonomía de la indemnización, pero ella podría desprenderse de la defensa de su pervivencia, pese al decaimiento de los otros remedios contractuales. Esta reflexión no solo podría sustentar la reconducción del estatuto de la acción al derecho común, sino que además otorgaría luces acerca de los daños que son indemnizables en virtud de ella. Se volverá sobre esto más adelante.

Ahora bien, la adscripción de la tesis de la autonomía, a su vez, da lugar a otros cuestionamientos tales como el *dies a quo* del plazo de prescripción y en general si la reconducción debiera

---

[9]   Sobre esta temática se puede revisar: BARRIENTOS-CAMUS (2014), p. 65; CORRAL (2011), p. 119.
[10]   BARRIENTOS-ZAMORANO (2013), p. 294.

realizarse al estatuto contractual o extracontractual. Sobre este último punto, Aedo Barrena, se decanta por la primera[11].

IV. LOS DAÑOS INDEMNIZABLES

Arribamos así a una segunda interrogante que nos ofrece la disciplina de la acción indemnizatoria reconocida a propósito de las garantías de conformidad y que dice relación con los daños que ella podría abarcar.

Ahora bien, antes de revisar cada uno de los ítems de resarcibilidad, conviene prevenir que, aun de aceptarse la autonomía de la acción indemnizatoria respecto del derecho de opción, ello no implica una reconducción irrestricta y total al derecho común. Así también precisa Aedo Barrena, respecto de los daños indemnizables: "las normas de responsabilidad del Derecho común no resultan directamente aplicables, especialmente las relativas a los daños reclamables, ora porque toda la normativa de consumo se erige sobre la base de la desigualdad técnica del consumidor y el proveedor, ora porque, como indica Pinochet, existe un ámbito perfectamente delimitado sustantivo del Derecho civil, el comercial y el de consumo, en términos de que éste interviene, entre otros aspectos, en la objetivación de la responsabilidad contractual"[12].

Lo anterior es efectivo. Una remisión al estatuto supletorio procederá únicamente en la medida en que las reglas, instituciones y principios del régimen civil sean compatibles con la naturaleza y características del vínculo de consumo[13].

---

[11]   AEDO (2021), p. 360.
[12]   AEDO (2021), pp. 360-361.
[13]   ISLER (2017), pp. 29- 330; ISLER (2019), pp. 170-173.

1. Daños en el producto y daños a causa del producto

Un primer asunto que ha de dilucidarse es si en virtud de esta acción, el consumidor podría solicitar el resarcimiento únicamente de los daños experimentados en el propio producto ("daños en el producto") o bien también los causados por él ("daños a causa del producto"). Esta temática tampoco ha sido resuelta expresamente por el legislador ni siquiera luego de la reforma introducida por la Ley 21.398 que modificó el régimen de garantías, por lo que la deuda normativa se mantiene.

La dogmática, en tanto ha sido más generosa intentando salvar dicha omisión.

Zelaya Etchegaray, lamentándolo, se decanta por la vigencia de un alcance reducido. En su opinión, la acción indemnizatoria reconocida en el art. 20 inc. 1 LPDCH solo tendría por objeto resarcir aquellos daños que se deriven directamente de los defectos de la cosa comprada, pero no los que se causen a la persona o bienes del consumidor ni a la persona o bienes de un tercero[14].

En contra de la interpretación anterior, Barrientos Camus propone una eficacia más amplia. La autora invocando precisamente el principio de reparación integral del daño, reconocido como se dijo en el art. 3 letra d LPDC, permitiría la indemnización de todas las lesiones sufridas a causa de la presencia de una anomalía en el bien[15].

El propio tenor del art. 20 inc. 1 LPDCCH podría ser invocado en defensa de esta segunda tesis. En efecto, la expresión "sin perjuicio" que antecede el reconocimiento de la acción en comento sugeriría que se trata de derechos que apuntan a materias diversas, a saber, la prestación y la integridad.

---

[14]　ZELAYA (1999), pp. 228 y 229.
[15]　BARRIENTOS-CAMUS (2016), p. 215.

Nasser Olea adhiere también a esta interpretación: "si se han producido perjuicios al consumidor producto del primer incumplimiento, ya sea porque tuvo que soportar costos de transporte, daños extrapatrimoniales o daños en sus otros bienes, el cumplimiento tardío de la ley no exime al proveedor de responder por los daños"[16].

Finalmente, cabe destacar que la autonomía de la acción reseñada a propósito de la primera discusión contribuiría a la ampliación de los daños indemnizables en virtud de la garantía legal. Así, como se adelantó, la defensa de Barrientos Zamorano de la persistencia del derecho a resarcimiento, aun habiéndose extinguido la triple opción en el caso del art. 14 LPDCCH[17], sugeriría también que se trata de remedios destinados a diversas finalidades, esto es, el resguardo de las expectativas en cuanto a las aptitudes del bien y la restitución por daños.

2. Daño patrimonial y daño extrapatrimonial

El daño causado al producto será normalmente patrimonial. No obstante, no ocurre lo mismo con aquel que surge de la anomalía de que adolece el bien comercializado ("a causa del producto").

De aceptarse entonces la tesis de la resarcibilidad de los daños causados por el producto (integridad), surge una nueva interrogante, cual es determinar si ellos pueden abarcar únicamente a los que tengan un carácter patrimonial o también a los extrapatrimoniales. En el otorgamiento de una respuesta también incide la tesis que se adopte sobre la eventual autonomía o dependencia de la acción indemnizatoria respecto de los remedios contemplados en la opción del consumidor.

---

[16]   NASSER (2013), p. 546.
[17]   BARRIENTOS-ZAMORANO (2013), p. 294.

En efecto, una eventual remisión al derecho común incorporaría al análisis el cuestionamiento que la propia doctrina ha realizado en dicha sede acerca de la pertinencia de la indemnización de los daños extrapatrimoniales por incumplimiento de un contrato, distinguiéndose entre aquellos que tienen un contenido patrimonial y los que tienen uno extrapatrimonial[18].

Ahora bien, como se ha venido indicando, las prescripciones del derecho común no siempre serán aplicables al derecho de consumo. En el mismo sentido, y de manera coherente con las limitaciones que Aedo Barrena propone respecto de la aplicación del derecho común a los daños indemnizables, niega la procedencia automática del art. 1558 CC de Chile —limita la reparación a los perjuicios directos y previstos[19]— a las relaciones de consumo[20].

La razón de ello radicaría en primer lugar en que la responsabilidad contractual se sustentaría al menos en una igualdad relativa y formal de las partes, que suponga similar acceso a la información y a las condiciones de contratación[21], así como en la posibilidad real de distribuir riesgos[22], lo cual, desde luego, no suele ocurrir en los vínculos consumidor-proveedor. En segundo término, las fronteras del contrato se desdibujan en materia de consumo[23], lo que incluso ha demostrado la ana-

---

[18]   Sobre esta temática: CÁRDENAS (2006), pp. 585-593; DE LA MAZA (2018), pp. 275-309; DE LA MAZA; MONTES (2020), e4093.

[19]   Art. 1558 inc. 1 CCCH: "Si no se puede imputar dolo al deudor, sólo es responsable de los perjuicios que se previeron o pudieron preverse al tiempo del contrato; pero si hay dolo, es responsable de todos los perjuicios que fueron una consecuencia inmediata o directa de no haberse cumplido la obligación o de haberse demorado su cumplimiento".

[20]   AEDO (2021), p. 362.

[21]   AEDO (2021), p. 364.

[22]   AEDO (2021), p. 365.

[23]   AEDO (2021), p. 364.

cronía de la distinción entre la responsabilidad contractual y la extracontractual, respecto de este tipo de relaciones.

Por otra parte, la LPDC también agrega un elemento adicional al análisis, cual es que el propio art. 3 inc. 1 letra e LPDCCH, al consagrar el derecho básico del consumidor a la indemnización, lo extiende a "todos los daños materiales y morales", con tal que se deriven del "incumplimiento de cualquiera de las obligaciones contraídas por el proveedor".

Como se puede apreciar, la norma se encuentra redactada en términos amplios, por lo que no es posible negar el resarcimiento del daño moral, por la sola circunstancia de que se hubiere originado a partir del incumplimiento de un contrato, en el caso planteado, por una entrega disconforme.

No obstante, ello no implica que su procedencia sea a todo evento. En el derecho común, Cárdenas Villarreal realiza una reflexión similar: "defender que la reparación del daño moral derivado de un contrato es un principio del sistema de responsabilidad contractual se encuentra lejos, muy lejos, de sostener que la sola violación del contrato generará daño moral"[24].

Respecto de este tipo de relaciones, por otra parte, resultará insuficiente la distinción entre convenciones que tienen un contenido puramente patrimonial y las que no lo tienen, para determinar la procedencia y cuantía de la compensación del daño moral. Dicha peculiaridad podría eventualmente servir de elemento dilucidador de la frontera entre los daños que deben soportar las víctimas-consumidores y los que les deben ser resarcidos, pero no será el único.

En efecto, las circunstancias que acompañen la celebración de la compraventa pueden igualmente ser relevantes, con independencia de su carácter oneroso y patrimonial. Así,

---

[24] CÁRDENAS (2006), p. 591.

por ejemplo, el incumplimiento de la ley de los metales (art. 20 letra g LPDCCH) podría incrementar la lesión extrapatrimonial, si el producto objeto del contrato es un anillo de compromiso. Lo propio ocurrirá, si el bien que adolece de una anomalía corresponde a un juguete que ha sido adquirido con la finalidad de obsequiarlo para Navidad, y cuya deficiencia causa desolación a su destinatario final. De la misma manera, una afectación grave de la integridad personal del consumidor causada por la inaptitud de un bien muy probablemente dará lugar a daños de diverso tipo, entre ellos, morales y físicos.

V. REFLEXIONES FINALES

Las anteriores reflexiones han tenido por objeto sustentar la tesis de que, si bien la LPDCCH reconoce una acción indemnizatoria a propósito de las garantías de conformidad, su eficacia práctica es mínima.

Ello se debería a que la ausencia de un régimen claro en torno a su disciplina —régimen jurídico y daños indemnizables— ha implicado que cualquier pretensión indemnizatoria fundada en los arts. 20 y 21 LPDC se torne incierta. Probablemente, tal es la razón por la cual los consumidores perjudicados por un producto soliciten el resarcimiento de los daños debido a otras disposiciones, mayoritariamente el art. 3 letra e LPDCCH.

BIBLIOGRAFÍA CITADA

AEDO BARRENA, Cristián (2021): "La acción indemnizatoria del artículo 20 de la LPDC: más allá de la acción infraccional y la caducidad del artículo 21 de la Ley N° 19.496", en: ISLER SOTO, Erika (Coord.),, Seguridad y conformidad en el Derecho de Consumo: reflexiones actuales (Valencia, Tirant lo Blanch), pp. 349-373.

BARRIENTOS CAMUS, Francisca (2014): "La articulación de remedios en el sistema de la responsabilidad civil del consumo", en: Revista de Derecho de la Pontificia Universidad Católica de Valparaíso (XLII), pp. 57-82.

BARRIENTOS CAMUS, Francisca (2016): La garantía legal (Santiago, Thomson Reuters).

BARRIENTOS ZAMORANO, Marcelo (2013): "Artículo 14", en: DE LA MAZA GAZMURI, Iñigo y PIZARRO WILSON, Carlos (edit.), La protección de los derechos de los consumidores (Santiago, Thomson Reuters), pp. 289-295.

CÁRDENAS VILLARREAL, Hugo A. (2006): "Daño moral por incumplimiento de contrato: Un réquiem por la uniformidad jurisprudencial", en: Revista Chilena de Derecho (Vol. 33, N°3), pp. 585-593.

CORRAL TALCIANI, Hernán (1999): "Ley de protección al consumidor y responsabilidad civil por productos y servicios defectuosos", en: CORRAL TALCIANI, Hernán (Ed.): Derecho del Consumo y protección al consumidor: Estudios sobre la Ley N° 19.496 y las principales tendencias extranjeras. Cuadernos de Extensión (Santiago, Universidad de los Andes), pp. 163-211.

CORRAL TALCIANI, Hernán (2011): Responsabilidad por productos defectuosos (Santiago, Abeledo Perrot).

CORRAL TALCIANI, Hernán (2020): "Domínguez Hidalgo, Carmen (editora) (2019): El principio de reparación integral en sus contornos actuales. Una revisión desde el derecho chileno, latinoamericano y europeo (Thomson Reuters, Santiago)", en: Revista Chilena de Derecho (Vol. 47, N° 1), pp. 285-287.

DE LA MAZA GAZMURI, Iñigo (2018): "El daño moral en materia contractual: la mirada de la Corte Suprema", en: Revista Chilena de Derecho (Vol. 45, N° 2), pp. 275-309.

DE LA MAZA GAZMURI, Iñigo; Montes Serrano, Nicolás (2020): "El daño moral en el contrato de cuenta corriente: un intento de sistematización de la opinión de los tribunales", en: Revista de Derecho de la Universidad Católica del Norte (Vol. 27), e4093.

ISLER SOTO, Erika (2017): Prescripción extintiva en el Derecho del Consumo (Santiago, Rubicón).

ISLER SOTO, Erika (2019): "Una aproximación a las acciones derivadas de la Ley N° 19.496 sobre Protección de los Derechos de los Consumidores", en: MORALES ORTIZ, María Elisa (Dir.); MENDOZA

ALONZO, Pamela (Coord.), Derecho del consumo: Ley, doctrina y jurisprudencia (Santiago, Der Ediciones), pp. 195-207.

JARA AMIGO, Rony (1999): "Ámbito de aplicación de la Ley chilena de protección al consumidor: inclusiones y exclusiones", en: CORRAL TALCIANI, Hernán (Ed.), Derecho del Consumo y protección al consumidor: Estudios sobre la Ley N° 19.496 y las principales tendencias extranjeras. Cuadernos de Extensión (Santiago, Universidad de los Andes), pp. 47-74.

LÓPEZ DÍAZ, Patricia Verónica (2010): "La indemnización compensatoria por incumplimiento de los contratos bilaterales como remedio autónomo en el Derecho Civil chileno", en: Revista Chilena de Derecho Privado (N° 15), pp. 65-113.

LÓPEZ DÍAZ, Patricia (2013): "El término esencial y su incidencia en la determinación de las acciones o remedios por incumplimiento contractual del acreedor a la luz del artículo 1489 del Código Civil chileno", en: Revista Chilena de Derecho Privado (N° 20), pp. 51-103.

LÓPEZ DÍAZ, Patricia (2014): "La autonomía de la indemnización de daños en la jurisprudencia nacional reciente: ¿un cambio de paradigma?", en: Revista Chilena de Derecho Privado (N° 23), pp. 139-207.

LÓPEZ DÍAZ, Patricia (2014b): "La autonomía de la indemnización de daños y la opción del acreedor frente al incumplimiento de una obligación de dar. Corte Suprema de 30 de enero de 2020, Rol 8596-2018. Cita en línea Legal Publishing N° CL/JUR/10063/2020", en: Revista Chilena de Derecho Privado (N° 34), pp. 275-301.

MENDOZA ALONZO, Pamela (2019): "Introducción al estatuto de la responsabilidad del proveedor", en: MORALES ORTIZ, María Elisa (Dir.); MENDOZA ALONZO, Pamela (Coord.), Derecho del consumo: Ley, doctrina y jurisprudencia (Santiago, Der Ediciones), pp. 63-84.

NASSER OLEA, Marcelo (2013): "Artículo 21", en: DE LA MAZA GAZMURI, Iñigo y PIZARRO WILSON, Carlos (edit.), La protección de los derechos de los consumidores (Santiago, Editorial Thomson Reuters), pp. 539-552.

RUBIO VARAS, Francisco (2019): "El principio de reparación integral y la valoración del daño moral: el baremo estadístico jurisprudencial chileno", en: DOMÍNGUEZ HIDALGO, Carmen (Ed.), El principio de reparación integral en sus contornos actuales. Una revisión desde el derecho chileno, latinoamericano y europeo, (Thomson Reuters, Santiago), pp. 235-272.

ZELAYA ETCHEGARAY, Pedro (1999): "El cúmulo u opción de responsabilidades en la nueva ley de protección al consumidor", en: CORRAL TALCIANI, Hernán, (edit.), Derecho del consumo y protección al consumidor. Cuadernos de Extensión (N° 3) (Santiago, Universidad de Los Andes), pp. 213-250.

Indemnización contractual de perjuicios previsibles y principio de reparación integral del daño

HERNÁN CORRAL TALCIANI[*]

RESUMEN: La ponencia trata sobre si es compatible el principio de reparación integral del daño con la limitación del incumplimiento contractual por culpa relativo a los perjuicios que fueron previstos o podían serlo a la época del contrato. Nos parece que sí lo es, por lo que para que pueda aplicarse el principio de reparación integral debe primero definirse en qué consiste el daño, y en este caso, la norma del artículo 1558 inciso primero del Código Civil chileno enuncia claramente lo que es el daño indemnizable si se trata de un deudor culposo.

PALABRAS CLAVES: perjuicios previsibles, responsabilidad por incumplimiento contractual, principio de reparación integral del daño, deudor culposo y deudor doloso.

I. RESEÑA INTRODUCTORIA

El art. 1558, en su inciso primero, del Código Civil chileno dispone que:

> "Si no se puede imputar dolo al deudor, sólo es responsable de los perjuicios que se previeron o pudieron preverse al tiempo del contrato; pero si hay dolo, es responsable de

---

[*]   Doctor en Derecho por la Universidad de Navarra, Profesor de Derecho Civil, Universidad de los Andes, Santiago de Chile, Orcid: 0000-0001-5315-1484, hcorral@uandes.cl.

todos los perjuicios que fueron una consecuencia inmediata o directa de no haberse cumplido la obligación o de haberse demorado su cumplimiento"[1].

Esta doctrina tiene antecedentes en el derecho romano[2], pero su formulación procede de Domat[3] y de Pothier[4], y luego fue asumida por el Código Civil francés en sus arts. 1150 y 1151, y, después de la reforma del 2016, en sus arts. 1231-3 y 1231-4, en los que se incluye la "*faute lourde*". Después fue recogida por el Código Civil italiano en sus arts. 1223 y 1225 y por el Código Civil español en su art. 1107.

La influencia de Pothier se trasladó al derecho inglés (caso *Hadley vs. Baxendale* de 1854[5]), pero aquí no se hace la excepción del deudor incumplidor con dolo. Se trata de la existencia de la *contemplatio rule* que pone la frontera de lo indemnizable en el ámbito contractual en la previsibilidad[6].

---

[1] Un análisis más detallado en CORRAL (2008), pp. 115-179 y también en CORRAL (2020a), pp. 141-204.

[2] Así en el C. J. 7. 47. 1; D. 19.1.21, y luego en criterios de glosadores y comentaristas medievales.

[3] DOMAT (1844), t. I, p. 152, aunque la referencia se hace al contrato de venta.

[4] POTHIER (1961), N° 160-168, pp. 91-100. Pothier cita a Dumoulin en varios párrafos.

[5] 145 Hadley and Another v. Baxendale and Others (1854) 9 Exchequer Reports 341.

[6] CORRAL (2013), pp. 205-222. El fallo de *Hadley v. Baxendale* fue acogido por la jurisprudencia posterior, tanto en el Reino Unido como en Estados Unidos, y aparece en el *Uniform Comercial Code* 2-715, en la Convención de Viena sobre Compraventa Internacional de Mercaderías (art. 74) y en instrumentos de armonización del derechos de los contratos como los Principios Unidroit y los Principios Europeo de Derecho de los Contratos.

El Código Civil y Comercial argentino aunque ha unificado el régimen de responsabilidad civil, mantiene una diferencia en el art. 1728 que dispone:

> "Previsibilidad contractual. En los contratos se responde por las consecuencias que las partes previeron o pudieron haber previsto al momento de su celebración. Cuando existe dolo del deudor, la responsabilidad se fija tomando en cuenta estas consecuencias también al momento del incumplimiento".

II. SOBRE EL PRINCIPIO DE REPARACIÓN INTEGRAL DEL DAÑO

Este principio lo que hace es tratar de que el daño sea reparado de manera integral, de modo que se incluyan los daños patrimoniales y extrapatrimoniales, y entre los patrimoniales, el lucro cesante y la pérdida de la chance o de la oportunidad. Entre los extrapatrimoniales tenemos los perjuicios psicológicos, corporales, el daño moral o *pretium doloris,* el perjuicio de pérdida de los agrados de la vida o la frustración del proyecto de vida.

El problema es que siendo el daño un concepto jurídico no es posible comprenderlo en toda su magnitud y es así como hasta inicios del siglo XX no se indemnizaba el llamado daño moral en la responsabilidad extracontractual. Solo en 1994, la Corte Suprema comenzó a aceptar el daño moral por incumplimiento de acuerdos contractuales.

Por ello, este principio es más bien una cierta redundancia ya que hay que partir por definir qué es el daño y luego verificar si es posible repararlo y cómo.

Por ejemplo, los daños extrapatrimoniales no son susceptibles de reparación, sino de compensación, ya que solo con una cantidad de dinero es posible aliviar ese perjuicio y no son susceptibles de una propia reparación.

III. ¿ES UNA EXCEPCIÓN EL *TEST* DE LA PREVISIBILIDAD CONTRACTUAL AL PRINCIPIO DE REPARACIÓN INTEGRAL DEL DAÑO?

Nos parece que no es así porque lo importante es determinar cuál es el daño por reparar. Si se trata de incumplimiento por culpa, el daño debe haber sido previsto o previsible a la época de celebración del contrato.

Esto tiene explicación porque en caso de ser imprevisible a la época del contrato el perjuicio del incumplimiento no es realmente un daño. La regla se fundamenta en la voluntad presunta de las partes y en la economía del contrato. Si no es previsible para el contratante incumplidor por negligencia, el contrato variará de precio o valor porque requerirá una mayor seguridad o un cuidado más intenso.

Por ejemplo, si doy en depósito un escritorio antiguo, pero no digo que en uno de sus cajones existe una joya de alto valor y un tercero hurta el escritorio, no es posible reparar la pérdida de la joya ya que ese daño no ha sido previsible para el depositario.

Una aplicación de este criterio es posible observarlo en el art. 2245 del Código Civil que dispone:

"El viajero que trajere consigo efectos de gran valor, de los que no entran ordinariamente en el equipaje de personas de su clase, deberá hacerlo saber al posadero, y aun mostrárselos si lo exigiere, para que se emplee especial cuidado en su custodia; y de no hacerlo así, podrá el juez desechar en esta parte la demanda".

Se observa, pues, que el viajero debe dar a conocer que porta efectos de gran valor a la empresa hotelera, y en caso contrario no podrá la empresa responder por esos efectos si son sustraídos ya sea por terceros o por personal del hotel.

De esta manera, no observamos que haya una excepción al principio de reparación integral porque es la misma ley la que fija cuál es el daño por indemnizar y que pasa por un criterio de previsibilidad a la época de celebración del contrato.

IV. SOBRE EL JUICIO DE PREVISIBILIDAD

Por cierto, el juicio de previsibilidad es complejo y depende de la naturaleza de cada contrato.

Tratándose de daño moral, lo más delicado es si el contrato tenía o no una valoración de intereses extrapatrimoniales, ya que si es puramente económico o patrimonial no parece que sea indemnizable la molestia o el dolor que produce el incumplimiento, y con ello debiera restringirse la indemnización por daño moral en los contratos patrimoniales.

No es así si se trata de contratos que tienen en cuenta intereses extrapatrimoniales como el contrato de trabajo, el de transporte y el de prestación de servicios médicos.

La regla de la previsibilidad aplicada a los daños morales derivados de contratos puede ser invocada para negar su reparación. Se dirá en efecto que, por la naturaleza patrimonial del contrato, todo daño causado a bienes o derechos extrapatrimoniales es de por sí imprevisible. Con ello, sólo el deudor doloso sería obligado a hacerse cargo de ellos.

Existen contratos que incluyen obligaciones de seguridad o deberes de protección de esferas no patrimoniales. No es razonable que, en tales casos, se parta de la premisa de que los daños morales son imprevisibles. Más bien, podría asumirse el criterio inverso: a saber, que si se produce un daño moral que resulta del incumplimiento de estos deberes de seguridad o protección, la misma existencia de estas obligaciones aboga en favor de su previsibilidad.

Fuera de los casos en los que el mismo contrato expresa o implícitamente contiene una extensión a bienes extrapatrimoniales, tampoco ha de negarse por principio la previsibilidad y deberá juzgarse caso por caso, aunque debemos convenir que lo normal será que daños emotivos o sentimentales serán por regla general imprevisibles, no tanto porque no sea posible imaginarlos sino porque no son contemplados como materia de la relación contractual. Como excepción, el acreedor puede haber informado al deudor de que el objeto que da en depósito o custodia tiene un valor afectivo para él.

¿Puede el juez declararlo de oficio? Nos parece que no, porque en tal caso estaría fallando *ultra petita*. No parece que la norma sea de carácter imperativo. Más bien establece un derecho para el deudor que bien puede ser renunciado por su no alegación.

¿Procede el recurso de casación? La Corte Suprema chilena ha tenido oportunidad de pronunciarse sobre si puede controlarse por la casación el juicio de previsibilidad y ha resuelto que se trata de una cuestión de hecho que corresponde fijar exclusivamente a los tribunales de instancia.

La previsibilidad a la época del contrato de los perjuicios es una cuestión que mezcla aspectos de hecho y de derecho. De hecho son las cuestiones sobre las cuales es posible establecer o no el juicio de previsibilidad: informaciones proporcionadas, gestiones preparatorias, aspecto de las cosas materia del contrato, etc. Pero el juicio mismo que se pronuncia sobre esos elementos de hecho es un juicio normativo, es decir, que una persona media colocada en la situación del deudor debería o no haber previsto el perjuicio.

Entendemos, en consecuencia, que la fijación de los elementos fácticos del juicio de previsibilidad corresponde a la competencia exclusiva de los tribunales de instancia y que no podrían alterarse en casación (salvo vulneración de las leyes reguladoras de la prueba). Pero la decisión sobre si un deudor medio, sobre la base de tales antecedentes, habría previsto o no el daño, es controlable en casación puesto que se trata de una cuestión jurídica.

V. EL DEUDOR INCUMPLIDOR CON DOLO

En este caso, el deudor que incumple dolosamente, es decir, a sabiendas de que está infringiendo el contrato, "es responsable de todos los perjuicios que fueron una consecuencia inmediata o directa de no haberse cumplido la obligación o de haberse demorado su cumplimiento" (art. 1558 inc. 1º CC). Con esto se reafirma el vínculo de causalidad al hablarse de consecuencia inmediata o directa de no haberse cumplido la obligación o de haber retardado su ejecución.

Nos parece que no cabe aquí asimilar al dolo la culpa grave, ya que tratándose de una sanción punitiva es necesario restringirlo al deudor que incumple con una conducta dolosa, ya sea directa o eventual[7]. Es lo que hemos sostenido en escritos anteriores[8].

VI. RENUNCIABILIDAD DE LA REGLA

El derecho a la limitación para el deudor no doloso es renunciable ya que mira a su interés individual, de manera que la ley acepta que en el contrato se establezcan reglas diferentes sobre la extensión de la responsabilidad. El art. 1558 inc. 3º del Código Civil lo señala expresamente.

La doctrina reconoce sin dificultades que es posible que se pacte que el deudor responda por los prejuicios imprevisibles

---

[7]   CLARO (1992), t. II, Nº 1245, p. 752.

[8]   CORRAL (2020), p. 200.

a la época del contrato. Este pacto se diferencia de la cláusula penal en que el acreedor se obliga a probar los perjuicios. También debe distinguirse de la simple constancia que se deja en un contrato de los intereses y valoraciones del acreedor.

El que se pacte la responsabilidad por los perjuicios imprevisibles a la época del contrato no releva de la necesidad de demostrar la causalidad jurídica de los daños.

No vemos problemas para que el pacto de ampliación de la indemnización de los daños se refiera no a cualquier tipo de incumplimiento del contrato, sino que se circunscriba a ciertas obligaciones o a ciertas formas de inejecución especialmente riesgosas.

Por cierto, el contenido de la estipulación especial puede dirigirse no a ampliar, sino a restringir los perjuicios indemnizables, ya que también es un derecho renunciable del acreedor el obtener una satisfacción completa de su crédito. Se podrá pactar, por ejemplo, que el deudor sólo responda de los perjuicios efectivamente previstos y no por los que sean previsibles según el canon del hombre medio.

VII. INAPLICABILIDAD DEL CRITERIO DE LA PREVISIBILIDAD A LA RESPONSABILIDAD EXTRACONTRACTUAL

Los partidarios de extender la regla dan por hecho que la previsibilidad contractual es la misma que la extracontractual, por lo que la aplicación de la regla no daría como resultado una restricción de la responsabilidad extracontractual, sino una agravación en caso de dolo.

Pero esto es un error: la previsibilidad del ilícito aquiliano es componente del juicio de causalidad. En cambio, la previsibilidad es una previsibilidad anticipada al hecho ilícito (al tiempo del contrato) que limita los daños causales (art. 1558.1 CC). Si es así, la norma es excepcional, sin ella se daría una indemnización de todo daño causado por el incumplimiento. Siendo excepcional solo puede aplicarse al régimen para el cual fue concebida: el régimen del contrato.

Además, la justificación para esta limitación solo se da en caso de existencia de un vínculo contractual puesto que es allí donde las partes pueden haber hecho la evaluación de los riesgos.

No parece que ello sea posible respecto del deber de reparar que surge del hecho ilícito. La exclusividad de la aplicación al régimen contractual es apoyada por el análisis económico, que hace ver que los incentivos para la entrega de información sobre la valoración de los daños solo son posibles en un marco reducido que rebaje los costos de transacción en la entrega de la información, lo que no se da en el terreno extracontractual.

BIBLIOGRAFÍA CITADA

CLARO SOLAR, Luis (1992): *Explicaciones de derecho civil chileno y comparado XI: De las obligaciones*, (Santiago/Bogotá, Editorial Jurídica de Chile), t. II.

Corral Talciani, Hernán (2008): "Causalidad y previsibilidad en la responsabilidad contractual", en: VARGAS, Tatiana (edit.), *La relación de causalidad* (Santiago, Cuadernos de Extensión N° 15 Universidad de los Andes), pp. 115-179.

CORRAL TALCIANI, Hernán (2020a): "La extensión de resarcimiento de los daños contractuales. Las reglas de la causalidad y de la previsibilidad", en: Corral Talciani, Hernán, *Contratos y daños por incumplimiento* (Santiago, AbeledoPerrot), pp. 141-204.

CORRAL TALCIANI, Hernán (2020b), "Influencia de Pothier en la consagración de la regla de la previsibilidad en las tradiciones de derecho civil codificado y de common law", en Corral Talciani, Hernán, *Contratos y daños por incumplimiento* (Santiago, Abeledo Perrot), pp. 205-222.

DOMAT, Jean (1844): *Las leyes civiles en su orden natural* (Traducc. Vilarruelas Felio y José Sarda, Barcelona, Imprenta de José Taulo).

POTHIER, Robert J. (1961): *Tratado de las obligaciones* (Buenos Aires).

Jurisprudencia citada

145 Hadley and Another v. Baxendale and Others (1854) 9 Exchequer Reports 341.

Aproximación a los criterios de avaluación del daño moral

LILIAN C. SAN MARTÍN NEIRA*

RESUMEN: En este texto se aborda de forma más bien esquemática la problemática relativa al *quantum* indemnizatorio del daño moral, en el entendido de que, si bien se trata de un daño inapreciable en dinero, es necesario tener parámetros lo más objetivos posible para su cuantificación, pues ello permitirá cumplir con el imperativo de fundamentación de las sentencias judiciales, el cual rige también en esta sede. Con ello en vista, se analiza la necesidad de fundamentación del *quantum* indemnizatorio y se alude a los criterios que la doctrina y jurisprudencia han identificado para tal finalidad.

PALABRAS CLAVE: *quantum* indemnizatorio, daño moral, reparación integral del daño, fundamentación de la sentencia.

I. INTRODUCCIÓN

El punto de partida de este texto está dado por dos aspectos que constituyen prácticas bastante extendidas en los juicios por responsabilidad civil.

*   Doctora en Sistema Jurídico Romanístico, Universidad de Roma Tor Vergata. Profesora de Derecho Civil e investigadora del Centro de Derecho Regulatorio y de Empresa, Universidad del Desarrollo, Santiago, Chile, l.sanmartin@udd.cl. Este trabajo forma parte del proyecto Fondecyt 1230501, del cual su autora es investigadora responsable, y está adscrito al Centro de Investigación Imputatio (www.imputatio.cl).

Por un lado, existe la práctica bastante común en las demandas entabladas por personas naturales consistente en que a la hora de desglosar las partidas indemnizatorias aquella más alta sea precisamente la relativa al daño moral. A modo de ejemplo, baste citar el caso de una demanda en contra de la autopista del Sol por la caída de un árbol sobre el vehículo, en que una de las víctimas demanda una suma total de 213 millones, de los cuales 180 corresponden a daño moral, mientras que la otra solicita, exclusivamente a título de daño moral, 80 millones. Cabe señalar que las sumas concedidas fueron bastante más bajas que eso[1].

Por otro lado, es posible advertir la idea cada vez más generalizada de que el hecho lesivo en sí es constitutivo de un daño moral, de modo que los estándares probatorios para su reconocimiento son sensiblemente bajos[2]. Así, en el caso antes aludido, si bien la sentencia afirma que "la prueba rendida por el actor no permite acreditar alguna de las circunstancias por las cuales pretende sustentar la afectación moral", termina igualmente indemnizando bajo el siguiente razonamiento

> este actor tiene derecho al concepto genérico de daño moral, esto es, la afectación sicológica y *pretium doloris* por el accidente, comprendiéndose por la suscrita las circunstancias propias del mismo que razonablemente provocan en quien lo padece un estado de nerviosismo general o cambio de ánimo que pueden prolongarse en el tiempo y amagar incluso la capacidad o habilidad de conducción de vehículos; así como la tristeza por verse y ver a su hermana lesionada físicamente, por todo lo cual esta falladora regulara prudencialmente el monto que —por vía de compensación- ha de compensar el perjuicio generado por el hecho dañoso, en la suma de $10.000.000.-

---

[1]   17° Juzgado Civil de Santiago, Rol N° C-12095-2017, de 27 de junio de 2019.

[2]   Sobre la prueba del daño moral, con especial atención al daño moral contractual, DE LA MAZA (2023), pp. 111-132.

Como se aprecia, al tribunal le basta con acudir a una máxima de la experiencia, según la cual los hechos constitutivos del ilícito "razonablemente" provocan consecuencias como las alegadas por el actor.

Frente a este panorama, parece oportuno profundizar en el argumento relativo a los parámetros que se debe observar frente a la demanda de daño moral. Al análisis de esta cuestión está dedicada esta ponencia. Para ello, dividiré la exposición en dos partes: la primera será dedicada a la necesidad de fundamentación de la sentencia y la segunda a los criterios de cuantificación. Finalizaré con algunas reflexiones conclusivas.

II. LA NECESIDAD DE FUNDAMENTACIÓN DE LA SENTENCIA Y LA REPARACIÓN INTEGRAL DEL DAÑO

Como he expuesto en otra sede[3], una característica de la judicatura moderna de tradición continental es la necesidad de fundamentar las sentencias, obligación que forma parte de la garantía más general del debido proceso, pues evita la arbitrariedad y/o parcialidad del juez, así como que este se transforme en legislador y, por esta vía, se infrinja la división de poderes.

En palabras simples, la fundamentación de la sentencia es la comunicación a sus destinatarios (partes del juicio, tribunales superiores, foro profesional, académicos, etc.) de las razones de la decisión, lo cual les permite analizar su legitimidad y racionalidad. Atendida esta vital importancia, el artículo 170 N° 4 del Código de Procedimiento Civil (CPC) exige que las sentencias definitivas contengan "las consideraciones de hecho o de derecho que sirven de fundamento a la sentencia". La

---

[3]   SAN MARTÍN (2016), pp. 41-74.

ausencia de tales consideraciones dará lugar a un defecto im-
pugnable por vía de la casación en la forma. Esta impugnación
puede ser efectuada de oficio, facultad oficiosa que el máximo
tribunal ha ejercido en más de una oportunidad.

A su turno, numerosas sentencias y diversos autores afirman
que la responsabilidad civil está gobernada por el principio de
reparación integral del daño[4], que es justamente el argumento
central del evento académico en que se inserta este texto. Asu-
miendo que ello es efectivo, cabe señalar que dicho principio
puede ser analizado tanto desde la perspectiva de la víctima,
como del agente o, mejor dicho, desde la perspectiva del demandante y del demandado.

Para el demandante, este principio tiene dos vertientes: establece el derecho a la completa reparación del daño y señala
que la indemnización no puede constituir una fuente de enriquecimiento. Se postula el daño y nada más que el daño. Para
el demandado, en cambio, se traduce en que será obligado a
indemnizar sólo los daños probados y que le sean jurídicamente imputables. Quedan, así, fuera de la cuantía indemnizatoria aquellas partidas afirmadas por el demandante, pero que
no hayan sido suficientemente acreditadas en el juicio (según
la prueba rendida y las facultades de apreciación del juez), y
aquellos daños que, aunque ciertos, no sean jurídicamente imputables al demandado en virtud de las normas legales aplicables, como serían los daños imprevistos en sede contractual,
por aplicación del artículo 1558 C.C. o aquellos que, más en
general, excedan el ámbito de riesgos atribuible al agente. Así

---

[4]   Por todos, (DOMÍNGUEZ (1990), p. 136; ALTERINI (1997), pp.
        1-120; DÍEZ (1997), pp. 159-176; SANSEVERINO (2011), pp. 1-352;
        SAN MARTÍN (2012), pp. 21-27; CORRAL (2013), pp. 377-390; SAN
        MARTÍN (2016), pp. 41-74; LÓPEZ (2000), pp. 221-234; DOMÍN-
        GUEZ (2010) pp. 9-28; DOMÍNGUEZ (2019); BARROS (2020), pp.
        267-268).

las cosas, la determinación del *quantum* indemnizatorio comprende dos órdenes de razonamientos: uno fáctico, relacionado con la prueba del daño, y uno jurídico, que dice relación con sus bases jurídicas[5].

La fundamentación de la sentencia y el principio de reparación integral, en los términos reseñados, se encuentran estrechamente ligados especialmente en aquellos casos en que, como ocurre con el daño moral, el juez tiene mayores facultades discrecionales a la hora de apreciar la existencia del daño y, a su vez, fijar la cuantía de la indemnización. En efecto, solo a través de la adecuada fundamentación del fallo se transmite a las partes del juicio el porqué de tal o cual suma y, en consecuencia, se les otorga la posibilidad de cerciorarse de que se ha respetado el principio de reparación integral, en el sentido de que la víctima no ha recibido (y, por tanto, el demandado no ha sido obligado a pagar) ni más ni menos de lo que correspondía[6].

Ello es válido para todas las partidas indemnizatorias, cualquiera sea la naturaleza del daño. Sin embargo, específicamente respecto del daño moral, el entendimiento tradicional era contrario a lo recién expuesto, en cuanto se entendía que su fijación quedaba del todo entregada a las facultades discrecionales de los magistrados, que se traducían en la apreciación prudencial del tribunal, lo que, como afirma Barros, ha dado

---

[5] SAN MARTÍN (2016), pp. 42-45; BARROS (2020), p. 335. En todo caso, ambos razonamientos están estrechamente ligados entre sí, de suerte que no siempre es fácil diferenciarlos y así se observa en la jurisprudencia, especialmente cuando se trata del daño moral, pues, a diferencia de lo que ocurre con el daño patrimonial, la existencia del daño moral es completamente independiente de su cuantía, justamente por tratarse de un daño que en sí mismo no tiene un valor económico.

[6] SAN MARTÍN (2016), p. 44.

origen a "asimetrías asombrosas"[7], que se traducen en montos diametralmente opuestos para víctimas de iguales tipos de daños o bien en indemnizaciones idénticas o similares para víctimas de daños de muy diversa entidad[8]. En los últimos años, esta idea ha cambiado, pues se ha acogido la idea de que, incluso respecto de la cuantía del daño moral, los fallos deben dar razón de sus decisiones, fundamentándolas en parámetros o criterios destinados a evitar las arbitrariedades judiciales. En su aplicación concreta, tales criterios deben resultar coherentes con la prueba rendida en el juicio y estar suficientemente explicitados y justificados en la fundamentación de la sentencia[9]. En consonancia con esto, la Corte Suprema en más de una ocasión ha casado por vicio en la forma sentencias en que falta la fundamentación de la cuantía de la condena o bien esta fundamentación es insuficiente.

A modo de ejemplo, cabe referir la sentencia de 16 de noviembre de 2022, en que la Corte Suprema se pronuncia en extenso sobre esta cuestión y finalmente acoge el recurso de casación en la forma deducido en contra de la sentencia de la Corte de Apelaciones de Valparaíso, la cual había rebajado el *quantum* fijado por el tribunal de primera instancia bajo el único argumento de que "la indemnización de perjuicios no puede constituir una fuente de lucro para quien la requiere", sin mayor análisis. Como fundamento de su decisión, el máximo tribunal afirma:

---

[7]　　BARROS (2020), p. 327.

[8]　　El autor presenta una extensa lista de sentencias en que se detallan los montos concedidos y la afectación sufrida por la víctima, la cual da cuenta de lo sostenido. BARROS (2020), pp. 326-332.

[9]　　Con todo, la doctrina advierte que en la práctica esta vinculación no se produce. En este sentido, se ha dicho que "la Corte no suele conectar suficientemente los hechos acreditados con el monto que se concede a través de criterios que permitan hacer algún sentido de cantidad". DE LA MAZA (2023), p. 149.

Al respecto, es necesario precisar que, si bien se ha reconocido que la regulación del quantum del daño moral corresponde al ámbito prudencial de los jueces del fondo, lo cierto es que ello no es absoluto, puesto que no puede aceptarse como fundamento en este sentido cualquier apreciación que pueda hacerse, desatendiendo el concepto y los principios que le dan contenido al mismo. De allí la necesidad de que los jueces de la instancia justifiquen la apreciación del daño moral, indicando los elementos que han considerado para tales efectos, en cumplimiento al deber de fundamentación de las sentencias, que tiende a asegurar no sólo la legalidad formal de las resoluciones, sino que también desde lo sustantivo, a reprimir toda arbitrariedad, en el ejercicio de esta labor, la que debe encontrar sustento racional en el mérito de los antecedentes allegados al proceso[10].

A su vez, la Corte ha señalado:

que no puede aceptarse como fundamento en este sentido cualquier apreciación que pueda hacerse, desatendiendo el concepto y los principios que le dan contenido al mismo. De allí la necesidad de que los jueces de la instancia justifiquen la apreciación del daño moral, indicando los elementos que han considerado para tales efectos, en cumplimiento al deber de fundamentación de las sentencias, que tiende a asegurar no sólo la legalidad formal de las resoluciones, sino que también desde lo sustantivo, a reprimir toda arbitrariedad, en el ejercicio de esta labor, la que debe encontrar sustento racional en el mérito de los antecedentes allegados al proceso" [11].

En síntesis, la Corte Suprema reconoce que el *quantum* indemnizatorio es el resultado de un razonamiento judicial y, como tal, queda cubierto por la obligación de fundamentar las sentencias. Esta obligación constituye la garantía del respeto al

---

[10]   Corte Suprema, Rol N° 134218-2020, de 16 de noviembre de 2022. Un breve comentario a esta sentencia puede verse en SAN MARTÍN (2023). Otro ejemplo en un sentido similar puede verse en Corte Suprema, Rol N° 29365-2014 de 3 de diciembre de 2015.

[11]   Corte Suprema, Rol N° 31061-2014, de 21 de marzo de 2016.

principio de reparación integral del daño, tanto desde la perspectiva de la víctima, como del agente, de ahí que la ausencia de fundamentación, así como fundamentación que viole dicho principio, sea motivo suficiente para invalidar la sentencia. En consecuencia, el *quantum* indemnizatorio es controlable por la Corte Suprema tanto a través del recurso de casación en la forma, por falta de fundamentación, como por el recurso de casación en el fondo, cuando la decisión judicial no respeta los principios que gobiernan la indemnización de perjuicios.

Esta comprensión de la avaluación del daño moral, que limita las facultades discrecionales de los jueces y exige una fundamentación formal y sustantivamente idónea, comporta un desafío y una invitación para los autores a trabajar en la identificación y configuración de criterios que permitan a los tribunales sustentar adecuadamente sus decisiones. En lo que sigue, se formulan algunas reflexiones en línea con este desafío.

III. LOS CRITERIOS DE CUANTIFICACIÓN DEL DAÑO MORAL

A la hora de reflexionar sobre la cuantificación de los daños morales o no patrimoniales, a nivel comparado, se ha procedido en dos niveles de racionalización: en primer lugar, se ha procedido a la fragmentación del concepto daño moral en una serie más o menos extensa de tipos de daños extrapatrimoniales (daño biológico, daño corporal, daño moral puro, daño al proyecto de vida etc.)[12]; y en segundo lugar, se han realizado esfuerzos conducentes a identificar criterios que permiten justificar la mayor o menor cuantía de una indemnización al interior de una especie particular de daño. A esto cabe sumar

---

[12]   Un listado bastante completo de esta tendencia puede verse en CÁRCAMO (2019), pp. 165-187.

que en algunos ordenamientos se ha procedido a estandarizar el *quantum* a través de baremos o tablas que fijan la suma (o rangos de sumas) correspondiente al tipo de afectación específicamente sufrida por la víctima.

En lo que atañe a Chile, la doctrina y jurisprudencia emplean el concepto de daño moral como sinónimo de daño no patrimonial o extrapatrimonial. De esta manera, se enseña, la expresión daño moral comprende tanto el daño moral *stricto sensu*, esto es, el dolor o sufrimiento que experimenta una persona, como toda otra lesión a un bien extrapatrimonial[13]. Ello se da así sin que se observen iniciativas especialmente pujantes en orden a realizar una taxonomía de los distintos daños extrapatrimoniales, sino que se lo analiza como un todo uniforme, sin perjuicio de algunas voces aisladas que refieren a hipótesis particulares de daños, como son el daño corporal y las lesiones al proyecto de vida como algo autónomo[14], y del hecho de que algunos autores han evidenciado la importancia práctica que tendría proceder de ese modo[15]. Así las cosas, el primer nivel

---

[13]   En este sentido afirma Barros que "en el derecho de la responsabilidad civil se habla de daño moral en simple oposición al daño económico o patrimonial. Por eso, la definición más precisa de daño moral parece ser negativa: se trata de bienes que tienen en común carecer de significación patrimonial, de modo que daño moral es el daño extrapatrimonial o no patrimonial". BARROS (2020), p. 299.

[14]   ELORRIAGA (1995); CÁCERES (2019); TURKIELTAUB (2019).

[15]   En este sentido, Corral ha señalado: "es cierto que el d año puramente moral necesariamente va a necesitar una concreción que depende del arbitrio judicial. Pero se ganaría en consistencia y también en uniformidad de las reparaciones si no se dieran indemnizaciones en globo por daño moral, sino que se distinguiera claramente lo que se otorga por cada rubro o especie del d año extrapatrimonial. Allí debería entonces considerarse el d año corporal en sí mismo, el d año emocional o *pretium doloris*, el daño estético, el daño a la vida de relación, la pérdida de una chance o la frustración de un proyecto de vida. Para ello sería necesario que los abogados también precisa-

de racionalización del *quantum* del daño moral es ajeno a la realidad chilena actual.

Distinto es el panorama en lo que respecta al segundo nivel, pues sí es posible observar esfuerzos de la jurisprudencia, y en menor medida de la doctrina, enfocados en establecer criterios objetivos que permitan fundamentar la cuantía del daño moral concedido[16]. En este sentido, como ejemplo paradigmático, puede citarse una sentencia de la Corte Suprema que, en lo que aquí concierne, señala:

> Vigésimo Sexto: Que, finalmente, a la hora de determinar el monto de la indemnización a ser pagada en favor del demandante, esta Corte Suprema tomará en consideración ciertos factores objetivos útiles para apreciar la magnitud de la afectación extrapatrimonial, consistentes en: (i) La irreversibilidad de las consecuencias dañosas derivadas del hecho constitutivo de falta de servicio; (ii) La entidad del interés patrimonial comprometido con el error; y, (iii) La prolongación de la incertidumbre en que se vio sumido el actor durante más de una década, lapso que tardó el tribunal en resolver -y acoger- la excepción de pago promovida por el ejecutado; elementos que, en su conjunto, permiten concluir que el justo resarcimiento del daño causado al actor equivale a $80.000.000[17].

En esta línea, resulta importante señalar que en materia legislativa también se observan esfuerzos de concreción de los criterios de avaluación del daño moral. Así, la Ley AUGE (Ley 19.966), en su artículo 41, establece que "la indemnización por el daño moral será fijada por el juez considerando la gravedad del daño y la modificación de las condiciones de existencia del

---

ran en las demandas los tipos de perjuicios que solicitan, de manera que se fijen en la resolución que recibe la causa a prueba puntos relativos a cada uno de estos perjuicios". CORRAL (2005), p. 196. Más recientemente, en la misma línea, BOREL (2019), pp. 277-299.

[16]   En el mismo sentido, DE LA MAZA (2023), pp. 136-141.
[17]   Corte Suprema, Rol N° 5334-2021, de 4 de abril de 2023.

afectado con el daño producido, atendiendo su edad y condiciones físicas". En línea con este dispositivo legal, es posible indicar que los criterios más comunes propuestos por la doctrina y/o que se aprecian en el razonamiento de los tribunales son los siguientes[18]:

1. La magnitud de las consecuencias físicas, síquicas o sociales experimentadas por la víctima.

2. La clase de derecho o interés extrapatrimonial agredido[19].

3. Duración de la lesión: daño presente y futuro.

4. Entidad, naturaleza y gravedad del hecho lesivo.

5. La intensidad de la culpa del agente.

6. Beneficios obtenidos por el agente.

7. Facultades económicas del agente y/o de la víctima.

8. Las circunstancias personales del agente y/o la víctima (condiciones físicas o de salud).

9. Relación entre el daño moral y las repercusiones patrimoniales del hecho.

10. Sexo de la víctima.

11. Edad de la víctima.

12. Grado de difusión del agravio.

---

[18] Una serie de listados sustancialmente similares pueden verse en (DÍEZ (1997), pp. 161-175; CORRAL (2013), pp. 168-171; ZÚÑIGA (2013); DE LA MAZA (2023), p. 141. Con referencia a la jurisprudencia española, un listado semejante puede observarse en SÖCHTING (2006), pp. 51-87)

[19] Aunque no desarrolla el argumento, "la entidad del interés patrimonial comprometido con el error" es uno de los criterios empleados en Corte Suprema, Rol 5334-2021, de 4 de abril de 2023 (considerando vigésimo sexto).

13. El grado cultural del agente y/o de la víctima.

14. El grado de cercanía o de relación afectiva que el actor tenía con ella.

El listado, como se aprecia, es bastante extenso, sin que sea factible analizarlo con detalle en esta sede. Por consiguiente, en lo sucesivo aludiré a algunos aspectos que me parecen más sobresalientes, sin perjuicio de que espero volver sobre ellos en alguna publicación posterior.

1. La magnitud de las consecuencias físicas, síquicas o sociales experimentadas por la víctima

Uno de los criterios que cobra más sentido a la hora de avaluar el daño extrapatrimonial es su asociación con las consecuencias tangibles experimentadas por la víctima del daño, como son grado de invalidez, si esta es temporal o permanente, la intensidad del dolor físico sufrido, así como la angustia padecida a causa del hecho lesivo. A modo de ejemplo, en tal sentido puede citarse la sentencia de la Corte de Apelaciones de Rancagua, que modificó la cuantía de la indemnización concedida en primera instancia, precisamente sobre la base de que las consecuencias experimentadas por la víctima, detalladas en la sentencia del juez *a quo*[20], así lo aconsejan. Al efecto en la sentencia se lee:

---

[20] La sentencia de primera instancia señala: "Noveno: Que, respecto del segundo elemento de la falta de servicio reclamada, cabe colegir la existencia efectiva de los daños denunciados por la actora, desde que los antecedentes médicos aparejados al juicio dan cuenta de una fractura del tobillo izquierdo, y de una fractura del segundo y tercer metatarsianos del pie izquierdo de la actora, lesiones que han derivado en la intervención quirúrgica de la paciente, con fijación de pernos en la susodicha extremidad, como dan cuenta las radiografías tomadas a su nombre. Lo anterior, importó a la demandante

Que, en relación al quantum indemnizatorio, considerando las consecuencias descritas en el motivo noveno del fallo apelado y la gravedad de las lesiones sufridas por la demandante, que incluso tuvieron que ser corregidas quirúrgicamente, como consta en la ficha clínica agregada al proceso, a lo que se debe agregar el extenso tratamiento quinesiológico a que ha debido someterse la actora para recuperarse de sus dolencias, de que da cuenta el informe kinésico que rola a folio 1 y que, por lo demás, no consta que haya finalizado, sólo cabe concluir que la reparación del daño moral debe regularse en una suma mayor a la fijada por el juez de primera instancia, que resulte más condigna al daño causado y que, asimismo, permita concretar el principio de la reparación integral del mismo. // Por estas consideraciones y lo dispuesto en los artículos 186 y siguientes del Código de Procedimiento Civil, se confirma la sentencia apelada de treinta y uno de enero de dos mil veinte, dictada por el Primer Juzgado Civil de Rancagua, en causa ROL C-8226-2018, con declaración que la indemnización por daño moral que debe pagar la demandada a la actora queda fijada en la suma de 200 Unidades de Fomento, en su valor vigente a la época del pago efectivo[21].

Ahora bien, como se anticipó en la introducción, la serie de consecuencias extrapatrimoniales experimentadas por la víctima, que pueden ser de la más diversa índole, no ha dado en Chile lugar a una taxonomía de daños avaluables por separado, sino que se avalúan como un todo único y a suma alzada. Esta circunstancia determina que, en los hechos, la valoración de las consecuencias resulte compleja e incluso contradictoria. Un ejemplo dará cuenta de esta circunstancia. Supongamos

---

una reducción significativa en su movilidad, de modo que requirió el uso de una silla de ruedas y bota ortopédica para su desplazamiento, lo que se desprende de la historia y evolución clínica y epicrisis del Servicio de Traumatología del Hospital Regional de Rancagua, todo lo anterior con indicación de tratamiento kinesiológico de rehabilitación". 1er Juzgado Civil de Rancagua, Rol N° C-8226-2018, de 31 de diciembre de 2019.

[21]   Corte de Rancagua, Rol N° 215-2020, de 5 de noviembre de 2020.

un accidente en que fallece el padre de dos menores de edad, un infante de dos meses y un niño de once años. La pregunta que cabe formularse en este caso es ¿corresponde en este caso una indemnización igual para cada niño o hay alguno que merezca una indemnización mayor que el otro? La respuesta a esta pregunta lleva a considerar las consecuencias concretas experimentadas por los niños, más allá del sustrato común. En efecto, en ambos casos el daño (evento) padecido es la pérdida de su padre, pero las consecuencias concretas son distintas en uno y otro caso. El niño de once años experimentará un sufrimiento mucho mayor, al estar en grado de percibir perfectamente el drama familiar y personal que implica la pérdida del progenitor, pero, respecto de su hermano, tendrá la ventaja de haber contado con su padre durante su niñez y de que está más próximo a la vida adulta. El infante, por su parte, no está en grado de percibir cabalmente lo que acontece y, muy probablemente, experimentará menos dolor y angustia por la pérdida[22], pero deberá vivir prácticamente toda su vida sin un progenitor presente, sin haber podido contar siquiera con él durante su niñez.

2. Duración de la lesión: daño presente y futuro

Esta idea es muy común de encontrar en la jurisprudencia, que suele realizar afirmaciones en orden a que la víctima deberá arrastrar con las consecuencias del hecho por largos años, incluso por toda la vida, en aquellos casos en que se trate de daños irreparables, como es el caso de una tetraplejia irreversible. En este punto, sin embargo, es posible observar que en muchos

---

[22]   Con todo, cabe preguntarse si esta afirmación se sostiene desde el punto de vista neurocientífico, cuestión que claramente escapa a los propósitos de este texto. Algunas consideraciones sobre neurociencia y daño moral pueden verse en MANES (2021).

casos la partida indemnizatoria por daño moral viene a suplir la negativa de los tribunales a indemnizar el daño emergente futuro e incluso el lucro cesante, aunque este último cada vez tiene más reconocimiento. Así, en el caso de una persona que quedó en silla de ruedas, debiendo utilizar catéter y pañales de por vida, además de someterse a una serie de intervenciones, se negó la posibilidad de otorgar una suma indemnizatoria por estos conceptos en atención a la falta de certidumbre acerca del monto. Estas mismas consecuencias se mencionan, sin embargo, como parte de los elementos tomados en consideración por el tribunal a la hora de fijar la cuantía del daño moral[23].

En este caso, y en los demás semejantes, es claro que la herramienta del daño moral está supliendo la subindemnización de daños patrimoniales inciertos en cuanto a su cuantía.

3. La intensidad de la culpa del agente

La enseñanza de la responsabilidad civil en el sistema continental parte de una premisa básica: la indemnización de perjuicios corresponde al daño sufrido, con independencia de la gravedad de la conducta del agente, toda vez que ella ha sido privada de su cariz punitivo. Bajo esta idea, entonces, resulta un tanto anacrónico sostener que uno de los criterios de avaluación del daño moral es el grado de culpa del agente. Sin embargo, bien vistas las cosas, la utilización de este criterio puede resultar justificada e incluso deseable. Así aparece cuando se analizan ciertos hechos lesivos, particularmente aquellos

---

[23]   3° Juzgado Civil de Temuco, Rol N° C-2313-2018, de 29 de enero de 2020. Es importante mencionar que la Corte de Temuco se pronuncia expresamente sobre el lucro cesante y el daño emergente futuro, compartiendo las consideraciones del tribunal de primera instancia para rechazarlo. Corte de Apelaciones de Temuco, Rol N° 234-2020, de 5 de marzo de 2021.

en que ha mediado dolo o que dicen relación con la afectación de bienes como la integridad física o bien la privacidad, en que la indolencia del agente agrava la desazón de la víctima y, por ende, incrementa su daño moral. Así, en materia médica, por ejemplo, muchas veces las víctimas lo que más lamentan es el trato poco digno prestado por los facultativos debido a lo que podemos calificar de una culpa grave. El caso del paciente con ataque cardiaco olvidado en la sala de espera de un hospital, que solo fue reconocido gracias a la providencia de que su vecino trabajaba ahí, representa un claro ejemplo de lo que vengo diciendo[24]. En casos como este, la gravedad de la culpa es justamente un parámetro para determinar la intensidad del daño. Esto es así sin perjuicio de que el caso en concreto citado sea merecedor de otras observaciones, que no es esta la sede donde tratarlas.

4. Facultades económicas del agente y/o de la víctima

Este criterio aparece en algunos casos mencionado en la jurisprudencia, pero lo cierto es que en la mayor parte de los casos en que se aplica se lo hace subrepticiamente. Así, a propósito del Baremo Estadístico por Daño Moral, se ha dicho que una conclusión que es posible extraer de él es que la vida vale más en el norte que en el sur, lo cual desde luego se debe a los profundos bolsillos de las mineras. Desde una perspectiva más general, es posible apreciar que las demandas en contra de empresas —cuando menos teóricamente— capaces de internalizar el costo, terminan en condenas sustantivamente superiores a las que se fijan en caso de personas naturales. Si bien a simple vista esto pareciera ser incorrecto[25], pues la víctima no elige a

---

[24]   Corte Suprema, Rol N° 29365-2014, de 3 de diciembre de 2015.
[25]   La Corte Suprema rechaza expresamente esta forma de razonamiento en Corte Suprema, Rol N° 31061-2014, de 21 de marzo de 2016.

su agente dañador y el daño sufrido en uno y otro caso puede haber sido exactamente el mismo, o incluso más grave el del segundo, la cuestión no lo parece tanto cuando se la mira desde otra óptica. En particular, desde la perspectiva de las funciones de la responsabilidad y, en concreto, desde la función preventiva o disuasiva (*deterrens*). En efecto, para una persona natural promedio, la posibilidad de tener que cubrir 50 millones de pesos de una indemnización parece suficiente incentivo para observar sus deberes de indemnidad; para una empresa que factura diariamente millones de dólares, tal suma no da lugar a dicho incentivo y, por tanto, parece adecuado que la suma indemnizatoria sea mayor[26]. El argumento, en todo caso (lo reconozco), se vuelve más débil cuando entra en juego el sistema de seguros de responsabilidad civil, pues el efecto disuasivo en ambos casos se diluye bastante.

En lo que respecta a las facultades económicas de la víctima, la situación parece aún más compleja pues pareciera ser que, entre más rica es la víctima, mayor debiera ser la suma indemnizatoria. En efecto, si aceptamos que la reparación del daño moral se hace a través de una suma de dinero, a fin de que la víctima se procure satisfacciones que contribuyan a aplacar el malestar, debemos asumir que una víctima pobre necesita menos dinero que una víctima rica, pues esta última está en condiciones de proporcionarse por sí misma dichas satisfacciones. La solución es de suyo contraintuitiva, por ello me parece que la consideración de las facultades económicas de la víctima

---

[26] Rodríguez defiende la idea de tomar en consideración la situación económica del autor bajo dos criterios: (i) el prestigio del derecho, en la medida en que fijar una suma de indemnización cuantiosa por parte de quien no puede pagarla; y (ii) una suerte de justicia distributiva en virtud de la cual "los poseedores de medios de fortuna tienen mayor responsabilidad social por las ventajas de todo orden de que gozan en la comunidad". RODRÍGUEZ (2012), p. 160. En sentido contrario, BARRÍA (2014), pp. 519 ss.

como criterio ha de ser mirada con sospecha[27], salvo cuando se trate de analizar instituciones tales como la contribución de la víctima al daño o bien la inobservancia de cargas de mitigación, pues, en este caso, no podría considerarse responsable de su propio daño la víctima que no lo evitó por carecer de medios económicos para ello, toda vez que no pueden exigirse a la víctima la adopción de medidas que en los hechos no estaban a su alcance, por carecer de razonabilidad[28]. Por ejemplo, una víctima que ve agudizado su trastorno postraumático por no haber tenido medios suficientes para someterse de forma oportuna a una terapia sicológica.

5. Las circunstancias personales del agente y/o la víctima (condiciones físicas o de salud)

El último criterio que me interesa abordar aquí es el de las circunstancias personales, específicamente, las condiciones previas de salud de la víctima, criterio expresamente reconocido por el legislador nacional en el artículo 41 de la Ley 19.966. En efecto, esta norma alude al cambio en las condiciones de existencia de la persona considerando su estado de salud previo.

La pregunta que cabe formularse en este caso es cómo ha de considerarse la condición de la víctima, como una circunstancia agravante o atenuante o, en verdad, depende. Dos ejemplos

---

[27] La Corte de Santiago rechazó expresamente este criterio en sentencia de 9 de enero de 2023 sosteniendo que "la circunstancia de contar el actor con medios económicos para paliar con rapidez las consecuencias sufridas por la lesión inferida, no es motivo suficiente para negar o morigerar su derecho a la indemnización por daño moral". Corte de Apelaciones de Santiago, Rol N° 14927-2019, de 9 de enero de 2023.

[28] La razonabilidad como base de exigencia de las medidas de mitigación, véase en SAN MARTÍN (2012), pp. 392 ss.

ayudarán a ilustrar el punto: el caso de una persona que sufre depresión derivada de estrés postraumático, pero que poco antes del accidente había sufrido un cáncer bastante agresivo que ya le tenía con tratamiento sicológico[29]. En este caso, parece oportuno que la preexistencia se considere una "concausa" del daño y, por lo mismo, se module la indemnización a la baja, tomando en consideración que el daño causado por el agente constituye una "agravación" del ya padecido por la víctima, de suerte que el principio de reparación integral considerará solo el mayor daño causado con el accidente.

El segundo ejemplo, es el relativo a una persona que camina con dificultad debido a la amputación de una pierna a raíz de una enfermedad y que, luego, en un accidente automovilístico, pierde la segunda pierna por lo que queda ahora en silla de ruedas. ¿Qué rol juega aquí la ausencia de la primera pierna? En este caso, el daño concreto sufrido por la víctima es la pérdida de su capacidad de caminar y la dependencia de una silla de ruedas para movilizarse. Ahora bien, es claro que este impacto está condicionado por el hecho de que ella solo tenía una pierna. De modo que la modificación de su existencia es considerablemente distinta a aquella que habría sufrido una persona con ambas piernas sanas al momento del accidente. La situación no es fácil de abordar y lo cierto es que daría para largo detenerse en ello, con lo cual me limitaré a realizar algunas consideraciones generales sobre el particular.

De modo más general, este asunto se relaciona con el problema de la concurrencia entre condiciones culpables e inocentes en la producción del daño y la posibilidad de darles el tratamiento de concausa, cuestión sobre la que me he pronunciado en dos ocasiones anteriores[30]. En esas oportunidades

---

[29] Los hechos corresponden al caso resuelto en 17° Juzgado Civil de Santiago, Rol N° C-12095-2017, de 27 de junio de 2019.

[30] SAN MARTÍN (2019); SAN MARTÍN (2023), pp. 212 ss.

tuve la ocasión de concluir que en un sistema de responsabilidad civil fundado en la culpa no parece posible establecer una concurrencia en términos de concausas generadoras de un hecho, toda vez que la culpa funge precisamente el rol de criterio seleccionador entre las condiciones necesarias para la producción del daño, indicando aquellas que debemos considerar jurídicamente causas del daño.

En la práctica, esto lleva a que si el daño sufrido por la víctima es consecuencia de su preexistencia a la que se suma la actuación del agente, este no podrá invocar esa condición para aminorar su responsabilidad: el agente debe tomar la víctima en el estado en que se encuentre, pues no tiene derecho a encontrarse con una víctima sana. Una cuestión distinta es que el daño padecido por la víctima se hubiera producido igualmente sin la intervención del agente, pero de menor intensidad, de modo que la actividad de este viene a agravar el daño ya padecido.

Ahora bien, esta distinción, teóricamente sencilla, supone determinar en qué casos estamos frente a un nuevo daño, que no habría tenido lugar sin la intervención del agente y en qué casos se trata de una simple agravación de un daño ya existente o que igualmente se habría producido. En esta línea resulta fundamental contar con una adecuada taxonomía de daños extrapatrimoniales, de ahí que el análisis de este argumento deba ser dejado para una próxima ocasión.

IV. CONCLUSIONES

A modo de conclusión, me parece que es posible señalar lo siguiente:

1. La obligación de fundamentar la sentencia alcanza la cuantía de la condena por daño moral, lo que obliga a los jueces a enunciar los criterios tomados en consideración en cada

caso. Ya no es suficiente con aquella frase de estilo que reza más o menos así: se condena al demandado a indemnizar los daños morales, que se fijan prudencialmente en la suma de X.

2. La especificación de los criterios es, como en cada caso en que se trata de lidiar con conceptos jurídicos difusos, una tarea que corresponde a la doctrina, para lo cual deben tomarse en consideración aspectos tales como la prueba del daño y su noción, las funciones de la responsabilidad civil, el rol que se atribuya a las preexistencias y otras cuestiones que, en todo caso, deben ser examinadas en detalle, porque no siempre juegan a favor o en contra de la víctima, sino que dependerá del caso concreto.

BIBLIOGRAFÍA CITADA

ALTERINI, Atilio (1997): La limitación cuantitativa de la responsabilidad civil (Buenos Aires, Abeledo-Perrot).

BARRÍA DÍAZ, Rodrigo (2014): "La capacidad económica de las partes como criterio de cuantificación del daño moral en la jurisprudencia chilena", en: TURNER SAELZER, Susan y VARAS BRAUN, Juan Andrés, Estudios de derecho civil IX (Santiago, Thomson Reuters), pp. 519-531.

BARROS BOURIE, Enrique (2020): Tratado de responsabilidad extracontractual, 2.ª ed. (Santiago, Editorial Jurídica de Chile).

BOREL DEL REY, Edmundo (2019): "Demanda por distintos daños morales: de la teoría de la motivación de la sentencia y la congruencia procesal", en: Revista de Derecho de la Pontificia Universidad Católica de Valparaíso (N° 53), pp. 277-299.

CÁRCAMO MUÑOZ, Eduardo (2019): "Breve análisis sobre la situación actual del daño moral en el derecho chileno", en: Revista de Debates Jurídicos y Sociales (N° 6), pp. 165-187.

CÁCERES PALACIOS, Rubén (2019): Daño corporal en la responsabilidad médica (Santiago, Hamurabi).

CORRAL TALCIANI, Hernán (2005): "El daño moral por muerte o lesiones en la jurisprudencia, con particular referencia a los accidentes del trabajo", en: BARAONA GONZÁLEZ, Jorge y ZELAYA Pedro (editores), La responsabilidad por accidentes del trabajo (Santiago, Universidad de Los Andes, Cuadernos de Extensión Jurídica Nº 10), pp. 177-196.

CORRAL TALCIANI, Hernán (2013): Lecciones de responsabilidad civil extracontractual, 2.ª ed. (Santiago, Thomson Reuters).

DE LA MAZA GAZMURI, Íñigo (2023): El daño moral contractual (Santiago, Der Ediciones).

DÍEZ SCHWERTER, José Luis (1997): El daño extracontractual (Santiago, Editorial Jurídica de Chile).

DOMÍNGUEZ ÁGUILA, Ramón (1990): "Consideraciones en torno al daño en la responsabilidad civil. Una visión comparatista", en: Revista de Derecho Universidad de Concepción (Nº 188), pp. 125-168.

DOMÍNGUEZ ÁGUILA, Ramón (2010): "Los límites al principio de reparación integral", en: Revista Chilena de Derecho Privado (Nº 15), pp. 9-28.

DOMÍNGUEZ HIDALGO, Carmen (2019): El principio de reparación integral en sus contornos actuales. Una revisión desde el derecho chileno, latinoamericano y europeo (Santiago, Thomson Reuters).

ELORRIAGA DE BONIS, Fabián (1995): "Configuración, consecuencias y valoración de los daños corporales", en: Cuadernos jurídicos Universidad Adolfo Ibáñez (Nº 1), pp. 1-33.

LÓPEZ, Roberto (2000): "Limitaciones cualitativas y cuantitativas de la indemnización", en: Roma e América (N°10), pp. 221-234.

MANES, Eugenio (2021): "La deconstrucción del daño moral desde la perspectiva neurocientífica. Un fallo con vocación interdisciplinaria", en: RCCyC (Año VII, N.° 5, junio 2021). Disponible en: http://faeproc.org/wp-content/uploads/2021/09/Bonaerense_6.pdf [visitado el 11/07/2023].

RODRÍGUEZ GREZ, Pablo (2012): "Daño moral: un laberinto jurídico", en: Actualidad Jurídica (Nº 25), pp. 83-172.

SAN MARTÍN NEIRA, Lilian (2016): "El quantum indemnizatorio en caso de culpa concurrente de la víctima. Su posible revisión vía casación", en: Revista de Derecho Universidad de Concepción (Nº 240), pp. 41-74.

SAN MARTÍN NEIRA, Lilian (2023): "Con declaración de que se rebaja/aumenta...": reparación integral y fundamentación del quantum indemnizatorio", en: El Mercurio Legal, 9 de enero de 2023. Disponible en https://www.elmercurio.com [visitado el 11/07/2023].

SAN MARTÍN NEIRA, Lilian C. (2012): La carga del perjudicado de evitar o mitigar el daño (Bogotá, Editorial Universidad Externado).

SAN MARTÍN NEIRA, Lilian C. (2023): Responsabilidad civil por desastres naturales (Valencia, Tirant lo Blanch).

SAN MARTÍN NEIRA, Lilian C. (2019): "Desastres naturales y responsabilidad civil: posible concurso causal entre actividad humana y fenómeno natural", en: GÓMEZ DE LA TORRE VARGAS, Maricruz et al. (editores), Estudios de Derecho Civil XIV (Santiago, Thomson Reuters), pp. 1149-1166.

SANSEVERINO, Paulo de Tarso Vieira (2010): Princípio da reparação integral (São Paulo, Saraiva).

SÖCHTING HERRERA, Andrés (2006): "Criterios para delimitar el indemnizatorio en el daño moral. Un estudio de la jurisprudencia española", en: Revista chilena de derecho privado (N° 7), pp. 51-87.

TURKIELTAUB DEL FIERRO, Manuela (2019): El daño al proyecto de vida en los casos de Gabriela Blas y del matrimonio igualitario en Chile (Memoria para optar al grado de Licenciado en Ciencias Jurídicas y Sociales, Universidad de Chile, no publicada). Disponible en: https://repositorio.uchile.cl/handle/2250/170407, [visitado el 12/07/2023].

ZÚÑIGA HORMAZÁBAL (2013): Criterios de cuantificación de cantidades determinadas como daños morales (Tesina correspondiente a la carrera de Derecho, Universidad Alberto Hurtado, no publicada). Disponible en: https://repositorio.uahurtado.cl/handle/11242/7053, [visitado el 12/07/2023].

Jurisprudencia citada

Acevedo Berrios Wilibaldo con Estado De Chile (2023): Corte Suprema 4 de abril de 2023 (tipo de acción y procedimiento correspondiente), Rol N° 5334-2021 en: https://westlawchile-cl.

Carrillo con Transportes Aca Limitada (2021): Corte de Apelaciones de Temuco 5 de marzo de 2021 (tipo de acción y procedimiento correspondiente), Rol N° 234-2020 en: https://westlawchile-cl.

Carrillo con Transportes Aca Limitada (2020): 3° Juzgado Civil de Temuco 29 de enero de 2020 (acción de indemnización de perjuicios por responsabilidad extracontractual), Rol N° C-2313-2018, en: https://westlawchile-cl.

Miranda con Ilustre Municipalidad de Rancagua (2019): 1er Juzgado Civil de Rancagua 31 de diciembre de 2019 (acción de indemnización de perjuicios por responsabilidad extracontractual), Rol N° C-8226-2018 en https://westlawchile-cl.

Miranda con Ilustre Municipalidad de Rancagua (2019): Corte de Rancagua 5 de noviembre de 2020 (acción de indemnización de perjuicios por responsabilidad extracontractual), Rol N° 215-2020 en: https://westlawchile-cl.

Viernay con Sociedad Concesionaria (2019): 17° Juzgado Civil de Santiago 27 de junio de 2019 (acción de indemnización de perjuicios por responsabilidad extracontractual), Rol N° C-12095-2017 en: https://westlawchile-cl.

Fernández con Arinoviche (2016): Corte Suprema 21 de marzo de 2016 acción de indemnización de perjuicios por responsabilidad extracontractual), Rol N° 31061-2014 en: https://westlawchile-cl.

Vásquez Contreras Katty y otros con Hospital Carlos Van Buren (2015): Corte Suprema 3 de diciembre de 2015 (acción de indemnización de perjuicios por responsabilidad extracontractual), Rol N° 29365-2014 en: https://westlawchile-cl.

CAPÍTULO III
EL PRINCIPIO DE LA REPARACIÓN INTEGRAL DE LOS DAÑOS FRENTE A LOS DERECHOS ESENCIALES DE LA PERSONA HUMANA

La reparación integral de la víctima por vulneración de los derechos de la personalidad: una revisión desde el derecho civil chileno

PATRICIA VERÓNICA LÓPEZ DÍAZ[*]

RESUMEN: Este artículo tiene por propósito indagar la reparación integral de los derechos de la personalidad en el derecho chileno con especial detención en los derechos a la imagen, a la integridad física y a la integridad síquica y evidenciar que ella puede alcanzarse a través de la modalidades de reparación in natura y acumularse, según el caso, a la indemnización de daños. A tal efecto se examinan supuestos expresamente regulados por el legislador en que se contempla dicha tutela y otros en que ello no acontece, pero en que puede construirse la procedencia de tales modalidades y alcanzar la reparación integral de la víctima.

PALABRAS CLAVE: reparación integral, derechos de la personalidad, derecho a la imagen, derecho a la integridad física, derecho a la integridad síquica.

I. INTRODUCCIÓN

En las dos últimas décadas el principio de reparación integral ha concitado progresivamente la atención de destacados autores nacionales tanto en sede contractual como extracontractual. En tal sentido destacan incipientemente los primeros

---

[*] Doctora en Derecho de la Pontificia Universidad Católica de Valparaíso. Profesora de Derecho Civil de la Universidad Diego Portales. Santiago, Chile, correo electrónico patricia.lopez@udp.cl.

tratados de responsabilidad civil en que se trazan las primeras líneas[1] que con posterioridad fueron ampliadas en cada uno de ellos hasta arribar en el año 2019 a la obra colectiva titulada "El principio de reparación integral en sus contornos actuales. Una revisión desde el derecho latinoamericano y europeo", dirigida por la profesora Carmen Domínguez[2].

Actualmente, existe consenso en que este principio postula que debe restablecerse lo más exactamente posible el equilibrio destruido por el daño, reubicando a la víctima en una situación hipotética a aquella en que se hubiera encontrado de no existir este, pero no idéntica. Se trata, por tanto, de una reparación que es razonable y no persigue la devolución exacta de la cuantía del daño, sino la mejor aproximación a la entidad de este[3] o la "reparación integral del daño resarcible"[4], propósito que no solo se alcanza a través de la indemnización, sino también de la reparación en naturaleza y sus distintas modalidades o especies.

Este principio puede asentarse normativamente en los artículos 2314 y 2329 del Código Civil chileno, a los que se añade el artículo 3 letra e) de la Ley 19.496 sobre Protección de los Derechos de los Consumidores (LPC), pues consagra como derecho del consumidor "la reparación e indemnización adecuada y oportuna de todos los daños materiales y morales en caso de incumplimiento de cualquiera de las obligaciones contraídas por el proveedor"[5]. Por lo mismo, se ha indagado su evolución en el derecho civil francés[6], se le ha confrontado con las funcio-

---

[1]   Varios autores (ALESSANDRI (2005), pp. 394-401; CORRAL (2013), pp. 377-379 y BARROS (2020), pp. 267-268).

[2]   DOMÍNGUEZ et al. (2019).

[3]   Por todos: DOMÍNGUEZ (2010), pp. 680 y 685.

[4]   CORRAL (2013), p. 377.

[5]   Sobre este derecho véase CONTARDO (2013), pp. 117-132.

[6]   DURAND-PASQUIER (2019), pp. 45-64.

nes de la responsabilidad civil[7] y vinculado con el daño moral[8], con el principio de precaución[9] y con la cláusula penal[10], se han explorado sus límites[11], sus modalidades[12], la avaluación de su reparación[13] y se ha explorado la reparación integral del daño tratándose de los derechos de la personalidad[14].

En esta última arista queremos detenernos en esta oportunidad pues, si bien se ha abordado este tópico en la doctrina chilena, ello ha acontecido en términos muy generales focalizándose la atención —descontado el recurso de protección— en la indemnización de daños, toda vez que esta se ha convertido en la forma más eficiente y predilecta de tutela personal, porque es la única acción que se funda solo en la condición de persona, deviniendo, como lo recuerda Carmen Domínguez siguiendo a López Jacoiste, en una garantía genérica de "plenitud personal"[15].

Pero lo cierto es que la expresión "reparar" va más allá de la sola indemnización. De hecho en el Diccionario de la lengua española de la Real Academia se entiende por tal no solo "enmendar, corregir o remediar" o "desagraviar, satisfacer al ofendido, sino también "remediar o precaver un daño o perjuicio", en sus acepciones 2, 3 y 5 respectivamente[16]. No en vano se ha

---

7   CLERC-RENAUD (2019), pp. 65-82
8   DOMINGUEZ (2019b), pp. 123-138.
9   DOMINGUEZ ÁGUILA (2019a), pp. 329-340.
10 CAPRILE (2019), pp. 341-350.
11 DOMÍNGUEZ ÁGUILA (2019b), pp.181-200.
12 CERÓN (2019), pp. 201-234.
13 RUBIO (2019), pp. 235-272.
14 DOMÍNGUEZ (2019a), pp. 83-99 y Barros (2020), pp. 345-346.
15 DOMÍNGUEZ (2019a), p. 87.
16 REAL ACADEMIA ESPAÑOLA (2022).

distinguido entre reparación en equivalente (indemnización) y reparación *in natura*[17].

Pues bien, considerar la reparación *in natura*, desligándonos de la doctrina clásica mayoritaria, ampliaría los contornos de la reparación integral en sede extracontractual y, en lo que aquí interesa, tratándose de los derechos de la personalidad. Y es que no concebir dichas modalidades ni articularlas priva a la víctima de inclinarse por ellas en forma autónoma o complementaria a la indemnización, obstaculizando la reparación integral del daño, entendiendo por reparación "remediar o precaver un daño o perjuicio"[18].

Claro está que no existe un título o párrafo del Código Civil destinado especialmente a disciplinar la tutela de los derechos de la personalidad ni este contempla en términos generales ni particulares la cesación, la corrección, la publicación de la sentencia o las disculpas públicas como modalidades de reparación *in natura*. Pero es indiscutible que ellas tienen cabida a partir, al menos, de dos consideraciones. La primera es que el artículo 2329, sobre el que se ha erigido entre otros el principio de reparación integral, utiliza la expresión "reparar" de modo que comprende ambas reparaciones[19]. De hecho, Corral al abordar los derechos de la personalidad y su tutela se refiere al recurso de protección, al *habeas data* de la Ley N° 19.628 sobre protección de la vida privada tratándose de los datos personales y a la responsabilidad civil, aludiendo a la indemnización y a la acción preventiva a partir del artículo 2333 que refiere al daño contingente[20].

---

[17]   Varios autores (ALESSANDRI (2005), pp. 385-394; CORRAL (2013), pp. 376 y 377 y BARROS (2020), pp. 257-258).

[18]   Esta idea la hemos sugerido en LÓPEZ (2023c), pp. 505-520.

[19]   Varios autores (ALESSANDRI (2005), pp. 385-386 y BARROS (2020), pp. 975-985).

[20]   CORRAL (2018), pp. 365-367.

De otro lado, algunas de estas modalidades de reparación *in natura* están contenidas en leyes especiales que pueden servir de modelo para dibujar sus alcances. Es el caso de los artículos 5 de la Ley 20.169 sobre Competencia Desleal (LCD), 106 de la Ley 19.039 sobre Propiedad Industrial (LPI), 85b de la Ley 17.336 sobre Propiedad Industrial (LPIN) y 31 y 50 de la LPC que, como veremos, pueden cobrar aplicación tratándose de vulneraciones de los derechos de la personalidad del competidor o del consumidor[21].

Se trata de un enfoque inexplorado en estos términos en el derecho chileno que conviene comenzar a indagar en atención a varias consideraciones.

En primer lugar, porque sea que se aluda a garantías constitucionales (clave constitucional) o a derechos de la personalidad (clave civil) debe propenderse a tutelar íntegramente a la víctima. Así se desprende de una interpretación armónica de los artículos 1 y 6 de la Constitución Política de la República de Chile (CPR), toda vez que el primero de ellos dispone que el Estado está al servicio de la persona humana y promueve el bien común (apareciendo como evidente la tutela de los daños); en tanto, el segundo obliga a los titulares o integrantes de los órganos del Estado a someter su acción a la Constitución y a las normas dictadas conforme con ella, evidenciando que la transgresión de los derechos constitucionales de la persona genera respecto del particular la responsabilidad civil que debe ser legalmente regulada. A ellos se agregan los artículos 19 N° 7, letra i), N° 4 inciso segundo y 36, 38.2 y 49 N° 1 que establecen la procedencia de dicha responsabilidad[22]. La mis-

---

[21]   Todas ellas dan cuenta de modalidades o especies de reparación *in natura*, cuales son la cesación o suspensión del acto, las medidas correctivas o de remoción, la publicación de la sentencia y las excusas o disculpas públicas.

[22]   Así también lo ha indicado DOMÍNGUEZ (2019a), pp. 89-90.

ma premisa se advierte en los artículos 2314 y 2329 del Código Civil que exigen reparar todo daño.

En segundo lugar, dado que la reparación no se reduce a la sola indemnización y porque puede añadirse alguna modalidad de reparación *in natura* para reparar el daño más íntegramente sin que ello implique un enriquecimiento sin causa. Y en tercer lugar, porque concebir la reparación integral incorporando la *reparación in natura* propicia la observancia del principio de *alterum non ladere*, entendiéndolo no solo como "quien causa un daño debe repararlo", sino también según señala Llamas Pombo[23], como "el que teme un daño tiene derecho a exigir la adopción de las medidas que lo eviten", lo que optimiza la tutela de la víctima.

Nuestro propósito, entonces, es determinar cómo puede alcanzarse la reparación integral de los derechos de la personalidad en el derecho chileno. Para lograrlo, dividiremos este capítulo en dos partes. En la primera, abordaremos algunos supuestos en que se vulneran determinados derechos de la personalidad (I). En la segunda, exploraremos cómo la integración de las distintas modalidades de reparación *in natura* contribuyen a alcanzar una reparación integral de la víctima en tales casos (II). Examinados ambos tópicos, formularemos nuestras conclusiones.

II. VULNERACIÓN DE DERECHOS DE LA PERSONALIDAD: ALGUNOS SUPUESTOS

Como anticipamos, en el ordenamiento jurídico chileno no existe normativa general ni particular contenida en el Código Civil ni particular recogida en alguna ley especial que prevea

---

[23]   LLAMAS (2020), p. 96.

expresamente la reparación de los derechos de la personalidad. De hecho, no existe una ley como en España la Ley Orgánica 1/1982 de 5 de mayo sobre protección civil del derecho al honor, a la intimidad personal y familiar y a la propia imagen, en que incluso el artículo 9 prevé las medidas necesarias para poner fin a la intromisión ilegítima. Tales son:

> a) el restablecimiento del perjudicado en el pleno disfrute de sus derechos, con la declaración de la intromisión sufrida, el cese inmediato de la misma y la reposición del estado anterior. En caso de intromisión en el derecho al honor, el restablecimiento del derecho violado incluirá, sin perjuicio del derecho de réplica por el procedimiento legalmente previsto, la publicación total o parcial de la sentencia condenatoria a costa del condenado con al menos la misma difusión pública que tuvo la intromisión sufrida, b) prevenir intromisiones inminentes o ulteriores, c) La indemnización de los daños y perjuicios causados y d) la apropiación por el perjudicado del lucro obtenido con la intromisión ilegítima en sus derechos[24].

Sin embargo, es posible advertir que en los pocos casos en que el legislador chileno contempla modalidades de reparación *in natura* pueden existir vulneraciones a los derechos de la personalidad de la víctima. A estos supuestos los denominaremos "derechos tutelados con normativa legal expresa" porque la reparación *in natura* se encuentra prevista en la norma de la respectiva ley y los diferenciaremos de los "derechos no tutelados con normativa legal expresa". En este mismo orden los examinaremos.

---

[24]   Un completo estudio de esta Ley en MOLINER et al. (2011).

1. Derechos tutelados civilmente con normativa legal expresa: el derecho a la imagen, el derecho a la integridad física y síquica y el derecho a la paternidad

En lo que concierne a este primer grupo de derechos de la personalidad destaca el derecho a la imagen del competidor, de la integridad física y síquica del consumidor y de la paternidad de la obra tratándose del autor de una obra artística, científica o literaria. Se trata de derechos reconocidos en la ley pertinente, esto es, en la LCD, en la LPC y en la LPIN, cuya tutela se infiere de las distintas disposiciones contenidas en ellas relativas a la vulneración de sus preceptos.

Así, en lo que se refiere a la afectación del derecho a la imagen del competidor se encuentra la publicidad denigratoria. Como hemos referido en otro sitio, este ilícito publicitario no se encuentra expresamente tipificado en la LCD, pero puede reconducirse al artículo 4 literal letra c) y d). En efecto, el primer literal dispone que constituye acto de competencia desleal

> todas las informaciones o aseveraciones incorrectas o falsas sobre los bienes, servicios, actividades, signos distintivos, establecimientos o relaciones comerciales de un tercero, que sean susceptibles de menoscabar su reputación en el mercado. Son también ilícitas las expresiones dirigidas a desacreditarlos o ridiculizarlos sin referencia objetiva".

El literal d) de dicho artículo, en tanto, considera como tal "las manifestaciones agraviantes que versen sobre la nacionalidad, las creencias, ideologías, vida privada o cualquier circunstancia personal del tercero afectado y que no tenga relación directa con la calidad del bien o servicio prestado"[25].

---

[25] Tapia ha precisado con acierto que la diferencia entre el literal c) y el literal d) del artículo 4 radica en la gravedad de la conducta denigratoria que tipifica el artículo 4, cuestión que justificaría que en el literal d) no se acepte la excusa de ser verdaderas las imputaciones

Piénsese en las *aseveraciones falsas sobre la solvencia de un empresario profesional* (una carta dirigida a una comunidad de vecinos poniendo en duda la solvencia de una competidora a la que habían encargado la instalación de un ascensor o asegurando que la empresa desaparecerá por problemas económicos); en *la imputación de actividades ilícitas* (indicar que el producto que ofrece un competidor es una copia ilegal o que el competidor se ha apoderado ilícitamente de sus bases de datos); o en la *denigración de productos sustitutivos o alternativos*[26].

La denigración puede realizarse en la *forma del anuncio*, es decir, en la "difusión" (denigración formal) o en el *contenido de éste* cual es su realización (denigración material) y para que ella se configure no se requiere que el descrédito se materialice, sino que basta que el anuncio sea *apto* para producir tal efecto, siendo relevante en su ponderación las características personales de los destinatarios de la publicidad, especialmente, la edad, el tipo de producto y el contenido del mensaje que se trasmite[27].

Pues bien, frente a, esta especie de publicidad, el competidor puede activar la tutela del artículo 5 de la LCD que, descontando la acción declarativa (consagrada en su literal b) y la indemnización de daños (referida en el literal d.), prevé acciones de reparación *in natura*. Tales son la acción de cesación del acto, o su prohibición si no se ha puesto en práctica, prevista en su literal a.) y la acción de remoción de los efectos

---

(Tapia (2007), p. 90). Como indica Contreras no se exige que tales manifestaciones sean falsas sino que sean ofensivas respecto del competidor y se refieran a circunstancias personales de éste (Contreras (2012), p. 122). Sobre este ilícito publicitario en sede judicial y de autorregulación publicitaria véase López (2022a), pp. 46-60.

[26]   Varios autores (DE LA CUESTA (2002), pp. 179 y 180; VILAJOANA (2011), p. 77 y MARTÍNEZ ESCRIBANO et al. (2015), p. 144).

[27]   LÓPEZ (2022a), p. 49.

del acto, mediante la publicación de la sentencia condenatoria o una rectificación a costa del autor del ilícito u otro medio idóneo, contemplada en su literal d) y que, junto con la indemnización, configuran un sistema de tutela extracontractual en la LCD[28].

En caso de que se afecte la imagen del consumidor pareciera no haber tutela en la LPC. Pero lo cierto es que una detenida revisión del artículo 50 de dicha ley contempla un sistema de tutela del consumidor que considera, en lo que aquí interesa, hacer cesar el acto que afecte el ejercicio de los derechos de los consumidores u obtener la debida indemnización de perjuicios o la reparación que corresponda[29]. Si la afectación se realiza a través de la publicidad comercial, estaremos ante un supuesto de publicidad abusiva, como acontece tratándose de la publicidad sexista y de la hipersexualización del niño, niña y adolescente (NNA)[30] en que se vulnera el derecho a la imagen y el derecho a la integridad física y síquica de ambos colectivos de consumidores.

En lo que refiere al derecho a la imagen, a pesar de que este no está reconocido respecto de todo individuo en ninguna norma contenida en la CPR o en una ley especial destinada al efecto, ha sido admitido en la dogmática chilena[31]. Particular relevancia adquiere el caso del NNA, pues el artículo 34 de la

---

[28] A este sistema nos hemos referido en LÓPEZ (2021b), pp. 83-95.

[29] Sobre este sistema de tutela véase ISLER (2019), pp. 196-207.

[30] En lo que refiere a la hipersexualización de menores una primera aproximación antes de la Ley 21.430 en varios autores (ISLER (2020), pp. 119-132 y López (2021a), pp. 655-658) y con posterioridad a ella en LÓPEZ (2023a). Tratándose de la publicidad sexista véase varios autores (RIZIK (2020), pp.143-154 y López (2021a), pp. 639-646).

[31] Varios autores (Corral (2001), pp. 161-162; Nogueira (2007), pp. 245-285 y Aillapán (2016), pp. 435-462).

Ley 21.430 sobre garantías y protección integral de los derechos de la niñez y adolescencia, de 15 de marzo de 2022, le reconoce el derecho a la imagen expresamente, activando la tutela judicial y administrativa prevista en dicha ley[32] y confluye

---

[32] La *tutela judicial* está prevista en el artículo 57 punto 5 como aquella protección específica de carácter especializado que corresponde a los tribunales de justicia ante casos de NNA vulnerados en sus derechos fundamentales con el objeto de restituir el ejercicio de sus derechos y reparar las consecuencias de las vulneraciones. Es excepcional en dicha ley y se realiza mediante el ejercicio de la función jurisdiccional especializada establecida en la Ley N° 19.968 que crea los Tribunales de Familia, revistiendo éstos una competencia original y otra derivada. La *tutela administrativa*, en cambio, pertenece a las Oficinas Locales de la Niñez y comprende la protección universal como la especializada. Su tramitación está prevista en el artículo 72 de la Ley que prevé su iniciación de oficio o a petición de parte por cualquiera que tenga interés. Particular relevancia adquiere el artículo 68 letra e) y g) de la Ley que establece como medidas de protección que pueden adoptar dichas oficinas derivar a tratamiento médico, psicológico o siquiátrico o gestionar la internación, en algún centro de salud público o privado, del NNA que lo requiera o de su padre, madre, representantes o responsables, así como cualquier otra medida idónea, debidamente fundada a fin de preservar o restituir los derechos dentro de los límites de competencia de las Oficinas Locales de la niñez. Particular importancia adquiere la acción de tutela administrativa de derechos prevista en el artículo 60 que dispone que todo NNA, o cualquier persona en su nombre e interés, podrá interponer una acción de garantía de los derechos ante la Secretaría Regional Ministerial del Ministerio de Desarrollo Social y Familia, las Direcciones Regionales del Servicio Nacional de Protección Especializada a la Niñez y Adolescencia o las Oficinas Locales de la Niñez, en razón de riesgos, amenazas o vulneraciones que afecten los derechos y garantías que a ellos corresponden, con el fin de que los órganos competentes tomen las medidas necesarias para hacer cesar la afectación de sus derechos.

con las medidas de protección de la Ley 19.968[33], cuyo propósito es interrumpir la vulneración de los derechos de un NNA.

En efecto, el artículo 34 señala que corresponde a los padres y/o madres, representantes legales o quienes los tengan legalmente a su cuidado, la protección de la propia imagen de sus hijos si su edad y grado de madurez así lo requiriesen, debiendo escuchar siempre la opinión del NNA y atendiendo su interés superior. Agrega que toda persona, sea natural o jurídica, debe respetar este derecho, especialmente, los medios de comunicación y los profesionales de la comunicación en el desempeño de su rol y ejercicio de sus funciones. Finalmente, el artículo es categórico en prohibir la exhibición y divulgación de toda información que pueda estigmatizar a un NNA o afectar su imagen, honra o reputación, causarle menoscabo o dañar sus intereses y, en particular, divulgar su imagen, prohibición que permitiría proscribir la hipersexualización del NNA[34].

Claro está que la vulneración del derecho a la imagen conlleva, en el caso del NNA, la afectación de la integridad síquica (pues se instaura un estereotipo que le genera cuestionamientos y distorsiones en la percepción de su propia imagen, focalizándose la afectación en su madurez y en el rol que les cabe en la sociedad, pues transitan abruptamente desde la infancia a la adultez y, en el segundo, se cosifica y denigra a la mujer) e incluso la integridad física del NNA si los estereotipos ideales son inalcanzables y afectan su imagen física, acarreándole complejos estéticos, trastornos depresivos, ansiedad y frustración por no alcanzar la apariencia deseada.

---

[33] Un análisis en ILLANES- SAAVEDRA (2022), pp. 332-349.

[34] Este artículo lo hemos invocado como el principal argumento para sustentar normativamente el repudio a la hipersexualización del NNA. Véase LÓPEZ (2022b), pp. 143-148 y más recientemente LÓPEZ (2023a).

Tratándose de la publicidad sexista, la denigración de la imagen de la mujer valiéndose de estereotipos asociados a tareas del hogar o que la cosifican y la explotan como objeto sexual incide en la percepción y valoración que tiene de ella misma, lo que afecta la integridad síquica de las consumidoras que frente a este tipo de anuncios se ven disminuidas y menospreciadas. De allí que el Consejo de Autorregulación y Ética Publicitaria (CONAR), en los distintos dictámenes que ha pronunciado con ocasión de reclamos que se le han formulado por esta especie de publicidad, haya asentado que esta última constituye una publicidad estereotipada y discriminatoria[35], constatación que permite aseverar que ella vulnerará el derecho de igualdad ante la Ley y, por consiguiente, el derecho del consumidor de no ser discriminado arbitrariamente por el proveedor de bienes y servicios, consagrado en el artículo 3 c) de la LPC.

Finalmente, otro supuesto de afectación a la integridad síquica se advierte en las prácticas agresivas dirigidas al consumidor, esto es, en las que a través de acoso, coacción o influencia indebida afectan su libertad de elección, que lo determina para que adopte una decisión de consumo que de otra forma no habría adoptado[36]. Nuestro legislador no las contempla expresamente con carácter general en la LPC, sino solo a propósito de la cobranza extrajudicial en los incisos undécimo y duodécimo del artículo 37 introducidos por la Ley 21.230 de 20 de abril de 2021 a la LPC.

En efecto, el primero de tales incisos indica que no se da cumplimiento a los principios que deben regir las cobranzas judiciales —cuales son la proporcionalidad, razonabilidad, jus-

---

[35]   LÓPEZ (2021a), pp. 638-639-641.

[36]   Sobre estas prácticas en la doctrina comparada, véase varios autores (GONZÁLEZ (2019) y AGUILAR (2020)). En nuestra doctrina, LÓPEZ (2023b).

tificación, transparencia, veracidad, privacidad del hogar, respeto a la dignidad y, en lo que aquí interesa, a la integridad síquica y física del consumidor—[37], cuando el proveedor del crédito o la empresa de cobranza efectúe más de un contacto telefónico o visita por semana con el objeto de poner en conocimiento del deudor la información a que se refiere el inciso sexto de dicho artículo[38]. Añade, además, que tal infracción se verifica cuando respecto de otras actuaciones de cobranza extrajudicial, efectuadas a través de otros medios tales como correspondencia por correo, mensaje de texto, correos electrónicos o aplicaciones de mensajería instantánea, se realicen más de dos gestiones por semana, las que deberán contarse con una separación de, al menos, dos días.

El inciso duodécimo del artículo 37 también repudia otras conductas destinadas a acosar al consumidor. Así, prescribe que las actuaciones de cobranza extrajudicial no podrán considerar el envío al consumidor de ninguna clase de documento, mensaje o comunicación que sea, aparente ser o haga referencia a un escrito, resolución o actuación judicial de toda especie; de comunicaciones a terceros ajenos a la obligación en las que se dé cuenta de la morosidad; de visitas a la morada del deudor o llamados telefónicos durante días y horas que no sean hábiles según el artículo 59 del Código de Procedimiento Civil y, en general, de conductas que afecten a la privacidad del

---

[37] En lo que refiere a tales principios, véase ISLER (2023), pp. 401-413.

[38] Dicha información refiere a que las modalidades y procedimientos de cobranza extrajudicial pueden ser cambiados anualmente en el caso de operaciones de consumo cuyo plazo de pago exceda de un año, en términos de que no resulte más gravoso ni oneroso para los consumidores ni se discrimine entre ellos, y siempre que tales cambios se avisen con una anticipación mínima de dos períodos de pago.

hogar, la convivencia normal de sus miembros o la situación laboral del deudor.

Con todo, una reflexión más detenida revela que tales incisos, al igual que los artículos 17F, 17H, 28 y 37 de la LPC y los artículos 40 Ter de la Ley 19.925, 6 y 8 de la Ley 20.606 y 55 numeral 6 y 7 de la Ley 21.430 constituyen una manifestación normativa del derecho a la libertad de elección de bienes y servicios del consumidor, consagrada en el artículo 3 letra a) de la LPC, derecho en torno al cual es posible articularlas para todo supuesto en que se verifiquen y respecto de todo consumidor[39]. En este caso, al igual que el anterior, se puede activar la tutela prevista la LPC que, como se precisó, contempla la cesación, la indemnización y la reparación.

2. Supuestos no tutelados civilmente con normativa legal expresa: vulneración del derecho a la imagen, a la integridad síquica o física, al honor o a la vida privada respecto de cualquier sujeto

Existen otros casos que se añaden a los examinados en el apartado precedente, en los que la reparación *in natura* no está prevista en términos generales ni en su totalidad ni en parte, como acontece con el derecho a la imagen, a la integridad síquica o física, al honor o a la vida privada respecto de cualquier sujeto.

Ello es así a pesar de que ha existido una especial preocupación del legislador por reconocer la totalidad de estos derechos tratándose del NNA en la Ley 21.430 y algunos de ellos respecto del paciente en la Ley 20.584 que regula los derechos y deberes de las personas en relación con acciones vinculadas a su atención de salud, de 24 de abril de 2012, y de las personas con disca-

---

[39] LÓPEZ (2023b).

pacidad en la Ley 21.331 sobre el reconocimiento y protección de los derechos de las personas en la atención de la salud mental, de 11 de mayo de 2022. Se trata de los casos "no tutelados con normativa legal expresa", de modo que, en principio, podría pensarse que la indemnización es la única vía para alcanzar la reparación integral, si se estima y acredita que ha existido un ilícito civil y se invoca al efecto el artículo 2314 del Código Civil.

Así acontece a propósito del derecho a la imagen, de la integridad física y síquica en general (esto es, sin alusión al consumidor o al competidor) y del derecho al honor y a la vida privada, que han sido explorados en la dogmática chilena, pero sin precisar cómo la víctima podría ser reparada integralmente frente a su afectación, más allá de la indemnización.

La pregunta que surge, entonces, es si es posible alcanzar una reparación más allá de la indemnización de daños, que realmente sea integral en el sentido de dejar a la víctima indemne o lo más cercana a la posición en que se encontraría de no haberse cometido el ilícito. Y nuestra respuesta es afirmativa y, como lo expondremos en el apartado que sigue, se reconduce a abogar por la procedencia de las modalidades de reparación *in natura* en aquellos casos en que no exista norma que los considere como sucede tratándose del honor, de la vida privada o de la imagen de sujetos que no sean consumidores, competidores ni NNA, y de la integridad física y síquica más allá de la publicidad sexista y de la hipersexualización del NNA.

III. LA REPARACIÓN INTEGRAL DEL DAÑO A PARTIR DE LA INCORPORACIÓN DE LA REPARACIÓN IN NATURA

A partir de la respuesta al interrogante anterior, surgen dos preguntas. La primera es ¿cómo contribuyen estas modalidades a la reparación integral del daño? Y la segunda es si podría sustentarse su procedencia en el derecho chileno, cuestión que ya hemos explorado en otro sitio[40], pero no vinculada a esta pregunta, de modo que vale la pena revisitarla brevemente para alcanzar una visión de conjunto.

Exploremos, primeramente, los casos que hemos denominado "tutelados con normativa legal expresa". En primer lugar, el caso del competidor que ha sido objeto de *publicidad denigratoria*: claramente si ha existido daño, instará por la indemnización, pero si retrocedemos en el tiempo de la vulneración, esta podría no ser necesaria. Asimismo, si dicha vulneración persiste, a pesar de haberse intentado la indemnización, o, sin persistir, el competidor no se considera indemne, puede complementarse la indemnización con alguna modalidad de reparación *in natura* prevista en los literales a) y c) del artículo 5 de la LCD.

En efecto, ante dicha publicidad, podría solicitar la corrección del anuncio (art. 5 literal c) y si ella no tiene lugar y persiste la publicidad denigratoria, requerir la cesación (artículo 5 literal a) y la indemnización (artículo 5literal d) e incluso la publicación de la sentencia condenatoria pronunciada contra el infractor (artículo 5 literal b).

Otro tanto puede acontecer en la publicidad sexista y en la hipersexualización del NNA a través de la publicidad comercial, pudiendo requerir el consumidor, según el caso, la cesación del anuncio o del mensaje publicitario o la indemnización de daños, invocando al efecto el artículo 50 de la LPC o la corrección del anuncio, a partir de los principios del *alterum non laedere*, de reparación integral y *proconsumidor*[41].

---

[40]   LÓPEZ (2023c), pp. 505-520.
[41]   Una extensa explicación de esta argumentación en LÓPEZ y DE LA MAZA (2022), pp. 218-226.

La concurrencia de todas estas modalidades de reparación *in natura* determina, entonces, la reparación integral del competidor frente a vulneraciones a su derecho a la imagen, y del consumidor tratándose de dicha vulneración y de aquellas que afecten su integridad síquica y física, a partir de los literales a), c) y d) del artículo 5 de la LCD y del artículo 50 de la LPC, respectivamente.

En el caso que se vulnerara el honor de una persona a través de diferentes expresiones y/o actos o existiera alguna intromisión ilegítima en su vida privada, la cesación, la remoción de los efectos del acto y la publicación de la sentencia también permitirían la reparación integral. Incluso, podría agregarse las excusas o disculpas públicas, que se consagra específicamente en los artículos 12 y 13 de la Ley 19.628 sobre Protección de Datos Personales que establecen el derecho para obtener la eliminación, corrección o bloqueo de información acumulada en base de datos personales respecto de todas las infracciones cometidas por personas privadas o por el organismo público responsable del banco de datos.

Establecida la conveniencia de completar la indemnización con la reparación *in natura,* y habida consideración de que no existe en el ordenamiento jurídico chileno una prelación entre ambas, sino que el derecho de elección de la víctima si el ejercicio de esta opción no es *abusivo*[42], cabe preguntarse si puede abogarse por la procedencia de las distintas modalidades de reparación *in natura* en los casos no previstos por el legislador, puesto que si ello no fuera posible, nuestra propuesta se desvanecería.

Y nuestra respuesta, como lo hemos indicado en otro sitio, es afirmativa en atención a varias consideraciones. La primera

---

[42]   Varios autores (ALESSANDRI (2005), p. 386; CORRAL (2013), p. 376 y BARROS (2020), pp. 982-983).

es que el artículo 2329 alude a "reparar" sin precisar cómo debe efectuarse esta reparación. La segunda es que ella puede dotarse de contenido a partir del sistema de tutela extracontractual contenido en leyes especiales (LPI, LPIN, LLPC, LCD y la Ley de Protección de Datos), posteriores al Código Civil y que, por lo mismo, previeron formas de reparación que el Código Civil no contempló, pero que no por ello son improcedentes[43].

Pues bien, miradas las cosas desde esta perspectiva, no solo debe abogarse por la utilidad de la reparación *in natura* en casos de ilícitos civiles, sino justificar su procedencia general[44], dibujando un sistema de tutela constituido por sus diversas modalidades que permita alcanzar la reparación integral de la víctima en los términos que hemos expuesto.

Este esfuerzo lo hemos acometido en las Terceras Jornadas Nacionales de Profesoras de Derecho Privado, vertebrando dicho sistema a partir del principio del *alterum non laedere* y distinguiendo como especies de reparación *in natura* la cesación o suspensión del acto, las medidas correctivas o de remoción, la publicación de la sentencia y la retractación, excusas o disculpas públicas, como complementarios o alternativas a la indemnización de daños.

Tal desafío nos permitió dotar de contenido la expresión "reparación", antes aludida, y ampliar las posibilidades de reparación de la víctima, contribuyendo a su reparación integral[45], adquiriendo relevancia a propósito de la tutela de la víctima, especialmente, en tópicos que han permanecido prácticamente inexplorados en la doctrina chilena, como ha acontecido

---

[43] LÓPEZ (2023c), pp. 511-515.
[44] Más allá de su articulación en sede de propiedad intelectual PINO (2019a), pp. 33-58, de propiedad industrial PINO (2019b), pp. 795-817 y de competencia desleal LÓPEZ (2021b), pp. 81-95.
[45] LÓPEZ (2023c), pp. 505-520.

tratándose de la vulneración de los derechos de la personalidad al que hemos pretendido aproximarnos en estas líneas.

IV. CONCLUSIONES

De lo expresado en los párrafos precedentes es posible arribar a las siguientes conclusiones:

1. El principio de reparación integral, junto al *alterum non laedere*, ha vertebrado la responsabilidad civil extracontractual, entendiéndose que en virtud de este debe reestablecerse lo más exactamente posible el equilibrio destruido por el daño, reubicando a la víctima en una situación hipotética a aquella en que se hubiera encontrado de no existir este, pero no idéntica, propósito que no solo se alcanza a través de la indemnización, sino también de la reparación en naturaleza y sus distintas modalidades o especies.

2. Recientemente se ha vinculado este principio a los derechos de la personalidad, pero esta aproximación ha sido muy general sin que se examinen detenidamente el derecho a la imagen del competidor, del consumidor y del NNA ni la vulneración de la integridad física y síquica de estos dos últimos, considerando que existen normas específicas que refieren a ellos en la LCD, LPC y Ley 21.430.

3. Una revisión de la reparación de los derechos de la personalidad evidencia que esta no solo se alcanza a través de la indemnización de daños, sino también de modalidades de reparación *in natura*, pudiendo distinguirse supuestos en que tales derechos se tutelan expresamente por el legislador de aquellos en que dicha tutela no es expresa.

4. En el grupo de supuestos expresamente tutelados se advierte la publicidad denigratoria, la hipersexualización de menores, la publicidad sexista y las prácticas agresivas

dirigidas al consumidor; en el de supuestos no tutelados se encuentra la vulneración del derecho a la imagen, a la integridad síquica o física, al honor y a la vida privada respecto de cualquier sujeto.

5. Admitir la reparación en especie, específicamente la cesación del acto o su prohibición si aún no se ha puesto en práctica, la corrección o adopción, la remoción de los efectos del acto, mediante la publicación de la sentencia condenatoria o de una rectificación a costa del autor del ilícito u otro medio idóneo o el perdón del ofendido y construirla con pretensiones de generalidad en los casos no tutelados expresamente, permite alcanzar la reparación integral de la víctima cuyos derechos de la personalidad han sido vulnerados, lo que optimiza su tutela.

BIBLIOGRAFÍA CITADA

AGUILAR OLIVARES, Yolanda (2020): Las prácticas agresivas desleales en el mercado y la tutela del consumidor (Navarra, Editorial Aranzadi).

AILLAPÁN QUINTEROS, Jorge Eduardo (2016): "El derecho a la propia imagen: ¿derecho personalísimo?, ¿derecho fundamental? Precisiones terminológicas para el ordenamiento jurídico chileno", en: Revista chilena de Derecho (Vol. 43, N° 2), pp. 433-459.

ALESSANDRI RODRÍGUEZ, Arturo (2005): De la responsabilidad extracontractual en el derecho civil chileno (Santiago, Editorial Jurídica de Chile).

MOLINER NAVARRO, Rosa- MARÍN GARCÍA DE LEONARDO, Teresa- DE VERDA Y BEAMONTE, José Ramón- PARADA VACA, Orlando- CHAVES PEDRÓN, César, CARRIÓN OLMOS, Salvador-SORIANO MARTÍNEZ, Enrique-CHAPARRO MATAMOROS, Pedro, TALENS VISCONTI, Eduardo Enrique- PLAZA PENADÉS, Javier- DE LA MAZA GAZMURI, Iñigo-Reyes López, María José-García Ortega, Jesús-ATIENZA NAVARRO, María Luisa-Cobas Cobiella, María Elena-CHAPARRO MATAMOROS, Pedro-LÓPEZ ORELLANA, Manuel (2011): Ley Orgánica 1/1982, de 5 de mayo, de protección civil del derecho al honor, a la intimidad personal y familiar y a la propia imagen, De Verda y Beamonte, Ramón(ed.) (Bogotá, Editorial Universidad de Rosario).

DOMÍNGUEZ HIDALGO, Carmen- DURAND-PASQUIER, Gwenaëlle-CLERC-RENAUD, Laurence-BOURDOISEAU, Julien- DOMÍNGUEZ ÁGUILA, Ramón-CERÓN SÁNCHEZ, Javier- RUBIO VARAS, Francisco- PALOMINOS ARAVENA, Orlando- CAPRILE BIERMANN, Bruno- BRUN, Philippe y Philippe, PIERRE -Leduc, Fabrice y MAZEAUD, Denis(2019): El principio de reparación integral en sus contornos actuales. Una revisión desde el derecho chileno, latinoamericano y europeo, en Domínguez Hidalgo, Carmen (edit.), (Santiago, Thomson Reuters).

BARROS BOURIE, Enrique (2020): Tratado de Responsabilidad Extracontractual. (Santiago: Editorial Jurídica de Chile), tomos I y II.

CAPRILE BIERMANN, Bruno (2019): "La reparación convencional o cláusula penal y el principio de la reparación integral del daño" en: Domínguez Hidalgo, Carmen (ed.), El principio de reparación integral en sus contornos actuales. Una revisión desde el derecho chileno, latinoamericano y europeo (Santiago, Thomson Reuters), pp. 341-350.

CERÓN SÁNCHEZ, Javier (2019): "El principio de reparación integral del daño, los baremos y los topes o límites indemnizatorios" en: Domínguez Hidalgo, Carmen (ed.), El principio de reparación integral en sus contornos actuales. Una revisión desde el derecho chileno, latinoamericano y europeo (Santiago, Thomson Reuters): pp. 201-234.

CLERC-RENAUD, Laurence (2019): "El principio de reparación integral confrontado con las funciones de la responsabilidad civil: origen, fundamento y valor constitucional", en: Domínguez Hidalgo, Carmen (edit.), El principio de reparación integral en sus contornos actuales. Una revisión desde el derecho chileno, latinoamericano y europeo (Santiago, Thomson Reuters), pp. 65-82.

CONTARDO GONZÁLEZ, Juan Ignacio (2013): "Artículo 3° E)", en: De la Maza, Iñigo y Pizarro, Carlos (eds.) y Barrientos, Francisca (coord.), La Protección de los Derechos de los Consumidores. Comentario a la Ley de Protección a los derechos de los consumidores (Santiago, Thomson Reuters), pp. 117-132.

CORRAL TALCIANI, Hernán (2001): "La vida privada y la propia imagen como objetos de disposición negocial", en: Revista de derecho de la Universidad Católica del Norte (N° 8), pp. 159-175.

CORRAL TALCIANI, Hernán (2013): Lecciones de responsabilidad civil extracontractual (Santiago, Thomson Reuters).

CORRAL TALCIANI, Hernán (2018): Curso de Derecho Civil. Parte General (Santiago, Thomson Reuters).

DE LA CUESTA, José María (2002). Curso de derecho de la publicidad (Pamplona, EUNSA).

DOMÍNGUEZ ÁGUILA, Ramón (2019a): "Los límites al principio de la reparación integral" en: Domínguez Hidalgo, Carmen (ed.), El principio de reparación integral en sus contornos actuales. Una revisión desde el derecho chileno, latinoamericano y europeo (Santiago, Thomson Reuters), pp. 181-200.

DOMÍNGUEZ ÁGUILA, Ramón (2019b): "Principio de la reparación integral y principio de precaución" en: Domínguez Hidalgo, Carmen (ed.), El principio de reparación integral en sus contornos actuales. Una revisión desde el derecho chileno, latinoamericano y europeo (Santiago, Thomson Reuters), pp. 329-340.

DOMÍNGUEZ, CARMEN (2010): "El principio de reparación integral del daño y su contenido: algunas consecuencias para el derecho chileno", en: Departamento de Derecho Privado Universidad de Concepción (coord.), Estudios de Derecho Civil V (Santiago, LegalPublishing), pp. 671-685.

DOMÍNGUEZ HIDALGO, Carmen (2019a): "Los derechos de la personalidad y el principio de reparación integral del daño" en: Domínguez Hidalgo, Carmen (ed.), El principio de reparación integral en sus contornos actuales. Una revisión desde el derecho chileno, latinoamericano y europeo (Santiago, Thomson Reuters), pp. 83-102.

DOMÍNGUEZ HIDALGO, Carmen (2019b): "El principio de reparación integral del daño y su proyección en materia de daño moral causado por afectación del honor de la persona en Chile", en: Domínguez Hidalgo, Carmen (ed.), El principio de reparación integral en sus contornos actuales. Una revisión desde el derecho chileno, latinoamericano y europeo (Santiago, Thomson Reuters), pp. 123-138.

DURAND-PASQUIER, Gwenaëlle (2019): "Las evoluciones del derecho francés de la responsabilidad civil", en: Domínguez Hidalgo, Carmen (ed.), El principio de reparación integral en sus contornos actuales. Una revisión desde el derecho chileno, latinoamericano y europeo (Santiago, Thomson Reuters), pp. 45-64

GONZÁLEZ, Elisabet (2019): Prácticas agresivas y tutela del consumidor (Madrid, Boletín oficial del Estado).

ILLANES VALDÉS, Alejandra y SAAVEDRA CONTRERAS, Paul (2022): "Protección especializada en el contexto del sistema de garantías y protección integral de los derechos de la niñez y adolescencia. La protección dentro de la protección", en: Ravetllat, Isaac y Mondaca, Alexis, Comentarios a la Ley sobre garantías y protección integral de los derechos de la infancia y la adolescencia (Valencia, Editorial Tirant lo Blanch), pp. 332-349.

ISLER SOTO, Erika (2019): "Una aproximación a las acciones derivadas de la ley N19.496 sobre protección de los derechos de los consumidores", en: Morales Ortiz, María Elisa (dir.) y Mendoza Alonzo, Pamela (coord.), Derecho del consumo: ley, doctrina y jurisprudencia (Santiago, Der), pp. 196-207.

ISLER SOTO, Erika (2020): "La sexualización del menor a través de la publicidad y la reacción del Derecho de Consumo", en: Elorriaga, Fabián (ed.), Estudios de Derecho Civil XV (Santiago, Editorial Thomson Reuters), pp. 119-132.

ISLER SOTO, Erika (2023), "Principios de la cobranza judicial", en: Isler, Erika y Fernández, Felipe (dirs.), GPS CONSUMO. Guía Profesional (Valencia: Editorial Tirant lo Blanch), pp. 401-413.

LLAMAS POMBO, Eugenio (2020): Las formas de reparar y prevenir el daño (Madrid, Wolter Kluwer).

LÓPEZ DÍAZ, Patricia (2021a): "La publicidad abusiva como ilícito que vulnera la integridad física y síquica del consumidor y el derecho a la seguridad en el consumo previsto en el artículo 3 letra d.) de la LPC, en: Isler, Erika (ed.), Seguridad y conformidad en el derecho de consumo: reflexiones actuales (Valencia, Tirant lo Blanch, Valencia), pp. 617-679.

LÓPEZ DÍAZ, Patricia Verónica (2021b): "La publicidad desleal y la tutela del competidor: una aproximación desde el derecho chileno", en: Revista de Derecho Universidad de Concepción (Vol. 89, Nº 250), pp. 59-101.

LÓPEZ DÍAZ, Patricia Verónica (2022a): "La publicidad denigratoria y la tutela de la dignidad del competidor en el derecho chileno: una aproximación desde el Código de ética Publicitaria y desde la Ley 20.169 sobre Competencia Desleal", en: Bernet Páez, Manuel y -Manterola Domínguez, Pablo (eds.), XII Jornadas Chilenas de Derecho Comercial (Valencia, Tirant lo Blanch), pp. 43-65.

LÓPEZ DÍAZ, Patricia Verónica (2022b): "La publicidad abusiva como ilícito publicitario en el derecho chileno", en: López, Patricia y De la Maza, Iñigo, Ilícitos publicitarios y tutela del consumidor: una propuesta de sistematización en el derecho chileno (Santiago, Editorial Thomson Reuters), pp. 127-161.

LÓPEZ DÍAZ, Patricia Verónica (2023a): "La publicidad con el niño, niña y adolescente y la tutela de su dignidad a través de los mensajes publicitarios: un desafío pendiente en el derecho chileno", en: Barrientos Camus, Francisca (ed.), Estudios de Derecho de Familia VII (Santiago de Chile), en prensa.

LÓPEZ DÍAZ, Patricia Verónica (2023b): "Las prácticas agresivas y la tutela del consumidor: una aproximación desde el derecho chileno", en: Latin American Legal Studies, (Vol. 12), en prensa.

LÓPEZ DÍAZ, Patricia Verónica (2023c): "La articulación de un sistema de tutela extracontractual en el derecho chileno y su relevancia en la tutela de la víctima", en: Álvarez Escudero, Rommy, Prado López, Pamela y Saavedra Alvarado, Ricardo (eds.), Estudios de Derecho Privado. III Jornadas Nacionales de Profesoras de Derecho Privado (Valparaíso, Editorial Edeval), pp. 505-520.

LÓPEZ DÍAZ, Patricia y DE LA MAZA GAZMURI, Iñigo (2022): "Las consecuencias de la publicidad ilícita en el derecho chileno", en: López, Patricia y De la maza, Iñigo, Ilícitos publicitarios y tutela del consumidor: una propuesta de sistematización en el derecho chileno (Santiago, Editorial Thomson Reuters).

MARTÍNEZ ESCRIBANO, Celia, HERRERO SUÁREZ, Carmen, MARTÍN GARCÍA, Lirio y HERNÁNDEZ-RICO, José Miguel (2015): Derecho de la Publicidad (Navarra, Aranzadi).

NOGUEIRA ALCALÁ, Humberto (2007): "El derecho a la propia imagen como derecho fundamental implícito. Fundamentación y caracterización", en: Revista Ius et Praxis (Vol. 13, N° 2), pp. 245-285.

PINO EMHART, Alberto (2019a): "Las acciones civiles por infracciones al derecho de propiedad intelectual", en: Revista chilena de derecho y tecnología (Vol. 8, N° 2), pp. 33-58.

PINO EMHART, Alberto (2019b): "Las acciones civiles por infracciones al derecho de propiedad industrial", en: Barría, Manuel, Díez, José Luís, De la Maza, Iñigo, Momberg, Rodrigo, Montory, Gonzalo y Vidal, Álvaro, Estudios de derecho privado en Homenaje al profesor Daniel Peñailillo Arévalo (Santiago, Thomson Reuters), pp. 795-817.

REAL ACADEMIA ESPAÑOLA (2022): Diccionario de la lengua española, Edición del Tricentenario. Disponible en: https://dle.rae.es/ [visitado el 24/07/2023].

RIZIK MULET, Lucía (2020): "Aproximación jurídica a la publicidad comercial discriminatoria. Especial referencia a la publicidad sexista", en: Rizik Mulet, Lucía, Cuestiones actuales de Derecho Privado. Actas de las Primeras Jornadas de Profesoras de Derecho Privado (Valencia, Tirant lo Blanch), pp. 143-154.

RUBIO VARAS, Francisco (2019): "El principio de reparación integral y la valoración del daño moral: el baremo estadístico y jurisprudencial chileno", en: Domínguez Hidalgo, Carmen (ed.), El principio de reparación integral en sus contornos actuales. Una revisión desde el derecho chileno, latinoamericano y europeo (Santiago, Thomson Reuters), pp. 235-272.

VILAJOANA ALEJANDRE, Sandra (2011): Las leyes de la publicidad. Límites jurídicos de la actividad publicitaria (Barcelona, Universitat Oberta de Catalunya).

Normas jurídicas citadas

Constitución Política de la República de Chile, 1980.

Código Civil de Chile, 1955.

Ley N° 21.430, sobre garantías y protección integral de los derechos de la niñez y adolescencia. Diario Oficial, 15 de marzo de 2022.

Ley N° 21.331, del reconocimiento y protección de los derechos de las personas en la atención de salud mental. Diario Oficial, 11 de mayo de 2021.

Ley N° 21.320, modifica la Ley N° 19.496, sobre protección de los derechos de los consumidores, en materia de cobranza extrajudicial y otros derechos del consumidor. Diario Oficial, 20 de abril de 2021.

Ley N° 20.606, sobre composición nutricional de alimentos y su publicidad. Diario Oficial, 6 de julio de 2012.

Ley N° 20.584, regula los derechos y deberes que tienen las personas en relación con actividades vinculadas a su atención en salud. Diario Oficial, 24 de abril de 2012.

Ley N° 20.169, sobre competencia desleal. Diario Oficial, 16 de febrero de 2007.

Ley N° 19.968, crea los tribunales de familia. Diario Oficial, 30 de agosto de 2004.

Ley N° 19.628, sobre protección de la vida privada. Diario Oficial, 28 de agosto de 1999.

Ley N° 19.496, establece normas sobre protección de los derechos de los consumidores. Diario Oficial, 7 de marzo de 1997.

Ley N° 19.039, establece normas aplicables a los privilegios industriales y protección de los derechos de propiedad industrial. Diario Oficial, 25 de enero de 1991.

Ley N° 17.336, propiedad intelectual. Diario Oficial, 2 de octubre de 1970.

Ley Orgánica 1/1982, de 5 de mayo, de protección civil del derecho al honor, a la intimidad personal y familiar y a la propia imagen. Boletín Oficial del Estado, España, 3 de junio de 1982.

Reparación integral del daño por incumplimiento de deber de informar de médico en la relación clínica

EDISON CALAHORRANO LATORRE*

RESUMEN: El presente trabajo plantea el problema referente a la naturaleza jurídica de daño producido por el incumplimiento de deber de informar de médico a su paciente, exclusivamente en el caso de información autodeterminativa, así como la manera en que debe producirse la reparación integral de este daño. Se plantea la hipótesis de que, a diferencia de lo señalado por la doctrina mayoritaria en Chile y la jurisprudencia, la pérdida de la oportunidad no es el único daño que se produce por incumplimiento de deber de entregar información autodeterminativa por parte del médico, debiendo ser utilizado como un mecanismo de solución de la incerteza causal. Se puede afirmar que el daño que se produce en la mayoría de los casos es extrapatrimonial y afecta a la autodeterminación del paciente, independientemente de que se materialice o no un daño corporal. A partir de lo señalado se desarrollan criterios para la avaluación de daño, como su gravedad, la modificación de la condición del paciente, la edad, su calidad de vida; finalmente, se indaga sobre la viabilidad de medidas de reparación *in natura* como complementarias a aquellas pecuniarias.

PALABRAS CLAVE: responsabilidad médica, consentimiento informado, reparación integral, daño extrapatrimonial, daño moral.

---

* Doctor en Derecho por la Universidad de Talca; académico investigador de la Universidad Central de Chile; edison.calahorrano@ucentral.cl, Lord Cochrane 417, Santiago, Región Metropolitana-Chile, ORCID: 0000-0003-0408-5737.

I. INTRODUCCIÓN, ENUNCIACIÓN DE PROBLEMA E HIPÓTESIS

El protagonismo de paciente en la relación clínica ha sido un tema ampliamente explorado desde mediados del siglo pasado y ha significado un giro sustancial a la manera en que se concibe la relación entre el médico y el paciente, que pasa a denominarse relación clínica. El paciente deja de ser un mero receptor y se convierte en un participante activo cuyos intereses, preferencias y contexto son relevantes para asegurar el cumplimiento del estándar de conducta requerido en la atención[1].

Un fenómeno paralelo a lo señalado se ha consolidado progresivamente en el derecho internacional de los derechos humanos y, posteriormente, en las legislaciones nacionales, como es la consagración de un catálogo de deberes y derechos de los pacientes, así como de obligaciones del prestador de servicios de salud. Un derecho del paciente unánimemente tratado en las fuentes señaladas es el de información y emisión de su consentimiento informado como consecuencia de cabal cumplimiento del primero; por otro lado, el prestador de salud tiene el deber de proporcionar la información adecuada, suficiente y oportuna que permita al paciente colocarse en una posición favorable para la toma de decisión[2].

Por lo explicado, un segundo deber del prestador de servicios de salud es recabar el consentimiento informado de paciente[3]. Las consecuencias de la necesidad de cumplimiento

---

[1]   SEOANE (2008), pp. 79-86.
[2]   Varios autores (WILKINSON et al. (2020), p. 90; HOPPE y MIOLA (2016), p. 106; CADENAS (2018), pp. 366-367; AGÓN (2017), pp. 400-406; GALÁN (2020), pp. 755-757; HERNÁNDEZ y CHAHUÁN (2021), pp. 22-23; CALAHORRANO (2021); p. 26).
[3]   BRAZIER y CAVE (2016), p. 264.

de dicho deber corresponden, en primer lugar, a que la entrega de información traslada el riesgo al paciente; en segundo, si el estándar de conducta esperado es cumplido, no se produce ruptura de deber de cuidado; finalmente, se satisface el criterio de humanismo médico en la relación clínica[4].

Los derechos y deberes descritos se refieren a distintos tipos de información que han sido identificados por la doctrina y se encuentran contenidos en la Ley 20.584. Esta regula los derechos y deberes de las personas en relación con acciones vinculadas a su atención de salud, a saber, información autodeterminativa, terapéutica y complementaria[5].

Con base en lo señalado, cada tipo de información tiene un contexto y un titular del deber de transmitirla. Sobre la información autodeterminativa puede decirse que es aquella que debe comunicar el profesional de salud con el fin de situar al paciente en una posición de decisión suficientemente clara respecto de someterse o no a la intervención. La información terapéutica se refiere a la necesidad de transmitir los riesgos inherentes a la actuación o que, a pesar de no ser propios de la intervención, se presentan como graves y pueden comprometer de manera importante la salud del paciente. Finalmente, la información complementaria se refiere a la económica y aquella relacionada con los recursos disponibles para los pacientes, incluido mecanismos de reclamo y queja, entre otros.

El titular del deber de informar en la relación clínica, tanto sobre la información de carácter autodeterminativo como terapéutico, en cada procedimiento, es el médico responsable de este. En el caso en que sea un equipo médico el que haya actuado, a pesar de que exista un médico responsable o coordinador del cumplimiento de los deberes de información del

---

4   ORTIZ (2021), pp. 33-35.
5   MACÍA (2020), pp. 347-358.

equipo, cada profesional tratante es titular de la obligación de entregar la información sobre la intervención a realizar.

La doctrina en Chile ha señalado que el incumplimiento del deber de informar se identifica con el daño de pérdida de la oportunidad de haber decidido de forma distinta si se logra comprobar el nexo causal entre la falta o incompletitud de información y el riesgo materializado[6]. También se ha identificado el daño moral como consecuencia, aunque bajo la necesidad de trascendencia desde una noción restrictiva como *pretium doloris* a una amplia que permita cubrir las diferentes formas de daño extrapatrimonial[7].

Una vez identificadas la obligación y las aproximaciones hacia el daño, la presente ponencia pretende hacerse cargo de la valoración de daño extrapatrimonial identificado y cómo lograr lo más cercano a la reparación integral.

La necesidad de brindar contornos y criterios objetivos a la avaluación judicial del *quantum* indemnizatorio desde el razonamiento señalado parte de que el criterio central que debe cuidar el juez es la prudencia al fundamentar la reparación.

Si se traslada este cuestionamiento al caso planteado, los problemas jurídicos que se ponen bajo consideración son: ¿bajo qué criterios una persona razonable puede considerar que se ha producido un daño a su esfera extrapatrimonial porque el prestador de servicios de salud no le informó sobre la causa de este en el contexto de la relación clínica? ¿Qué mecanismos permiten reparar la integralidad del daño extrapatrimonial identificado?

En consecuencia, se plantea la hipótesis de que, respecto a la reparación de daño extrapatrimonial que se produce ante el incumplimiento de deber de informar del prestador de salud

---

[6]   Varios autores (PIZARRO (2017), p. 50; VIDAL (2020), pp. 237).
[7]   BARRIENTOS (2008), p. 102.

al paciente, la avaluación de daño es producto del razonamiento judicial a la medida del caso, el que debe estar justificado en la *ratio decidendi* de la sentencia. Para esto, se deben tomar en cuenta en la admisibilidad y valoración de la prueba criterios como el tipo de información no entregada, incidencia en la toma de decisión, gravedad de las consecuencias manifestadas en otros tipos de daño convergentes, modificación de la situación existencial de la víctima, asimetría de la relación evaluada y dificultades respecto al acceso a los medios de prueba.

Los objetivos de la ponencia son, en primer lugar, caracterizar los tipos de daños que pueden producirse por el incumplimiento del prestador de salud en su deber de informar y su alcance, desarrollar los criterios propuestos para la avaluación de los daños extrapatrimoniales por el incumplimiento en análisis y proponer mecanismos no pecuniarios de reparación integral de daño extrapatrimonial.

El método que se utilizará para la comprobación de la hipótesis y tratamiento de los objetivos planteados es el dogmático en conjunto con el analítico, partiendo de un análisis inductivo del estudio de normativa y jurisprudencia que contienen elementos particulares, hacia la construcción de la reparación integral del daño por incumplimiento de deber de informar de médico. Se acudirá además al método comparativo para el contraste de los hallazgos con las respuestas entregadas por el derecho comparado.

II. EL DAÑO POR INCUMPLIMIENTO DE DEBER DEL MÉDICO DE ENTREGAR LA INFORMACIÓN AUTODETERMINATIVA AL PACIENTE

Con base en lo señalado, se parte de que la doctrina y jurisprudencia nacionales identifican el daño por incumplimiento de deber de informar del médico como pérdida de la oportunidad. Sin embargo, también se ha explicado que puede identificarse como daño moral, extendiendo los contornos de la noción más clásica de esta institución hacia la de un daño extrapatrimonial.

En el ámbito de la responsabilidad médica, la jurisprudencia se ha decantado en fallos recientes por una concepción amplia de daño moral como en el de la Corte Suprema Rol 19.284 de 27 de agosto de 2019[8], donde cita la reciente doctrina sobre la materia. Es la tendencia que, como se observará más adelante, ha permanecido hasta la jurisprudencia del presente año. Así se ha consolidado la noción de daño extrapatrimonial.

En la doctrina nacional se ha ensayado una taxonomía de aquellos tipos de daños que podrían acudir a la noción amplia de daño moral que ha sido adoptada por la jurisprudencia en el fallo aludido previamente. El *pretium doloris* se reserva al daño emocional traducido en la amargura o angustia emocional, el cual ha sido atribuible también a las víctimas por rebote[9]. El sufrimiento como daño moral puede estar ligado a daños a la integridad física; así, el dolor provocado por el tratamiento, las heridas, la pérdida de la autoestima. En algunos casos este daño puede tener mayor protagonismo que la afectación física como tal[10].

Comprender el daño por incumplimiento del deber de informar del médico con fines autodeterminativos nos convoca a aproximarnos al reconocimiento del interés afectado por el

---

[8] En el fallo se señala la necesidad de superación de concebir el daño moral como *pretium doloris* y asumir el contenido más amplio posible de daño. Esta misma fórmula se ha repetido en los siguientes fallos de la Corte Suprema Rol 36.875-2021 de 03 de febrero de 2022; Rol 34.816-2016 de 24 de abril de 2017; Rol 16.971-2018 de 13 de agosto de 2019; Rol 43.707-2017 de 21 de agosto de 2018.

[9] CORRAL (2013).

[10] BARROS (2020), pp. 337-339.

incumplimiento del deber de informar y acudir a la noción más amplia posible de daño moral[11], trascendiendo al concepto de daño extrapatrimonial, así como la posibilidad del reconocimiento de daños autónomos, sin incurrir en un enriquecimiento injustificado. Para ello es necesario acudir a criterios que permitan al juez fundamentar el *quantum* indemnizatorio. En este caso, los criterios son el tipo de información omitida, la relevancia de la información respecto de la colocación del paciente en un adecuado sitial para la toma de decisiones, la convergencia de otros tipos de daño como el corporal, psíquico y psicológico, la intensidad de la asimetría de la relación clínica en concreto y la posición de garante del tratante frente al paciente respecto de derechos como la seguridad y la calidad asistencial.

Respecto del daño moral, si bien no existe un concepto unívoco, su acepción más restringida se relaciona con el pesar, dolor o aflicción que experimenta la víctima y que se conoce como *pretium doloris*. Sin embargo, esta visión, como ya se ha dicho, ha dado paso tanto en la doctrina como en la jurisprudencia a considerar una concepción más amplia de tal concepto a fin de reparar todas las especies de perjuicios morales y no solo el *pretium doloris*, toda vez que en cada una de ellas hay atentados a intereses extrapatrimoniales diversos[12].

La noción del daño moral ha avanzado a una comprensión más amplia que el mero padecimiento psicológico o *pretium doloris*, debiendo entenderse a partir de la fractura del proyecto de vida de la persona debido al accidente, lo que impacta en la esfera de la personalidad de la víctima. De ahí que, a partir de la autodeterminación de la persona a trazar su propio proyecto de vida, deba repararse la afectación a las diversas facetas de su existencia. Esto permite ampliar la noción del daño moral y

---

[11]   BARROS (2020), pp. 227-228.
[12]   Corte Suprema, Rol N° 34.836-2016, 25 de abril de 2017.

recoger como daños específicos la pérdida de agrado, el perjuicio corporal, el daño fisiológico, estético u otros[13].

En relación con lo señalado, se recabarán algunas respuestas que dan ordenamientos jurídicos comparados. Aunque no ha sido la línea jurisprudencial principal en la materia, ha aparecido en España la tendencia a reconocer un daño a la autonomía como entidad independiente.

Se ha establecido por la doctrina que:

> la mera omisión de información no genera responsabilidad si no se materializa el riesgo del que no se ha informado, sin que quepa reconocer la existencia de un daño moral autónomo derivado de la mera lesión del derecho de autodeterminación del paciente cuando no se ha producido daño físico alguno[14].

Es la línea jurisprudencial mayoritaria del Tribunal Supremo. El fundamento del razonamiento se encuentra en evitar la posibilidad real de que un profesional de la salud pueda ser condenado a indemnizar a su paciente por incumplir su deber de información, a pesar del cumplir la *lex artis* referente al tratamiento.

A pesar de lo mencionado, el Tribunal Supremo español ha reconocido el daño a la autonomía de manera independiente y lo ha ligado a los derechos fundamentales de autonomía y la libertad, en los fallos STS de 12 de enero de 2001 y 11 de mayo de 2001. Esto fue reforzado en el fallo del Tribunal Constitucional 37/2011 de 28 de marzo de 2011 que lo vincula al derecho del paciente a su integridad.

La jurisprudencia del Tribunal Supremo español ha afirmado reiterativamente que el consentimiento forma parte y pre-

---

[13]   Corte Suprema, Rol N° 33.990-2016, 27 de diciembre de 2016.
[14]   SANTOS (2018), p. 29.

supuesto de la *lex artis*[15], exigencia ética y legalmente exigible al facultativo. Otro conjunto de jurisprudencia se ha referido a que la actitud del médico, sin obtener el consentimiento informado, provoca la asunción de los riesgos no informados por este al cercenar el derecho del paciente a decidir si someterse o no a la intervención[16].

En concordancia con lo señalado, resulta relevante revisar el fallo de la Tercera Sala del Tribunal Supremo español, de 4 de abril de 2000, en el que se materializa un riesgo inherente de paraplejia derivado de una cirugía de coartación aórtica congénita, sin que este haya sido informado al paciente menor de edad ni a su padre; tampoco se solicitó autorización verbal o escrita para la intervención. El daño es considerado como resarcible de manera autónoma, a pesar de que la cirugía fue llevada a cabo en cumplimiento de la *lex artis*. El Tribunal señala que la situación de inconsciencia provocada supone por sí misma un daño moral grave, distinto y ajeno al daño corporal derivado de la intervención. Para la valoración se recurre al baremo de la Ley de Responsabilidad Civil y Seguro de vehículos de motor, de manera orientativa.

Otro fallo del Tribunal Supremo que sigue esta misma línea es el STS de 13 de mayo de 2011, que versa sobre el consentimiento informado del paciente para la intervención exploratoria de un menisco dañado mediante artroscopia. En el quirófano, el tratante decide que la cirugía programada es innecesaria y genera un cambio de intervención sin consentimiento del paciente, consistente en la extracción de la plica medial. Se define en el fallo indicado que la información previa y la obtención del consentimiento constituyen elementos esenciales de la *lex artis*, por cuanto debe dedicarse a esta labor tiempo

---

[15] Tribunal Supremo español, STS 29 de mayo de 2003, 23 de julio de 2003, 21 de diciembre de 2005.

[16] Tribunal Supremo español, STS 25 de octubre de 2005.

y esfuerzo para lograr que el paciente pueda valorar y decidir adecuadamente para hacerse cargo de las consecuencias de la intervención.

La intervención realizada, sin consentimiento del paciente, no produce un daño corporal; sin embargo, se valora según daño a la privación del paciente de conocer los riesgos y beneficios de la intervención, que se configura en un daño moral grave y lesión del derecho a la autonomía del paciente[17].

Otros fallos, llevados a cabo en la sala de lo Contencioso Administrativo STS 2 de enero de 2012 y de 4 de junio de 2013, y también el fallo de la sala civil STS de 8 de septiembre de 2015, consideran el daño a la autonomía como distinto e independiente del daño corporal. Además, enfatizan la idea de que el profesional puede ser condenado a indemnizar por el incumplimiento de sus deberes de información, sin que se incumpla la *lex artis* respecto al tratamiento.

En la doctrina española[18] se han encontrado, al menos, cuatro partidas indemnizatorias respecto del incumplimiento del deber de informar del prestador de servicios de salud en la relación clínica que son: daño corporal, daño moral, daño a la autodeterminación del paciente y la pérdida de la oportunidad. El daño a la autodeterminación del paciente aparece ante la falta de información o información incompleta con lo que el profesional de salud falta de manera grave a sus deberes humanistas. En segundo lugar, se ha señalado que habría daño a la autodeterminación del paciente ante la ausencia de información o información incompleta sobre las consecuencias de la intervención o riesgos graves, o inherentes materializados: el daño corporal provocado por este hecho es independiente.

---

17   MACÍA (2020), p. 325.
18   MACÍA (2020), pp. 366-384.

En la doctrina inglesa se ha profundizado respecto del denominado daño *injury to autonomy*[19], a partir de los esfuerzos de sistematización del profesor Tsachi Keren-Paz. Este autor parte de la comprensión de autonomía conforme con la posibilidad de que la persona pueda hacer su propia vida y la capacidad del ser humano de autogobernarse, lo que nos evoca la jurisprudencia norteamericana de inicios del siglo pasado que cimentó la doctrina del consentimiento informado en el *right of privacy*, reflejado jurisprudencialmente en el voto del juez Benjamin Cardozo en el fallo Schloendorff v. The Society of the New York Hospital:

> Every human being of adult years and sound mind has the right to determine what shall be done with his own body; and a surgeon who performs an operation without his patient's consent commits an assault, for which he is liable in damages[20].

Regresando al planteamiento inicial, el autor distingue tres vertientes de daño a la autonomía. La primera está relacionada con privar al sujeto de poder consentir la modificación de una situación a otra; en segundo lugar, la modificación de su situación a una relativamente inferior, sin el respeto de su consentimiento; y la tercera, la pérdida de autonomía como consecuencia de la vulneración de un interés previamente protegido[21]. Son necesarias las dos primeras vertientes en el presente trabajo.

Para explicar el primer supuesto, se cita un caso emblemático de la jurisprudencia inglesa, resuelto por la House *of Lords, Chester vs. Afshar*, de 14 de octubre de 2004, icónico en materia de causalidad y que ya ha sido abordado previamente. En este caso, una paciente, por consejo de su médico, se somete a una

---

[19]   PURSEHOUSE (2015), pp. 229-249.

[20]   Corte de Apelaciones de Nueva York, Schloendorff *v. The Society of the New York Hospital*, 14 de noviembre de 1914.

[21]   KEREN-PAZ (2018), pp. 586-590.

operación de columna, sin que este tratante le manifieste un riesgo poco probable, 1 o 2 %, pero grave e inherente a la intervención, denominado síndrome de *cauda equina*. En este caso, el análisis se centra en la relación causal porque la judicatura (*House of Lords*) consideró que si la paciente hubiera recibido la información adecuada, no se hubiera sometido a la intervención o, al menos, lo hubiera hecho buscando una segunda opinión y aplazando su decisión. Se cumple entonces el primer presupuesto: se privó a la paciente de consentir la modificación de su situación, que en este caso significó una parálisis permanente de sus miembros inferiores.

Los jueces reconocen que el resultado no habría sido diferente de producirse la entrega de información, puesto que las posibilidades de sufrir el síndrome se mantenían; por este motivo, no había certeza causal de que ante la recepción adecuada de la información, la paciente hubiese desistido de la operación, aun cuando se valora la privación de ese derecho a tomar la decisión sobre su integridad. Por otra parte, el cumplimiento de la *lex artis* con referencia al tratamiento no se reprocha, ubicándose el centro de la discusión en la falta de información de un riesgo que se materializa.

En el caso aludido, el daño identificado se refiere a la privación que se hace al paciente de poder decidir autónomamente de qué manera abordar el tratamiento y conocer la integridad de los riesgos asociados. Por tanto, hubo un momento en el que le correspondía a la paciente tomar un papel protagónico en la relación clínica y decidir. Todo ello le fue arrebatado al no comunicarse el riesgo inherente y grave que fue materializado. Estas argumentaciones son el soporte para que el autor concluya que la única manera de configurar el daño no es otra sino la afectación a la autonomía decisoria del paciente[22].

---

[22]   KEREN-PAZ (2018), pp. 608-609. En ambos artículos el autor, de acuerdo con el esquema de tres manifestaciones del daño a la au-

Siguiendo con el análisis de los supuestos que proporciona el autor, el segundo escenario, la modificación de la situación actual de la persona a una inferior sin el respeto de su consentimiento, se aprecia en el caso resuelto por la Corte Suprema de Reino Unido *Montgomery vs. Lanarkshire Health Board,* que ya se ha tratado previamente, e introduce el estándar del paciente razonable en el ordenamiento jurídico inglés. La paciente, enfermera de profesión, consciente de las complicaciones que pueden traer en el parto su condición de obesidad y padecimiento de diabetes, consulta reiteradamente la posibilidad de tener un parto por cesárea, pero el tratante continúa con el proceso de parto natural, el hijo se ve afectado de distocia de hombro y adquiere una discapacidad severa, lo que es un riesgo inherente y grave.

El estándar del paciente razonable se desarrolla en el caso a partir de los conocimientos particulares de la paciente por su profesión y requería el respeto de su historia de valores y preferencias. Se configura, entonces, la segunda forma de vulneración de la autonomía propuesta, la modificación de una situación a otra inferior, entiéndase la discapacidad del menor, sin que se respete la voluntad u obviándose el consentimiento.

---

tonomía (*injury to autonomy*) identifica la extensión de este a lo que se ha configurado como *wrongful genetic connections* o *loss of genetic affinity,* a partir del caso ACB v. Thomson Medical Pte. Ltd. sobre los efectos de no informar una condición genética adversa de un paciente a los familiares, por previa decisión de confidencialidad de este último; así como la divulgación de información adversa en el contexto de fertilidad y autonomía reproductiva. Sobre estos casos en que el daño a la autonomía decisoria emerge claramente, puede consultarse PURSEHOUSE (2017), pp. 13-16; respecto de la recepción de este tipo de daño en la jurisprudencia estadounidense, se puede ver TOMLINSON (2018), pp. 121-123 y RUI HSIEN (2019), pp. 68-87.

La misma categoría, anteriormente señalada, puede verificarse en el caso *Rees vs. Darlington Memorial Hospital NHS Trust*[23], en el que una persona se somete a una esterilización, tras la decisión de no tener hijos. La esterilización se realiza con negligencia, la persona no queda estéril y no tiene conocimiento de eso y, después de la intervención, concibe un hijo. El daño se construye a partir del detrimento físico producido por la maternidad involuntaria; sin embargo, se otorga una compensación por pérdida de la autonomía reproductiva, pues la decisión de la paciente fue no ser madre, distinta e independiente del daño corporal que pudo haberse provocado.

Sobre el daño a la autonomía decisoria como partida indemnizable desde la perspectiva extrapatrimonial y las neurociencias, se han distinguido dos tipos de toma de decisión en las personas, una simplificada e instintiva y otra compleja que requiere formular modelos de actuación hipotéticos para realizar la conducta más adecuada. Este segundo caso requeriría mayor protección y garantía de un grado de autonomía suficiente[24].

III AVALUACIÓN DE DAÑO A LA AUTONOMÍA Y REPARACIÓN INTEGRAL

En Chile, como se ha señalado en un reciente fallo de la Corte Suprema de 16 de noviembre de 2022 Rol 134218-2020[25], el razonamiento que permite al juez llegar al *quantum*

---

[23]   *House of Lords,* Rees (Respondent) v. Darlington Memorial Hospital NHS Trust (Appellants), 16 de octubre de 2003, [2003] UKHL 52.

[24]   CHAU y HERRING (2021), p. 104.

[25]   En el fallo se señala: "Al respecto, es necesario precisar que, si bien se ha reconocido que la regulación del quantum del daño moral corresponde al ámbito prudencial de los jueces del fondo, lo cierto es que ello no es absoluto, puesto que no puede aceptarse como fundamento en este sentido cualquier apreciación que pueda ha-

indemnizatorio debe ser justificado en sentencia como parte de la *ratio decidendi*. El razonamiento debe ser convincente para una persona razonable y el objetivo es la proscripción de la arbitrariedad.

Por otro lado, en otro fallo reciente, este en responsabilidad por incumplimiento del deber de información, se parte de los criterios de avaluación contenidos en el artículo 41 de la Ley 19.966 para fijar el *quantum* indemnizatorio en lo que se identifica, además, como un daño a la autonomía decisoria sobre los derechos reproductivos de la paciente[26]. Similar con-

---

cerse, desatendiendo el concepto y los principios que le dan contenido al mismo. De allí la necesidad de que los jueces de la instancia justifiquen la apreciación del daño moral, indicando los elementos que han considerado para tales efectos, en cumplimiento al deber de fundamentación de las sentencias, que tiende a asegurar no sólo la legalidad formal de las resoluciones, sino que también desde lo sustantivo, a reprimir toda arbitrariedad, en el ejercicio de esta labor, la que debe encontrar sustento racional en el mérito de los antecedentes allegados al proceso. Todo lo cual determina que, en definitiva, la decisión sobre la indemnización de perjuicios que se establece en el fallo cuestionado no encuentre debido fundamento, tornándose caprichosa o arbitraria y no cumpla con las exigencias formales establecidas por nuestro legislador para la dictación de las sentencias, así como también, con el mandato legal de reparar en forma equitativa el daño sufrido por la víctima".

[26] Corte Suprema, Rol 132.045-2020 de 14 de noviembre de 2022. En el fallo se señalan dos relevantes conclusiones. La primera, respecto del tipo de daño identificado, contenida en el considerando primero de la sentencia de remplazo; y la segunda, sobre los criterios para la avaluación del daño, contenidos en los considerandos 7 al 9: "Es necesario, de manera preliminar, delimitar que no se trata de una causa por indemnización en razón del nacimiento del hijo de la demandada. Así como lo entiende la Corte, es un caso de perjuicios causados por la administración atendida una falta de servicio que se traduce en otorgar el tratamiento que se habría indicado para efectos de la esterilización. El nacimiento del hijo de la demandante

clusión parece señalarse en el fallo de la Corte Suprema Rol 42.895-2021 de 05 de mayo de 2022 en el contexto de falta de servicio de Servicio de Salud de Coquimbo ante un deficiente cumplimiento de deber de informar con secuelas físicas graves en el post operatorio[27].

---

no es, entonces, lo indemnizable. Se trata, en este caso, de la determinación en la falta de servicio incurrida por la Administración, quien no respetó la voluntad expresa de la paciente respecto de sus derechos reproductivos, en orden a no procrear nuevos hijos. Este factor de imputación se relaciona estrechamente con el derecho que tiene la mujer de definir, dentro de las prestaciones legales y aquellas puestas a su disposición, la planificación familiar que más se acomode a sus condiciones materiales concretas.

Esto lleva a la conclusión que el estado anímico de la demandante se vio objetivamente dañado producto de las consecuencias de las acciones médicas llevadas adelante por la demandada, tal como fue antes reseñado. En cuanto monto de la indemnización por daño moral, el artículo 46 de la Ley N° 19.966 indica: "La indemnización por el daño moral será fijada por el juez considerando la gravedad del daño y la modificación de las condiciones de existencia del afectado con el daño producido, atendiendo su edad y condiciones físicas. No serán indemnizables los daños que se deriven de hechos o circunstancias que no se hubieran podido prever o evitar según el estado de los conocimientos de la ciencia o de la técnica existentes en el momento de producirse aquéllos". Los daños en el presente caso son de corte psicológico y han generado una situación tal que la actora ha debido iniciar un tratamiento farmacológico, atendida la precaria situación económica, social y familiar que le aqueja. Si bien es imposible medir en términos económicos exactos el detrimento moral, la Corte, dadas las especiales características de la demandante, su entorno familiar, su padecimiento, su confianza quebrada en un sistema de salud que le informó torcidamente la intervención quirúrgica realizada y que derivó en aquello que ella, dentro del margen de la autodeterminación en materia de planificación familiar, podía reclamar, esta Corte fijará la indemnización reparatoria en $15.000.000.".

[27] Se vincula en dicho fallo la falta de información en el post operatorio con el daño producido, sobre el daño moral se menciona:

En el caso de daño por incumplimiento del deber de informar, como se ha dicho en el acápite anterior, nos enfrentamos a una afectación a la autonomía decisoria que es un derecho de la personalidad, por lo que nos encontramos frente a un daño extrapatrimonial que puede requerir resarcimiento *in natura* como forma más perfeccionada de reparación. En efecto, Carmen Domínguez ha señalado:

> En efecto, en el caso de la reparación específica, también conocida como *in natura*, lo que se le otorga a la víctima es un equivalente, pero siempre en el nivel compensatorio. Es cierto que, en principio, se sostiene que esta forma de reparación es la más perfecta, porque repone a la víctima exactamente en la situación en que se encontraba antes de la producción del daño. No obstante, es cierto también que ello, en muchos

---

"Que, finalmente, en lo relativo al daño moral demandado por los padecimientos al estar por siete meses con la prótesis mal colocada, dolor por las reiteradas cirugías y demás procedimientos, se procederá a regular prudencialmente el monto de la reparación en la suma de $10.000.000. el cual se tendrá por probado con el mérito del informe pericial sicológico evacuado por la profesional doña Alicia Rodríguez Zepeda quien, entre sus conclusiones señala lo siguiente: "Hubo daños y perjuicios sufridos por la demandante. En lo específico se desarrolló un cuadro de Estrés Post traumático posterior a la experiencia hospitalaria comprendida entre los meses de enero a abril del año 2015 (hospitalización y control médico ambulatorio), con una serie de síntomas que han afectado su vida cotidiana, entre los que destacan, recuerdos dolorosos e intrusivos, trastornos del sueño, temor contante y evitación de toda circunstancia similar a la vivida, evitando espacios geográficos cercanos. 2. La falta de información veraz y oportuna y un trato descrito como displicente, frío y distante, carente en general de respeto y trato digno de parte del Doctor Hernández Vidal hacia ella y su familia, no hicieron más que agravar la sintomatología ya descrita". Este informe, apreciado de conformidad con las normas de la sana crítica, da cuenta que la atención deficiente que debió soportar en su estadía en el Hospital San Pablo, causó daño extrapatrimonial a la actora, que deberá ser reparado con una indemnización por el monto ya descrito.".

casos, no es posible (por ejemplo, en los casos de muerte o lesión) y, en los que lo es (por ejemplo, publicación de sentencia que condena la acusación injuriosa), siempre se traduce en el otorgamiento de algo distinto a lo exactamente lesionado, pero que se estima equivalente. La diferencia sólo está en el medio por el cual se procura la equivalencia, que, en este caso, se estima mejor efectuarla por formas de reparación más adaptadas al tipo de daño de que se trata.

En tal sentido, puede afirmarse que, en materia contractual, sólo existe entrega exacta de lo perdido cuando se ejecuta de modo perfecto la obligación. En materia delictual, ello sólo se da ante la ausencia de daño, porque, una vez que la víctima ha sido afectada en sus bienes extrapatrimoniales o en su patrimonio, todo lo que se le entregue a cambio de lo sufrido es compensación, y no recuperación exacta del estado original en que se encontraba[28].

La jurisprudencia reciente ha profundizado en la comprensión amplia del daño moral y se remite a la evolución de esta institución y su carácter expansivo en el reconocimiento de distin-

---

[28] DOMÍNGUEZ (2019). En similar sentido se ha pronunciado sobre la reparación por vulneración de derechos fundamentales, PRADO (2021), p. 87-89, quien ha señalado:
"En Chile, un ámbito en que la relación de complementariedad puede cobrar especial trascendencia es en las modalidades de reparación del daño, en que los estándares del derecho de los derechos humanos se han caracterizado por una mayor creatividad, a diferencia de la jurisprudencia nacional, en que los operadores jurídicos tienden a optar por una reparación de carácter monetaria. En ese orden, nuestro sistema puede verse enriquecido con formas de resarcimiento propias del derecho de los derechos humanos, pudiendo quedar comprendidas en la reparación in natura, y que son susceptibles de ser aplicadas en nuestro sistema, sin que se requiera de una norma constitucional expresa, debido a la plasticidad y amplitud de las normas del título xxxv, del libro iv del CCch.".
En la misma línea se ha pronunciado LÓPEZ (2023), p. 129, al tratar las asimetrías y la noción de débil jurídico.

tos tipos de afectaciones a intereses protegidos jurídicamente[29] y

---

[29] Es así como se señala en Corte Suprema, Rol 33.990-2016 que: "La noción del daño moral ha avanzado a una comprensión más amplia que el mero padecimiento sicológico o pretium doloris, debiendo entenderse a partir de la fractura al proyecto de vida de la persona debido al accidente lo que impacta en la esfera de la personalidad de la víctima. De ahí que a partir de la autodeterminación de la persona a trazar su propio proyecto de vida merezca reparación la afectación a las diversas facetas de su existencia. Esto permite ampliar la noción del daño moral y recoger como daños específicos la pérdida de agrado, el perjuicio corporal, el daño fisiológico, estético u otros.". Otro fallo que amplía los contornos de daño moral es el de la Corte de Apelaciones de Santiago14.148-2019 de 25 de mayo de 2022, c.14, que al identificar su contenido en el caso concreto de amputación de las manos señala: "En consecuencia, la testimonial rendida, consistente en la declaración de una testigo es útil para los fines pretendidos, al permitir presumir en forma grave, precisa y concordante que por el carácter de la amputación padecida por una mujer en edad media cuyo oficio es secretaria, ella ha padecido daños y dolores físicos, además de afectaciones en su imagen corporal, situaciones que conllevan una aflicción psíquica que se traduce en angustia, congoja, desgano y que configura el daño moral alegado, que debe ser reparado.". La amplitud de la comprensión de daño moral se ratifica también por la Corte de Apelaciones de Concepción en fallo Rol 58-2021 de 07 de enero de 2022, que señala: "El daño moral, consiste en el pesar, dolor o molestia que sufre una persona en su sensibilidad física o en sus sentimientos, creencias o afectos. La Excma. Corte suprema se ha decantado por las lesiones a bienes de la personalidad, pero también aquellos vinculados a las lesiones corporales, la aflicción psicológica y la pérdida de oportunidades para disfrutar de la vida, tendiendo entonces el concepto un carácter amplio de aplicación -Iñigo de la Maza-. El daño moral se encuentra probado. Los testimonios acompañados, de testigos contestes en el hecho y sus circunstancias esenciales, sin tacha, legalmente examinados, que dan razón de sus dichos, dan cuenta del sufrimiento que tuvo la actora producto de la acción culposa de las demandadas, lo que se tradujo en la afectación propia del daño

se ha aproximado a los criterios de avaluación[30].

Al respecto, resulta relevante traer para análisis el fallo de la Corte Suprema contenido en Rol 94300-2021 de 26 de mayo de 2023 que recurre a la doctrina más generalizada en la jurisprudencia respecto a considerar el daño moral de la manera más amplia posible. Señala:

> Así, la profesora Carmen Domínguez Hidalgo ha manifestado sobre el punto: "Estamos con aquellos que conciben el daño moral del modo más amplio posible, incluyendo allí todo daño a la persona en sí misma física o psíquica, como todo atentado contra sus intereses extrapatrimoniales. Comprende pues el daño moral todo menoscabo del cuerpo humano, considerado como un valor en sí y con independencia de sus alcances patrimoniales". Y agrega: "En suma, el daño moral estará constituido por el menoscabo de un bien no patrimonial que irroga una lesión a un interés moral por una que se encontraba obligada a respetarlo."[31].

---

moral, que si bien tiene una dimensión económica, ello ha de ser regulado prudencialmente por los sentenciadores.".

[30] Respecto a la avaluación de daño moral se ha señalado que no puede desprenderse del caso concreto y los elementos probatorios aportados para su determinación. Así, la Corte de Apelaciones de Santiago ha señalado en el fallo Rol 2073-2019 de 09 de junio de 2022 lo siguiente: "45°. Que, finalmente, en cuanto a los montos fijados en esta fallo a indemnizar, estos sentenciadores tomaron en consideración que, atendido el carácter inmaterial del daño, de difícil cuantificación, pero demostrado de manera indiscutible el daño moral en cuanto a su existencia y a la extensión del mismo en relación a los actores ya singularizados, ha permitido a esta Corte adquirir la convicción de la existencia de una afectación psicológica prolongada en el tiempo y que se origina en hechos como los que han sido acreditados.".

[31] Corte Suprema, Rol 94.300-2021 de 26 de mayo de 2023, c. 16. La misma doctrina ha sido citada reiteradamente en la jurisprudencia sobre responsabilidad médica, tanto por incumplimiento de deber de información, como por otros incumplimientos de la *lex artis*,

Por otro lado, este fallo reviste interés por aplicar de manera sistemática los criterios del artículo 41 de la Ley 19.966 para la avaluación de daño. Estos son: su gravedad, la modificación de las condiciones de existencia de afectado, edad y condiciones físicas. Según ellos, establece contornos y practicidad al criterio prudencial que suele ser utilizado para este objetivo. Así, en el caso concreto se establece:

> Sobre esa base, el detrimento soportado por la niña D.I.O.A. es permanente, se generó al momento de su nacimiento y se desconoce si será remisible en algún momento de su vida, siendo dable recordar que importa un 30% de discapacidad física. Luego, compartiendo ambos padres el dolor o aflicción en tanto espectadores del detrimento de su hija, debe tenerse

---

como sucede en los fallos de la Corte Suprema Rol 123.489-2022 de 09 de mayo de 2023, por la muerte de un paciente debido a la perforación lineal de dos milímetros en el sigmoide; de la Corte Suprema, Rol 80.576-2022 de 27 de marzo de 2023, en el que el daño moral se genera por diagnóstico tardío. En este se señala: "De la redacción de la norma fluye que el legislador quiso precisamente recoger aquella concepción amplia del daño moral, en tanto consigna como indemnizables no solamente el dolor o aflicción propios de un actuar cometido con falta de servicio en materia sanitaria, como sería por ejemplo el dolor físico derivado de una intervención quirúrgica, sino que contempla como un parámetro de avaluación la modificación de las condiciones de existencia del afectado, concepto que, por cierto, abarca también la pérdida de la calidad de vida y la afectación a la voluntad que se producen en el marco de un estado vegetativo."; de la Corte Suprema Rol 59.948-2022 de 22 de marzo de 2023, c. 12, donde se agrega una apreciación interesante en el c. 13 que señala el requisito de gravedad de daño: "En ese orden de ideas, cabe agregar, además, que el daño moral no puede ser confundido con cualquier inquietud o perturbación del ánimo originados en la carencia transitoria de un bien meramente material, pues no puede equipararse con la privación de aquellos bienes que conforman el patrimonio moral de una persona, quedando a la prudencia de estos sentenciadores la fijación de su quantum.".

en cuenta que doña Aracely Aravena padeció, además, un intenso dolor físico durante el parto desarrollado sin anestesia, circunstancia que deberá ser considerada en lo resolutivo[32].

IV. CONCLUSIONES

1. El daño por incumplimiento del deber de entregar la información autodeterminativa al paciente es de carácter extrapatrimonial, autónomo respecto de daños corporales que también puedan presentarse. La importancia del interés afectado y su identificación con el patrimonio moral de la persona justifica identificar el daño a la autonomía como figura independiente.

2. La teoría de la pérdida de la oportunidad es un instrumento eficaz de responsabilidad proporcional para resolver el problema de establecer el nexo de causalidad entre un daño corporal típico materializado y la omisión o entrega incompleta de información; sin embargo, no parece adecuado tratarlo como un daño ni que por recurrir a ella exista impedimento para considerar el daño de vulneración a la autonomía de paciente.

3. La avaluación de daño por incumplimiento de deber de informar del médico queda a la prudencia del juez en el caso concreto. Sin embargo, los criterios de gravedad, modificación o pérdida de las condiciones de existencia de la persona, edad, condición física, pérdida de la calidad de vida y afectación a su patrimonio moral son parámetros para ser tomados en cuenta para su determinación en el caso concreto.

---

[32]   Corte Suprema, Rol 94.300-2021 de 26 de mayo de 2023, c. 18.

4. La reparación *in natura*, a pesar de ser la más precisa y apegada a la noción de compensación adecuada que manifiesta el principio de reparación integral, no parece aplicable al caso de estudio, por lo que se debe recurrir a la compensación pecuniaria con base en la gravedad del daño, sus consecuencias y la calificación de deber de garante del tratante. La posibilidad de ampliar este tipo de medidas corresponderá al caso concreto y, en todo momento, al esfuerzo por acercarse a la noción de adecuada compensación.

BIBLIOGRAFÍA CITADA

AGÓN, Jorge (2017): Consentimiento Informado y responsabilidad médica (Madrid, Wolters Kluwer La Ley).

BARRIENTOS, Marcelo (2008): "Del daño moral al daño extrapatrimonial: la superación del pretium doloris", en: Revista Chilena de Derecho (vol. 35, N.° 1), pp.85-106.

BARROS, Enrique (2020): Tratado de Responsabilidad Extracontractual, 2.ª edición (Santiago, Editorial Jurídica de Chile) Tomo I.

BRAZIER, Margareth y CAVE, Emma (2016): Medicine, Patients and the Law, 6th edition (Manchester, Manchester University Press).

CADENAS, Davinia (2018): "El consentimiento informado y el rechazo a la intervención o el tratamiento médico por el menor de edad tras la reforma de 2015: estudio comparado en el common law", en: Anuario de derecho Civil (N.° 71); pp. 789-853.

CALAHORRANO, Edison (2021): El derecho al consentimiento informado de las personas mayores en el ámbito de salud: Estándares desde el derecho internacional de los derechos humanos y sus efectos en el ordenamiento jurídico chileno; en: Estudios constitucionales (vol. 19 N.° 1), pp. 4-33. https://dx.doi.org/10.4067/S0718-52002021000100004

CHAU, P.-L. y HERRING, Jonathan (2021): Emergent Medicine and the Law, (Suiza, Pallgrave-Macmillan)

CORRAL, Hernán (2013): Lecciones de responsabilidad civil extracontractual, 2.ª edición (Santiago, Legal Publishing, Chile).

DOMINGUEZ, Carmen (2019): "Los derechos de la personalidad y el principio de reparación integral del daño", en: ed. DOMÍNGUEZ, Carmen, El principio de Reparación Integral en sus contornos actuales (Santiago, Thomson Reuters).

GALÁN, Julio (2020): Responsabilidad Civil Médica, 7.ª edición (Madrid, Thomson Reuters Civitas).

HERNÁNDEZ, Gabriel, CHAHUÁN, Felipe (2021): "Consentimiento informado en las prestaciones de salud", en: Acta Bioethika (vol. 27, N.° 1), pp. 17-25.

HOPPE, Nils y MIOLA, José (2014): Medical Law and Medical Ethics (Cambridge, Cambridge University Press).

KEREN-PAZ, Tsachi (2018): "Compensating Injury to Autonomy in English Negligence Law: Inconsistent Recognition", en: Medical Law Review (vol. 26, N° 4), pp. 585-609.

LÓPEZ, Patricia Verónica (2022): El consumidor hipervulnerable como débil jurídico en el derecho chileno: una taxonomía y alcance de la tutela aplicable en: Latin American legal studies (vol. 10, N.° 2), pp. 340-415. https://dx.doi.org/10.15691/0719-9112vol10n2a7

MACÍA, Andrea (2020): "Daño derivado de la falta de información médica", en: Dir. HERRADOR, Mariano, Derecho de Daños (cuestiones actuales) (Madrid, Francis Lefebvre).

ORTIZ, Manuel (2021): El consentimiento informado en el ámbito sanitario (Madrid: Dykinson).

PIZARRO, Carlos (2017): La responsabilidad civil médica. Monografías (Santiago, Thomson Reuters).

PRADO, Pamela (2021): La reparación por violaciones a derechos fundamentales: ¿es necesario un reconocimiento constitucional expreso? Una mirada desde la reparación de daño en la responsabilidad civil, en: Revista Chilena de Derecho Privado (número temático octubre 2021), pp. 59-100.

PURSEHOUSE, Craig (2015): Liability for Lost Autonomy in Negligence: Undermining the Coherence of Tort Law?, en: Torts Law Journal (N° 22), Available at SSRN: https://ssrn.com/abstract=2733208 [9 de junio de 2023]]

RUI HSIEN, Esther (2019): "Does the Claim for Loss of Genetic Affinity Have Any Place in United States Jurisprudence", en: Drake Law Review (vol. 67, N.° 1), pp. 59-88. Disponible en:

https://heinonline.org/HOL/P?h=hein.journals/drklr67&i=69 [3 de agosto de 2023].

SANTOS, María José (2018): "La responsabilidad médica (en particular en la medicina voluntaria): una relectura desde el punto de vista contractual" en: In Dret (N.° 1), pp. 1-57.

SEOANE, José Antonio (2008): "La relación clínica en el siglo XXI: cuestiones éticas, médicas y jurídicas", en: DS (vol. 16), pp. 79-86.

TOMLINSON, Tracey (2018): "Negligent Disruption of Genetic Planning: Carving out a New Tort Theory to Address Novel Questions of Liability in an Era of Reproductive Innovation", en: Fordham Law Review Online (vol. 87) pp. 113-128. HeinOnline. Disponible en: https://heinonline.org/HOL/P?h=hein.journals/resgest9&i=114 [visitado el 04 de agosto de 2023].

VIDAL, Álvaro (2020): Responsabilidad por negligencia médica, Santiago: Materiales Docentes Academia Judicial. Disponible en: https://academiajudicial.cl/wp-content/uploads/2021/09/03_Responsabilidad-civil-por-negligencia-medica.pdf [visitado el 2 de marzo de 2022].

WILKINSON, Dominic; HERRING, Jonathan y SAVULESCU, Julian (2020): Medical Ethics and Law. A Curriculum for the 21st Century, 3.ª edición (China, Elsevier).

Normas jurídicas citadas

Ley 20.584, regula los derechos y deberes que tienen las personas en relación con acciones vinculadas a su atención en salud. Diario Oficial Chile, 24 de abril de 2012.

Ley 19.966, que establece un régimen de garantías explícitas de salud. Diario Oficial, 03 de septiembre de 2004.

House of Lords, Chester v. Afshar, 1 AC 134, 14 de octubre de 2004.

Ley 41/2002, básica reguladora de la autonomía del paciente y de derechos y obligaciones en materia de información y documentación clínica, España, 14 de noviembre de 2002.

Jurisprudencia citada

Luis Osorio Osorio y otra con Servicio de Salud Aconcagua y otro (2023): Corte Suprema, 26 de mayo de 2023 (Recurso de Casación en el Fondo, demanda de indemnización de perjuicios por falta de servicio), Rol 94.300-2021.

Paola Mansilla Espinoza y otros con Hospital Regional de Valdivia y otro (2023): Corte Suprema, 09 de mayo de 2023, (Recurso de Casación en el Fondo, demanda de indemnización de perjuicios por falta de servicio), Rol 123.489-2022 CL/JUR/18529/2023.

González con Servicio de Salud Metropolitano Oriente y otro (2023): Corte Suprema, 27 de marzo de 2023 (Recursos de Casación en la forma y el Fondo, demanda de indemnización de perjuicios por falta de servicio), Rol 80.576-2022 CL/JUR/11740/2023.

González con Servicio de Salud Metropolitano Oriente y otro (2023): Corte Suprema, 22 de marzo de 2023 (Recursos de Casación en la forma y el Fondo, demanda de indemnización de perjuicios por falta de servicio), Rol.94,859-2022 CL/JUR/11740/2023.

Boris Romero Saavedra con Hipermercado Tottus S.A (2022): Corte Suprema, 16 de noviembre de 2022 (Recurso de Casación en la Forma y en el Fondo, demanda de indemnización por responsabilidad extracontractual), Rol 134218-2020 CL/JUR/42980/2022.

Gloria Ruiz Torres con Servicio de Salud del Reloncaví (2020): Corte Suprema, 14 de noviembre de 2022 (Recurso de Casación en la Forma y en el Fondo, demanda de indemnización por falta de servicio), Rol 132.045-2020.

Mabel Mundaca Valencia con Servicio de Salud Coquimbo y otro (2022): Corte Suprema, 05 de mayo de 2022, (Recurso de Casación en la Forma y en el Fondo, demanda de indemnización por falta de servicio), Rol 42.895-2021 CL/JUR/16357/2022.

Aburto Bórquez y otro con Hospital Clínico de Magallanes (2022): Corte Suprema, 03 de febrero de 2022 (Recurso de Casación en la Forma y en el Fondo, demanda de indemnización por falta de servicio), Rol 36.875-2021 CL/JUR/2680/2022.

Yasna Reyes Loyola y otro con Servicio de Salud Valparaíso San Antonio (2019): Corte Suprema, 27 de agosto de 2019 (Recurso de Casación en el Fondo, demanda de indemnización por falta de servicio), Rol 19.284-2018 de, CL/JUR/4934/2019.

Javier Fariña Roggendorf y otros con Servicio de Salud Concepción (2018): Corte Suprema, 13 de agosto de 2019 (Recurso de Casación en el Fondo, demanda de indemnización por falta de servicio), Rol 16.971-2018 CL/JUR/4653/2019.

José García Canio y otros con Servicio de Salud Araucanía Sur (2018): Corte Suprema, 21 de agosto de 2018 (Recurso de Casación en el

Fondo, demanda de indemnización por falta de servicio), Rol 43.707-2017 CL/JUR/5516/2018.

Maricel Vallejos García con Servicio de Salud Metropolitano Sur Oriente, Corte Suprema, 25 de abril de 2017 (Recurso de Casación en el Fondo, demanda de indemnización por falta de servicio), Rol 34.836-2016 CL/JUR/2454/2017.

María Quezada Gallardo y otros con Colmenares Werner Limitada (2016): Corte Suprema, 27 de diciembre de 2016 (Recurso de Unificación de Jurisprudencia Laboral, acción de indemnización por accidente de trabajo), Rol 33.990-2016, CL/JUR/8712/2016.

Porfiria Navarro Melo con Paz Burgos Acuña y otro (2022): Corte de Apelaciones de Concepción, 07 de enero de 2022 (recurso de apelación e indemnización de perjuicios por responsabilidad contractual), Rol 58-2021 CL/JUR/1030/2022.

Angelina Aragón Rozas y otros con Integramédica Centros Médicos S.A. y otra (2019): Corte de Apelaciones de Santiago, 09 de junio de 2022 (Recurso de apelación, indemnización por daño y perjuicios por responsabilidad contractual), Rol 2073-2019

Magdalena Farías Casas Cordero con Gerardo De La Fuente Ceballos (2019): Corte de Apelaciones de Santiago, 25 de mayo de 2022 (Recurso de apelación, indemnización por daño y perjuicios por responsabilidad contractual), Rol 14.148-2019 CL/JUR/19630/2022.

CL/JUR/21549/2022.

Tribunal Supremo español, STS de 4 de abril de 2000.

Tribunal Supremo español STS de 12 de enero de 2001.

Tribunal Supremo español STS de 11 de mayo de 2001.

Tribunal Supremo español STS de 13 de mayo de 2011.

Tribunal Supremo español STS 2 de enero de 2012.

Tribunal Supremo español STS de 4 de junio de 2013.

Tribunal Supremo español STS de 8 de septiembre de 2015.

Tribunal Constitucional español 37/2011 de 28 de marzo de 2011.

Corte de Apelaciones de Nueva York, Schloendorff v. The Society of the New York Hospital ,14 de noviembre de 1914.

ACB v Thomson Medical Pte. Ltd. [2017] SGCA 20.

Corte Suprema del Reino Unido, [2015] UKSC 11, Montgomery v. Lanarkshire Health Board 11 de marzo de 2015.

House of Lords, Chester v. Afshar, 1 AC 134, 14 de octubre de 2004.

House of Lords, Rees (Respondent) v. Darlington Memorial Hospital NHS Trust (Appellants), 16 de octubre de 2003, [2003] UKHL 52.

CAPÍTULO IV

COMPATIBILIDAD DEL PRINCIPIO DE LA REPARACIÓN INTEGRAL DE LOS DAÑOS CON LA FUNCIÓN PUNITIVA DE LA RESPONSABILIDAD CIVIL

Sobre la función punitiva de la responsabilidad civil: reflexiones en torno a su pertinencia

RENZO MUNITA MARAMBIO[*]

RESUMEN: El presente trabajo se ocupa de formular algunas líneas preliminares respecto del estudio de la denominada función punitiva de la responsabilidad civil. Si bien es resistida la idea de sanción en el marco del instituto por excelencia resarcitorio, al menos en esquemas de derecho latino continental, que es desde cuya perspectiva abordamos este trabajo, es del caso referir que de nuestro Código Civil se desprenden pasajes en los que Bello se detuvo asignando una consecuencia patrimonial relevante a comportamientos especialmente reprochables, mientras que de nuestra jurisprudencia puede ser inferido un propósito de castigo en sentencias que ordenan indemnizaciones por daño extrapatrimonial. A su turno, se pretende abordar conceptualmente el denominado daño punitivo, sus principales argumentos de objeción y sus contraargumentos. Cabe además referir que el presente trabajo tiene por origen nuestra presentación en el seminario temático organizado por el Instituto Chileno de Responsabilidad Civil y la Universidad de los Andes, Chile, en el mes de marzo de 2023, en torno al principio de la reparación integral del daño.

PALABRAS CLAVE: función sancionatoria, responsabilidad civil, daño punitivo, reparación integral del daño.

[*] Doctor en Derecho, Universidad Grenoble-Alpes, Francia. Profesor investigador adscrito al Centro de Derecho Regulatorio y Empresa, Universidad del Desarrollo. renzomunita@udd.cl.

I. INTRODUCCIÓN

Se ha sostenido que el encuadre primitivo de la responsabilidad perseguía un tridente de funciones, cuales son la reparadora, la preventiva y la punitiva[1], que hoy no se advierte. Si bien algún autor no considera la evocada función punitiva como absolutamente excluida[2], predomina la idea de que el instituto revelaría una total ajenidad al propósito sancionatorio[3] o, a lo menos, presentaría una incidencia de carácter secundaria en comparación a la principal función de la responsabilidad civil, traducida en el resarcimiento de los agravios[4]. La idea de reproche igualmente se rechaza desde el planteamiento de veredas constitucionales de debido proceso sancionador[5] y en su inaptitud como mecanismo para privar del patrimonio del agente las ganancias que injustamente incorporó en aquel[6], aunque en realidad nada impide que el legislador recargue la obligación de indemnizar, configurando daños punitivos puros (así lo vemos en Chile en expresiones de derecho sectorial).

---

[1] DOMÍNGUEZ (2019), p. 21. En el mismo sentido, DOMÍNGUEZ (2006), p. 56.

[2] CORRAL (2013), p. 63.

[3] DÍEZ-PICAZO (2011), p. 23.

[4] LLAMAS (2017), p. 676. Por otra parte, es destacable el análisis que sobre la materia ofrecen los autores SALVADOR CORDECH y CASTIÑEIRA PALOU (1997).

[5] BARROS (2020), p. 226 (nota n.° 9).

[6] En este sentido MARTÍN-CASALS (2011), p. 28; por su parte, en clave de derecho francés, el fenecido proyecto de la cancillería de 2017, que comprendía la figura de la *amende civile*, significó el ser considerada como un mecanismo para obtener una restitución integral de beneficios no un reflejo de responsabilidad civil sancionatoria; así, RIAS (2018), p. 72.

Desde la otra vereda, se ha catalogado como una "hipocresía legal"[7] el rechazo a la función punitiva de la responsabilidad civil y en concreto de los denominados daños punitivos, por cuanto en sistemas tributarios del derecho civil latino continental se detectan lecturas con similar propósito, siendo una de ellas precisamente el tratamiento que se le asigna al daño extrapatrimonial. En síntesis, la reflexión en torno a la indemnización ejemplar o al daño punitivo, si se quiere, es un punto que se tiene en cuenta en el debate académico actual. De aquí que no se trate de una idea superada, sino que por el contrario "desaparece y reaparece"[8] como un mecanismo que auxilia de manera implícita las limitaciones de la compensación en ámbitos en los que el sentimiento de reproche se torna evidente, por lo que resulta un imperativo restablecer la dignidad del afectado.

El plan de este trabajo es el que sigue: en el marco de lo expuesto nos ocuparemos en el presente trabajo, en primer lugar, de la constatación de la idea punitiva en nuestro sistema; en segundo lugar, del daño punitivo a título de expresión de función sancionatoria de la responsabilidad civil.

II. LA CONSTATACIÓN DE LA IDEA PUNITIVA EN EL SISTEMA CHILENO

La idea punitiva ha sido postulada en Chile por algunos autores y se ha hecho tanto desde perspectivas generales[9] como particulares[10]. En consonancia con lo que expresan, es posible

---

[7]   GARCÍA (2019 b), p. 205
[8]   DE ÁNGEL (2012), p. 13.
[9]   Varios autores (SEGURA (2005); LARRAÍN (2009); PEREIRA (2015); Pino (2022)).
[10]   Varios autores (GAMONAL (2017); Prado (2023); Hernández y Ponce (2022); Munita (2020a; 2020b; 2022; 2023).

advertir que el Código Civil contempla diversas hipótesis en las que, previa acreditación de los presupuestos referidos por el legislador, es posible impetrar una consecuencia patrimonial a título de sanción civil. Lo dicho nos hace pensar en que no necesariamente la función exclusiva de la responsabilidad civil es la que tiende a la reparación del daño (al menos si es que separamos la final reparatoria de lo que se ha entendido como justicia interpersonal[11] y que más abajo abordaremos) precisamente pues el comportamiento doloso es considerado en diversos pasajes del texto fundamental como un argumento de modulación de la merecida consecuencia civil.

Así las cosas, la función punitiva de la responsabilidad es susceptible de ser conectada o entendida como una explicación del especial detenimiento en el que incurre el legislador respecto de conductas que revelan una notable reprochabilidad[12], constatación que a juicio de un autor significaría en esta materia una manifestación del "espíritu general de la legislación"[13].

En este punto se advierten disposiciones que alcanzan diversos capítulos de la obra de Bello (1), así, en el marco del estatuto general de la responsabilidad contractual, como en materia de derechos reales, familia y sucesorio. La afirmación asimismo es identificable en pronunciamientos que disponen indemnizaciones por daño moral (2).

---

[11]   PAPAYANNIS (2022), pp. 322-324.

[12]   No puede ser preterida en este punto la profesora CARVAL (1995) quien, realizando un ejercicio de identificación de normas positivas sancionatorias de comportamientos culpables, defendió su tesis sobre la oficialización de la función de la responsabilidad civil como pena privada, en el marco del derecho francés.

[13]   En este sentido, ALCALDE (2018), p. 470-471.

1. El espíritu sancionador en el Código Civil (C.C.)

En el ámbito contractual, es posible identificar como demostraciones de sanción lo dispuesto en el art. 1558 del C.C. a propósito de la agravación de la condena resarcitoria en caso de que el incumplimiento hubiese sido doloso, o con ocasión del tratamiento de la cláusula penal en relación con el derecho conferido al acreedor para reclamar a la vez la pena y la indemnización de perjuicios ordinaria, en caso de que así se hubiese pactado expresamente de acuerdo con lo señalado por el art. 1543 C.C.

En cuanto a los derechos reales, el legislador, a propósito de la restitución de frutos civiles y naturales, obliga al poseedor de mala fe a restituir incluso aquellos que pudiera haber percibido "con mediana inteligencia y actividad", teniendo la cosa en su poder de conformidad con lo dispuesto en el art. 907 del C.C.

En materia de derecho de familia, el art. 1768 del C.C. sanciona a "aquel de los cónyuges o sus herederos que dolosamente hubiere ocultado o distraído alguna cosa de la sociedad, el que perderá su porción en la misma cosa y se verá obligado a restituirla doblada". El contenido de dicha norma se reconoce asimismo en el art. 1231 del C.C., que forma parte del capítulo reservado al estudio del derecho sucesorio, en cuyo caso, el heredero que ha substraído efectos pertenecientes a una sucesión no tendrá parte alguna en dichos objetos. Mientras que el legatario que ha distraído objetos pertenecientes a ella pierde los derechos que como legatario pudiera tener sobre dichos objetos y, no teniendo el dominio de ellos, será obligado a restituir también el duplo. Se detectan también sanciones civiles especiales susceptibles de ser impuestas al usufructuario que no rinde caución y que se expone a la pérdida de administración de la cosa, según el art. 777 del C.C., como a los herederos, que pueden ser considerados indignos para suceder y, en este sentido, legítimamente privados de sus derechos en la herencia, por el 968 y siguientes del C.C.

2. El enfoque sancionador en la ponderación del daño moral

Ha sido comentado que la resarcibilidad de los agravios de la naturaleza referida esconde, "aunque más o menos oscuramente"[14], fines punitivos. Esta argumentación, además, se intenta justificar en clave jurisprudencial[15], básicamente, en línea con la amplitud que el sistema chileno concede al juez en la apreciación de aquellos y en su vinculación con la valoración de la reprochabilidad del hecho generador[16], consideración que culmina con desnaturalizar un perjuicio personalísimo como es el daño moral.

Puede apreciarse, entonces, que la cuestión no es de simple definición y que a fin de cuentas la motivación que asista al juez parece ser fundamental en la identificación de la *ratio* de la condena por daño extrapatrimonial. Si es que en ella predomina el deseo de sancionar por sobre el de resarcir, el pronunciamiento presenta un matiz de orden punitivo evidente (que podrá estar bien o mal, de acuerdo con la mirada a la que se adhira), a través del cual el derecho de la responsabilidad alcanzaría colateralmente además finalidades disuasivas, y que en este sentido bien pudieran ser transparentadas incorporándose formalmente la figura punitiva (tal como ocurre en ramas de derecho sectorial), reservándose para el daño moral un mérito netamente satisfactivo, máxime si ambas figuras detentan el mismo origen, cual es la *actio iniurarum*[17].

---

14   DÍEZ-PICAZO (2008), p. 99.
15   Varios autores (SEGURA (2005), p. 655; BARROS (2020), p. 226 y pp. 317-323; LARRAÍN (2009), p. 709). Para una revisión del fenómeno en España y Alemania, SALVADOR (2000), pp. 4-6. El contexto español, posteriormente fue abordado por DEL OLMO (2009), pp. 137-153.
16   CORRAL (2013), p. 63.
17   DÍAZ-BAUTISTA (2019), pp. 116-117.

Dicho lo anterior, consideramos que el propósito punitivo puede ser apreciado *de hecho* tanto respecto de pronunciamientos en los que resulta evidente que la nocividad del hecho generador ha significado un aspecto sustancial en la convicción del tribunal (a) como respecto de sentencias en las que el daño moral ha sido objeto de una valoración en bloque cuando la parte demandante es numerosa (b).

a) La nocividad del hecho generador, antecedente de sanción

Como ilustración del primer supuesto puede verse el considerando 5. ° de la sentencia Rol-5961-2018 de la CA de Santiago[18] pronunciada con fecha 16 de marzo de 2020, en atención de un recurso de apelación interpuesto en contra del fallo que condenó de indemnización de perjuicios al demandado, por el fallecimiento de un trabajador dependiente de una empresa contratista de este último, que ordenó:

> Que, con base a criterios relativos a la edad del fallecido al momento de los hechos, su vínculo de parentesco con las demandantes y la gravedad de la omisión culpable de la empresa principal por incumplir el deber de vigilancia que le era exigible, la reparación por el daño moral demandado se fijará en un monto prudencial (...).

Otra sentencia que da cuenta del mismo espíritu es la Rol-1356-2008, de 26 de octubre de 2011, dictada por la CA de Talca[19], igualmente con ocasión de un recurso de apelación interpuesto contra una sentencia que acogió una demanda indemnizatoria, esta vez, motivada por los daños provocados

---

[18]   Corte de Apelaciones de Santiago, Rol N°5961-2018, de 16 de marzo de 2020.

[19]   Corte de Apelaciones de Talca, Rol N°1356-2008, de 13 de enero de 2010.

a consecuencia del derrumbe del puente Loncomilla, y que
dispuso en su considerando 3. °:

> Que la caída del puente de Loncomilla constituye una cla-
> ra —falta de servicio— que no puede volver a repetirse, por
> lo que en este caso tanto la situación económica del actor,
> como la entidad del ilícito, que pudo generar una tragedia de
> proporciones, debe tomarse en cuenta la hora de determinar
> el —quantum—. Además de ello también se debe recurrir al
> "pretium doloris" o precio del dolor en torno a diferenciar el
> —quantum— por indemnización de perjuicios por daño moral
> de los distintos actores.

Se aprecia, entonces, que tanto la gravedad de la omisión
culpable, como la situación económica a título de elementos
en la determinación del monto resarcitorio, revelan un razonamiento que se inclina más a la sanción que estrictamente a
la compensación.

El fenómeno también se ha detectado en supuestos de responsabilidad médica, particularmente, en el capítulo relativo
a omisiones en el deber de informar y en las oscuridades relativas a la causalidad del daño corporal. En rigor, la víctima
debiera acreditar que de haber conocido los riesgos a los que
se exponía no se hubiera sometido a la intervención, al menos en los casos en los que pesa sobre ella una presunción
hipotética positiva de consentimiento[20]. En sentido de lo expuesto, acreditación mediante, la pérdida de chance revela
en nuestro entender un matiz punitivo, por cuanto no parece
razonable que, ante una culpa evidente y un daño que también lo es, la víctima sea privada de indemnización. De aquí
que se proyecte la figura como reflejo del reproche hacia el
médico por no informar adecuadamente, aunque los riesgos
concretizados, y no informados, no deriven de otra infracción
a la lex artis que la informativa. En otros términos, se traduce

---

[20]   CÁRDENAS (2023), pp. 76-80.

en un daño de substitución[21], siendo reflejo de la sanción merecida por el médico que no informó. A modo de ilustración, la Corte Suprema, en sentencia de 1 de junio de 2020, Rol n° 29.094-2020[22], sostuvo:

> (...) que al no haberse informado a la paciente sobre el riesgo que la operación conllevaba y sobre el cual se ha hablado extensamente más arriba, esta perdió la oportunidad o posibilidad de optar por no someterse a aquella, o buscar otros tratamientos alternativos para su dolencia.

b) Un reflejo de sanción en la apreciación pragmática del daño moral ordenado en bloque

En el supuesto en referencia, si bien pensamos que el recurso a las presunciones judiciales puede habilitar al tribunal a considerar como suficientemente probado un daño padecido por todos los afectados, dicho mecanismo inferencial es insuficiente para habilitar al tribunal a ordenar compensaciones dinerarias análogas cuando quienes han padecido el agravio extrapatrimonial correspondan a un número importante de personas. Un razonamiento en sentido diverso se traduce en la aplicación de sanciones civiles, que técnicamente no corresponden a partidas de daño moral, el cual se caracteriza por su carácter personalísimo y exige apreciaciones individuales. Con todo, no es extraordinario que los tribunales incurran en yerros de esta naturaleza.

En este sentido, la Corte de Apelaciones de Santiago, por fallo de 26 de octubre de 2011, Rol 5975-2009[23], respecto de

---

[21] El término lo tomamos de BACACHE (2021), pp. 74-79.
[22] Corte Suprema, Rol N°29.094-2019, de1 de junio de 2020.
[23] Corte de Apelaciones de Santiago, Rol N°5975-2009, de 26 de octubre de 2011.

los olores emitidos por la Planta de Tratamiento de Aguas Servidas "La Farfana" dispuso correctamente en su considerando noveno:

> Que, en lo que concierne al daño moral, se debe tener presente que su prueba resulta difícil, en la medida que sentimientos como la pena, la angustia, la congoja, la frustración se presenta en el fuero interno de la víctima, por lo mismo, no es posible que sea objeto de una prueba directa. Sin embargo, puede serlo de una indirecta como las presunciones, y, en ese contexto, teniendo presente el mérito que surge de la prueba rendida por la parte demandante, puede entenderse que éstas consignan las consecuencias físicas y psicológicas que experimentaron con motivo de la conducta que se le atribuye a la demandada (…).

Sin embargo, equivoca el camino cuando a punto seguido conduce erróneamente a una valoración del daño en términos idénticos respecto de cada uno de los afectados. De aquí que en el considerando décimo primero de la sentencia haya sido dispuesto:

> (…) teniendo presente los períodos durante los cuales los demandantes percibieron los malos olores que la planta expelía, lo que afectó su fuero interno de la manera señalada, a juicio de estos sentenciadores, corresponde regular el daño de carácter extrapatrimonial en la suma de $2.000.000 para cada uno (…).

Asimismo, hacemos referencia a la sentencia de reemplazo pronunciada por la Corte Suprema, el 17 de mayo de 2017, Rol: 22185-2016[24], con ocasión del litigio que indemnizó a más de 7 mil familias del sector Collao en Concepción, que fueron víctimas de inundaciones a consecuencia de las fuertes lluvias del año 2006, la que ordenó:

---

[24]   Corte Suprema, Rol N°22185-2016, de 17 de mayo de 2017.

2°. Que, se ha determinado: a) que se incurrió en responsabilidad por falta de servicio por la Administración; b) que los
actores sufrieron daño moral con motivo de tales hechos, y
c) que resulta improcedente considerar cualquier mitigación
a los mismos (…)./ Tales antecedentes llevan a abordar la tarea de cuantificación del daño moral sufrido por cada uno los
actores, el cual, conforme la naturaleza de los mismos, que
originan naturalmente grandes intranquilidades en el momento
mismo de la emergencia, como en las horas y días inmedia-
tos, manteniendo una situación de intranquilidad, como una
percepción de los afectados de una disminución en su calidad
personal, que no es otra cosa que frustración, amargura, des-
consuelo y desamparo, que lleva a plantearse la falta a su dignidad individual, esta Corte fijará como monto de la indemnización la suma de un millón de pesos para cada demandante,
con los reajustes e intereses que se precisarán en lo dispositivo.

Se desprende de sentencias del tenor como el expuesto,
que los tribunales consignan una valoración de la prueba del
detrimento extrapatrimonial en términos generales, mediante un ejercicio reflexivo que no se funda en la demostración
efectiva del agravio, sino que en una estimación pragmática,
motivada en presupuestos de equidad, justicia y derechamente
de sanción. Lo indicado, en nuestro concepto, implica perder
el norte en la ruta de la justificada determinación cuantitativa
de los perjuicios morales. Pensamos que el fenómeno es grave,
por cuanto deriva en una desnaturalización del daño moral, de
aquí que no sea deseable como técnica indemnizatoria, toda
vez que las particularidades íntimamente subjetivas del perjuicio en referencia se oponen a una valoración como de la que se
da cuenta en las sentencias. Más allá, incluso, estimamos que el
modelo de razonamiento priva a los actores de su legítimo derecho a ser indemnizados por el daño moral que efectivamente
hubieran demostrado en los estrados, pues, como indicamos,
lo que en definitiva establece el tribunal es una sanción. En síntesis, mediante una mañosa lectura de los perjuicios morales,
se valida indirectamente un afán punitivo, sin que se discuta

previamente su pertinencia —aspecto que pretendemos abordar modestamente en este trabajo— ni su conveniencia.

En contra del espíritu jurisprudencial antes indicado, la sentencia de la Corte de Apelaciones de Santiago de 25 de julio de 2013, Rol: 3147-2010[25], y con la pluma de Carmen Domínguez, señaló:

> Aunque el origen o causa del daño pueda ser el mismo su alcance o proyección es distinto en cada persona. Ello determina que no pueda alcanzar un monto idéntico para todas las víctimas. La tarea evaluadora del tribunal obliga entonces a una apreciación autónoma para cada una de ellas con base a los antecedentes que hayan sido aportados por ella o que resulten del proceso de forma que no resulte arbitraria.

El mismo criterio fue consignado en el voto disidente formulado por la ministra Gloria Ana Chevesich en el litigio Letelier del Solar Fabiola Alicia y otro c. Aguas Andinas S.A., tal como exponemos:

> 1° Que, en opinión de la disidente, resulta imprescindible para obtener el resarcimiento del daño moral que se rindan probanzas para que los juzgadores puedan verificar su dimensión y, en la mayoría de los casos, la efectividad misma del quebranto moral que se dice sufrido, en la medida que la alteración o perturbación de las condiciones normales de vida depende del nivel de tolerancia de las personas ante los sucesos de la vida, algunos de los cuales se deben soportar por el solo hecho de vivir en sociedad, como también de sus cualidades o calidades individuales. Así, en todo caso, lo ha señalado en forma reiterada la doctrina y la jurisprudencia; 2° Que, como del examen de los autos, se aprecia que los demandantes mencionados no rindieron ninguna prueba destinada a acreditar las consecuencias de tipo sicológicas que en su fuero interno les provocó la conducta asumida por la demandada, y la mera indicación en los libelos respectivos de un domicilio que se dice que está

---

[25] Corte de Apelaciones de Santiago, Rol N°3147-2010, de 25 de julio de 2013.

> ubicado en la Villa Alto Jahuel Dos es insuficiente para dicho propósito, en opinión de la disidente, corresponde rechazar la demanda por la que se pretende que se les indemnice el daño extrapatrimonial que dicen sufrido.

Suscribimos el planteamiento en mención, por cuanto, en nuestro entender, se ajusta a correcto derecho, al menos en lo que a concepción demostrativa del daño moral se refiere.

III. EL DAÑO PUNITIVO COMO EXPRESIÓN DE FUNCIÓN SANCIONATORIA DE LA RESPONSABILIDAD CIVIL

Sin perjuicio de lo anterior e ingresando un poco más en la cuestionada función punitiva, podemos decir que atribuirle al instituto un mérito de esta naturaleza se vincula con entender que la nocividad del comportamiento activo u omisivo del agente debe verse reflejado en el *quantum* de la condena indemnizatoria, incrementándola[26]. La figura a través de la cual se concretiza dicha función corresponde a los denominados daños punitivos. La designación es confusa, toda vez que corresponde a una traducción literal de los *punitives damages* del derecho anglosajón[27]. No se trata aquí de un daño, precisamente, sino que más bien de la indemnización punitiva derivada de la comisión de un daño. De aquí que se emplee en doctrina, más adecuadamente en nuestra impresión, el rótulo

---

[26] El asunto ha sido abordado igualmente por la doctrina francesa. Por todos se sugiere revisar CARVAL (1995) y STARCK (1947). Además, hacemos presente que el profesor BANFI (2017), pp. 111-117, se ha referido, entre nosotros, a las aproximaciones que la doctrina gala ha formulado a propósito de la función punitiva de la responsabilidad civil.

[27] LLAMAS (2017), p. 670.

de "indemnizaciones ejemplares"[28]. Con todo, reconocemos que la expresión equivocada corresponde a la que es objeto de utilización común y corriente por los autores que se han referido a este tema, de modo que, para efectos de coherencia, nosotros mantendremos[29].

La indemnización ejemplar, o el daño punitivo, ha sido proyectado desde diversas acepciones por doctrina autorizada, en las cuales converge la imagen de intolerancia social que suponen particulares comportamientos. En este sentido, se ha sostenido que dicen relación con una institución dinámica[30], representada a través de una suma de dinero destinada a "punir graves inconductas"[31], que se otorgan "al margen de las estrictamente compensatorias"[32], por cierto, a título de castigo y con una idea de disuasión[33], para el evento de la concurrencia de afrentas a derechos subjetivos o "constitucionales de los ciudadanos"[34], significando un mecanismo de recuperación de "la confianza en la justicia y en los diferentes mecanismos legales tendientes a la obtención del orden público"[35].

Una noción como la expuesta ha motivado el esfuerzo por desacreditarla, aunque es del caso mencionar que pueden ser presentados contraargumentos que invitan a una reflexión favorable al argumento vindicativo, con lo que queda en evidencia que el cuestionamiento en torno a una exclusiva función reparatoria de la responsabilidad civil es pertinente y no necesariamente supone un retroceso. La empresa del rechazo se

---

[28] CORNET-RUBIO (1997), p. 33.
[29] CORNET-RUBIO (1997), p. 33..
[30] DE ÁNGEL (2012), p. 35.
[31] PIZARRO (1993), p. 287.
[32] PÉREZ (2019), p. 225.
[33] NALLAR (2016), p. 16.
[34] GARCÍA y HERRERA (2003), p. 213
[35] ARISTIZÁBAL (2010), p. 198.

defiende desde la perspectiva del principio de la reparación integral del daño (1), del repudio al enriquecimiento sin causa (2), del principio *nulla peona sine lege* (3) del *non bis in idem* (4) y de su carácter de transplante incompatible (5).

1. En cuanto al principio de la reparación integral del daño[36]

Su identificación se funda en lo dispuesto por los artículos 2314 y 2329 del Código Civil, puesto que de las voces "daño" y "todo daño" empleadas por Bello, se trasluciría que solo el perjuicio, y nada más que aquel, debe ser tenido como objeto del resarcimiento, sin que quepa posibilidad alguna para que el cuestionamiento de la conducta se refleje en la entidad de la indemnización. La indemnización de perjuicios se concreta en la reparación del agravio y no en la retribución de consecuencias, y si bien la culpa es del todo necesaria, una vez que se consideran configurados los requisitos de la responsabilidad civil, lo que en verdad persigue el actor es el resarcimiento completo de su daño y no una declaración de reproche del hecho generador[37], en otros términos, la sola valoración que debe realizar el tribunal debe corresponder exclusivamente a las consecuencias del agravio[38].

Más allá de lo anterior, lo cierto es que el renombrado principio no está exento de críticas, considerándose que no es sino una derivada de una especial interpretación de normas, sin que revele inmutabilidad. Por lo dicho, si se abraza la idea en torno a la conveniencia de que la responsabilidad civil pueda cobijar una proyección punitiva respecto de daños que reve-

---

[36]   Por todos, DOMÍNGUEZ (2019) y DOMÍNGUEZ (2009), pp. 645-659. Para una comparación entre el derecho colombiano y francés, véase HENAO (1998), p. 45.

[37]   BARROS (2020), p. 268.

[38]   BARROS (2020), p. 268.

310 Renzo Munita Marambio

len menosprecio a los intereses de terceros, la consecuencia se alineará con la aceptación de un limitado principio de reparación integral del daño[39]. Por lo demás, es sostenible igualmente que los costes sociales de los daños causados no logran ser objeto de resarcimiento[40], lo cual, en igual sentido, desvela un punto de inobservancia al evocado principio.

Otra forma de mirar el asunto dice relación con concebir la responsabilidad civil como un mecanismo dispuesto por el Estado con el propósito de que una víctima acceda a compensaciones por los daños injustos que un sujeto ha provocado a otro, para evitar así el recurso a la autotutela. Sin embargo, la responsabilidad civil persigue algo más que una mera reparación de daños desde una mirada aritmética, o dicho en otros términos, de "neutralización de pérdidas"[41]. Es aquello precisamente lo que implica distinguir un esquema de responsabilidad civil de un seguro. Ingresando en esta idea, el esquema resarcitorio persigue ante todo que el respeto que las personas libres e iguales se deben entre sí sea restablecido. La responsabilidad civil, entonces, interviene en lo que es posible presentar como un modelo de restauración de justicia interpersonal que toma como eje central la vulneración de la dignidad de las personas[42]. De aquí que el recurso del daño punitivo no

---

[39]   AZAR (2009), p. 73.
[40]   SALVADOR (2000), p.13.
[41]   PAPAYANNIS (2022), p. 324.
[42]   Sobre el punto el citado Papayannis, sostiene: "El reconocimiento institucional del poder de la víctima de sujetar a responsabilidad al agente dañador, correlativo con la vulnerabilidad de este último en relación con la víctima, ya expresa la idea de respeto mutuo. Incluso cuando un demandante débil se enfrenta a un dañador fuerte, poderoso, el derecho le permite sujetarlo a responsabilidad, sentarlo en el banquillo de los acusados a fin de que rinda cuentas por el daño que causó al demandante. Y esto resulta a su vez necesario para que el derecho civil reconozca institucionalmente la dignidad

necesariamente implica salir de una órbita de justicia correctiva, por cuanto la reparación puede incorporar aspectos que van más allá de los meramente numéricos comprendiendo remedios que en clave de dignidad suponen al final del día una expansión de la responsabilidad civil y, en definitiva, una objeción a la clásica lectura del principio de la reparación integral del daño, o conducente a una nueva forma más realista de leerlo.

2. En cuanto al principio *nulla poena sine lege*

En un sentido de oposición, el planteamiento se presenta desde la idea de que en el derecho civil no es posible ofrecer al sancionado las garantías que sí contempla el derecho penal, que en esencia reviste méritos punitivos[43]. La afirmación igualmente puede ser controvertida. Por una parte, la indemnización de perjuicios pudiera ser mirada como una sanción[44] —de hecho, se advierte por alguna voz la identidad ontológica de la noción de castigo en ambos estatutos[45]— mientras que, por otra parte, siendo defendible el poder disuasorio de la condena indemnizatoria, dicha finalidad, la preventiva, razonablemente puede ser complementada con la punitiva[46]. Desconocer lo expuesto conduciría a razonar que una norma de responsabili-

---

de las personas. La dignidad no solo nos impone un conjunto de exigencias respecto de cómo debemos tratar a otros, sino que también conlleva la autoridad para exigir de otros el mismo trato respetuoso. Los sistemas de responsabilidad civil permiten a quienes han sido dañados reclamar al demandado un trato digno, compatible con su estatus de persona". PAPAYANNIS (2022), p. 324.

[43]   Ver LLAMAS (2007), p. 461. En similar sentido, CORRAL (2013), p. 62.

[44]   DE CUPIS (1996), p. 751.

[45]   BRODSKY (2012), p. 282

[46]   PEREIRA (2015), p. 65.

dad civil presenta siempre y en todo caso una función de orden compensatorio[47], lo cual sería un error desde una lectura de conveniencia, solidaridad, buena fe y equidad[48].

3. En cuanto al repudio al enriquecimiento sin causa

El concepto en referencia es también otro de los argumentos habituales con los que se ataca la función punitiva, en el fondo una sentencia a través de la cual el dañado obtenga más que el equivalente al detrimento padecido y que lo enriquece injustamente. En contra, es factible sostener que toda sentencia judicial que atribuye daños punitivos provoca colateralmente un efecto disuasivo del cual se aprovecha la sociedad en general: Entonces, es defendible que las cantidades condenadas punitivamente se le atribuyan a la víctima que motivó la sentencia. En síntesis, el fallo judicial punitivo provoca efectos no limitados al relativo entre las partes litigantes, pues genera beneficios a favor de la comunidad, un enriquecimiento que será injustificado en la medida en que el dañado no perciba el incremento condenatorio[49]. Desde una perspectiva más bien concreta, el recurso al daño punitivo se eleva como una alternativa en el restablecimiento del equilibrio suscitado por la comisión de culpas lucrativas. En efecto, la figura en referencia dice relación con un comportamiento que, además de provocar daños, enriquece al agente de manera que puede ser indicado que la sola función reparatoria de la responsabilidad civil no consigue en realidad el restablecimiento del equilibrio previo a la comisión ilícita, por cuanto, si bien la sentencia or-

---

[47]   OTAOLA (2014), p. 138.
[48]   ROJAS (2012), pp. 343-344.
[49]   DÍAZ (2017). El autor, enseña: "(...) habría enriquecimiento sin causa si la sociedad pretendiera beneficiarse de la actividad privada del actor sin reconocerle por el beneficio que está aportando".

dena indemnizar el daño, no afecta el incremento patrimonial que ha experimentado el autor. Dicho en otros términos, el demandado incluso pudiera desear el pleito y la condena[50], por cuanto el daño cuya indemnización se reclama es considerablemente inferior a sus ganancias[51], lo que, por cierto, resulta chocante[52]. De aquí que a través de la vía del daño punitivo se proyecte un camino para efectos de suprimir el beneficio inmoral[53], propendiendo colateralmente finalidades disuasivas, por lo que se sostiene que la cifra de incremento sancionatorio debe atender la situación patrimonial del agresor[54]. En el espí-

---

[50]   PEREIRA (2015), p. 69.

[51]   DÍEZ-PICAZO (2011), p. 24, refiriéndose a los criterios de los tribunales norteamericanos para admitir daños punitivos, pero que en nuestro entender permiten ilustrar el fenómeno desde una perspectiva general.

[52]   MALLET-BRICOUT (2017), p. 147.

[53]   El argumento fue expuesto por Mauricio Tapia en la discusión de la ley 21.081 que incorporó el recurso a los daños punitivos en el marco de lo dispuesto en el art. 53 C letra C de la Ley 19.496. Debe mencionarse que el conducto al daño punitivo con la finalidad referida no goza de la adhesión doctrinaria que presenta la opción de postular la restitución de las ganancias ilícitas mediante la acción de enriquecimiento injusto. En este sentido, KEMELMAJER (1993), p.71, propone la referida acción como una alternativa más efectiva que el recurso a daños punitivos. Véase en este sentido el trabajo de BASOZABAL (1998), p. 103, quien ha suscrito la tesis de la comunicación de la acción de daños y la acción de enriquecimiento injusto (en el mismo sentido, véase MARTÍN CASALS (2011), p. 32). Un problema que pudiera advertir el planteamiento es que para la viabilidad de la *actio in rem verso* el tribunal exija correlación entre el enriquecimiento y el empobrecimiento, el cual no siempre se logra evidenciar. De aquí que algunos autores, como PEÑAILILLO (2003), p. 107, consideren que no es necesaria dicha relación para efectos de deducir la acción en referencia, bastando entonces el incremento o la creación injusta de patrimonio.

[54]   GARCÍA (2019 a), p. 34-35.

ritu de lo expuesto puede ser leída una sentencia pronunciada el 12 de febrero de 2020 por la Corte de Casación francesa: *"la réparation du préjudice puisse être évaluée en prenant en considération l'avantage indu que s'est octroyé l'auteur des actes de concurrence déloyale, au détriment de ses concurrents"*[55].

Por último, nos parece interesante citar un párrafo de otra sentencia de la Corte de Casación francesa, particularmente de 1 de diciembre de 2010, que derechamente considera que la aproximación punitiva no es contraria al orden público y, en consecuencia, no enriquece injustamente. De aquí que la objeción a la medida en realidad derive de su establecimiento con propósitos diversos a preventivos y de proporcionalidad. En este sentido, la referida sentencia ordena:

> si le principe d'une condamnation à des dommages et intérêts punitifs n'est pas, en soi, contraire à l'ordre public, il en est autrement lorsque le montant est desproportionné au regard du préjudice subi et des manquements aux obligations contractuelles du débiteur[56].

Así las cosas, puede verse que el repudio al enriquecimiento sin causa, si bien en cuanto principio inspira y modela no es, no se entiende vulnerado respecto de determinadas materias, pensamos que en prácticas de competencia desleal, daños corporales y otros de especial gravedad, la indemnización sea establecida bajo consideraciones que tiendan a evitar que los hechos que dieron lugar a ella no sean verificados.

4. En cuanto al non bis in idem

La cuestión de la sanción en la responsabilidad civil se conecta con el límite señalado toda vez que pudiera entender-

---

[55]	Vista en BACACHE (2021), p. 72.
[56]	Vista en AZAR-BAUD (2021), p. 67.

se que la aplicación de la condena punitiva reviste tintes de inconstitucionalidad al haber sido objeto, eventualmente, de multas infraccionales el fabricante o proveedor del producto que generó el daño, por lo tanto, defectuoso, que colisionarían con la sanción civil en definitiva impuesta. A decir verdad, lo mencionado no es incuestionable. Dos órdenes de argumentos permiten sortear este principio. Por una parte, es razonable entender que de un mismo hecho pueden nacer responsabilidades de diversa naturaleza, esto es: infraccional, sanitaria o estrictamente civil; lo cual conecta con que los bienes jurídicos que protegen dichas órbitas del ordenamiento son igualmente diversos[57]. Por otra, mientras sea la vulneración del orden público la que, en general, justifica la hipotética multa infraccional, y el menosprecio a la debilidad de la víctima o del colectivo afectado el que justifica el incremento indemnizatorio con fines disuasivos, es posible validar que el objeto de la sanción, en cuanto infracción, deba ser ingresado en arcas fiscales, mientras que el objeto de la sanción, en cuanto incremento indemnizatorio, deba dirigirse al patrimonio de la víctima.

---

[57]   En este sentido, véase la sentencia de la Corte de Apelaciones de Concepción, Rol N°1465-2020, de 30 de mayo de 2022, igualmente la Demanda Conadecus contra Laboratorios Silesia S.A. y otros. Es lo que además sostiene ISLER (2019), p.192, pues enseña: "Un segundo criterio que se puede utilizar, a la hora de evaluar si concurre la identidad de fundamento, dice relación con los bienes jurídicos protegidos por las distintas normativas sancionadoras. Al respecto cabe señalar que mientras el estatuto sanitario tiene por objeto la protección del orden sanitario —haya o no usuarios afectados—, la ley N° 19.496 pretende tutelar al sujeto más débil de la relación de consumo".

5. En cuanto a su rechazo a título de transplante impertinente

Se ha entendido que un injerto de la aproximación punitiva desde el derecho del *common law* en un ordenamiento de tradición opuesta como la de Chile no sería conveniente, particularmente, por cuanto no sería deseable cobijar los excesos que la institución habría generado en otras latitudes. La verdad es que aquello no necesariamente es efectivo. De hecho, el mecanismo ha sido incorporado en un derecho heredero del francés, tal como ocurre con el quebequés, que en su Código Civil de 1991, específicamente en el art. 1621, se dispuso: *"Lorsque la loi prévoit l'attribution de dommages-intérêts punitifs, ceux-ci ne peuvent excéder, en valeur, ce qui est suffisant pour assurer leur fonction préventive"*, y también que:

> Ils s'apprécient en tenant compte de toutes les circonstances appropriées, notamment de la gravité de la faute du débiteur, de sa situation patrimoniale ou de l'étendue de la réparation à laquelle il est déjà tenu envers le créancier, ainsi que, le cas échéant, du fait que la prise en charge du paiement réparateur est, en tout ou en partie, assumée par un tiers.

Alguna comentarista además ha considerado que la aplicación de la noción se ha hecho mesuradamente, configurando una identidad propia[58].

Por otra parte, en el derecho francés, se reflexiona respecto de la cuestión recurrentemente. De hecho, en los últimos quince años, de los cinco textos en los que se han propuesto reformas al derecho de las obligaciones, se desprende la motivación del mundo académico francés por reforzar la función disuasiva de la responsabilidad civil a través de la aproximación punitiva. Así aconteció con el *Avant-projet Catala* que consagraba el recurso a los daños punitivos no asegurables, en su art. 1371. La misma idea se desprende de la *recommandation 24 de*

---

[58]   LACROIX (2018), p. 86

la proposition de loi Béteille, en cuanto consagraba el tratamiento de los daños punitivos en supuestos de culpas lucrativas. Lo propio se consignó en el *projet Terré "Pour une réforme du droit de la responsabilité civile"*, que siguiendo la línea anterior consideró en su art. 53 el daño punitivo además en situaciones de dolo lucrativo. Posteriormente fue subsumida en la figura de la *amende civile*, que, si bien incorporada en el projet de *réforme de responsabilité civile de la Direction des affaires civiles et du Sceau*, de marzo de 2017 en su art. 1266-1, finalmente fue desestimada en la *Proposition de loi* (Senado) n° 678 de 20 de julio de 2020, por cuanto se optó por conservar los puntos que presuponían mayor cohesión[59].

IV. CONCLUSIÓN

Nos parece que la idea punitiva, sea desde una perspectiva amplia, sea de otra restringida (exclusivamente limitada a la idea de daño punitivo) es argumentable, presentando cabida incluso dentro de la técnica empleada por el Código Civil, en donde es posible advertir un espíritu tendiente a establecer consecuencias patrimoniales tras la verificación de comportamientos dolosos. La idea de sanción en el derecho de la responsabilidad civil, además, es parte del debate actual, siendo el escenario francés especialmente revelador de lo que indicamos.

En atención a lo que hemos intentado desarrollar en este trabajo, consideramos que oponerse a la idea punitiva desde el argumento de autoridad por lo cual se declara que la "responsabilidad civil no sanciona", personalmente, nunca nos ha convencido, menos ahora en que hemos detectado que cada una de las objeciones que normalmente se presentan contra el señalado propósito son científicamente rebatibles. Y es que

---

[59]   Para un análisis más detallado: AZAR-BAUD (2021), p. 67.

el derecho, lejano a los dogmas incuestionables de la religión, exige y se nutre de la discusión, único propósito de este trabajo.

Con todo, teniendo presente el debate entre las diversas posiciones, consideramos que la noción sancionatoria, en el contexto del instituto que en primer lugar debe reparar, exige dos órdenes de definiciones. La primera es normativa. En este espacio podemos decir que es razonable la idea de sanción como función de la responsabilidad civil. El predicamento fortalece la disuasión y la prevención de perjuicios extrapatrimoniales derivados de daños corporales, siendo además una interesante herramienta en el restablecimiento de la justicia interpersonal en supuestos en los que la dignidad del dañado ha sido vulnerada. El segundo es de conveniencia. Por tanto, resulta relevante reflexionar respecto del impacto que el reconocimiento de la función en comento significará en órbitas que van más allá de las normativas, por ejemplo, relativas al incremento del coste de primas en seguros, o de un estímulo de la litigiosidad. Es el desafío que pretendemos abordar más adelante desde la perspectiva del estudio de la indemnización ejemplar o del denominado "daño punitivo" en ordenamientos de derecho anglosajón, de manera de analizar el dinamismo y las implicancias colaterales de la noción.

BIBLIOGRAFÍA CITADA

ALCALDE RODRÍGUEZ, Enrique (2018): La Responsabilidad Contractual. Causa y efectos de los contratos y obligaciones (Santiago de Chile, Ediciones UC).

ARISTIZÁBAL VELÁSQUEZ, David (2010): "Apuntes sobre el Daño Punitivo en la Responsabilidad Patrimonial Colombiana", en: Revista Facultad de Derecho y Ciencias Políticas (vol. 40, núm. 112), pp. 175-201.

AZAR DENECKEN, José (2009): Los daños punitivos y sus posibilidades en el Derecho Chileno (Santiago: Memoria para optar al grado de Licenciado en Ciencias Jurídicas y Sociales, Universidad de Chile).

AZAR-BAUD, Maria José (2021). "Les dommages et intérêts punitifs. Au carrefour des systèmes *civil law* et de *common law*". Melanges en l´honneur du Professeur Suzanne Carval (Paris: IRJS Editions).

BACACHE, Mireille (2021) : "L´information médicale et la function punitive de la responsabilité civile". Melanges en l´honneur du Professeur Suzanne Carval (Paris: IRJS Editions).

BANFI DEL RÍO, Cristián (2017): "De la función punitiva de la responsabilidad aquiliana en Francia: algunas implicancias para la comprensión del derecho de daños chileno". Revista de Derecho Valdivia (vol. 30, núm. 1), pp. 97-125.

BARROS BOURIE, Enrique (2020): Tratado de Responsabilidad Extracontractual (Santiago, Editorial Jurídica de Chile).

BASOZABAL ARRUÉ, Xavier (1998): Enriquecimiento injustificado por intromisión en derecho ajeno (Madrid, Civitas).

BRODSKY, Jonathan (2012): "Daño punitivo: prevención y justicia en el derecho de los consumidores". Revista Lecciones y Ensayos (núm. 90), pp. 277-298.

CÁRDENAS VILLARROEL, Hugo (2023): "La responsabilidad médica en la era del consentimiento: riesgos no informados, resecciones no consentidas y otras hipótesis en ascenso". Revista de Derecho Valdivia (vol. XXXVI, núm. 1, junio 2023), pp. 69-90.

CARVAL, Suzanne (1995): La responsabilité civile dans sa fonction de peine privée (Paris, Éditions LGDJ).

CORNET, Manuel y RUBIO, Gabriel (1997): "Daños Punitivos", Anuario de Derecho Civil (vol. 3) (Córdoba, Facultad de Derecho y Ciencias Sociales, Universidad Católica de Córdoba), pp. 31-45.

CORRAL TALCIANI, Hernán (2013): Lecciones de Responsabilidad Civil Extracontractual (Santiago de Chile, Thomson Reuters).

DE ÁNGEL YÁGÜEZ, Ricardo (2012): Daños Punitivos (Madrid, Civitas).

DE CUPIS, Adriano (1996): El Daño. Teoría General de la Responsabilidad Civil (Barcelona, Editorial Bosch).

DEL OLMO, Pedro (2009): "Punitives Damages in Spain", en: Koziol, Helmut & Wilcox, Vanessa (eds.), Punitive damages: Common Law and Civil Law Perspectives (Viena, Springer).

DÍAZ CISNEROS, Adriano (2017): "Daño punitivo: ¿Cuándo hay enriquecimiento sin causa y cuándo no?", MJ-DOC-12262-AR | MJD12262. Disponible en: https://aldiaargentina.microjuris.com/2018/07/04/

dano-punitivo-cuando-hay-enriquecimiento-sin-causa-y-cuando-no/ [visitado el 01/12/2023].

DÍAZ-BAUTISTA CREMADES, Adolfo (2019): De la actio iniurarum a los daños punitivos, la responsabilidad de lesiones dolosas en la tradición jurídica continental (Madrid, Tirant lo Blanch).

DÍEZ-PICAZO, Luis (2008): El escándalo del daño moral (Madrid, Civitas).

DÍEZ-PICAZO, Luis (2011): Fundamentos de Derecho Civil Patrimonial, Tomo V: La Responsabilidad Civil Extracontractual (Madrid, Civitas).

DOMÍNGUEZ HIDALGO, Carmen (2006): "Algunas Consideraciones en torno la Función de la Responsabilidad Civil en Chile", en: Varas, Juan y Turner, Susan (coords), Estudios de Derecho Civil. Jornadas Nacionales de Derecho Civil, Valdivia 2005 (Santiago de Chile, Thomson Reuters), pp. 53-67.

DOMÍNGUEZ HIDALGO, Carmen (2009): "Los derechos de la personalidad y el principio de la reparación integral del daño", en: Pizarro, Carlos (coord.), Estudios de Derecho Civil. Jornadas Nacionales de Derecho Civil, Olmué, 2008 (Santiago de Chile, Legal Publishing), pp. 645-659.

DOMÍNGUEZ HIDALGO, Carmen (2019): El principio de reparación integral en sus contornos actuales (Santiago de Chile: Thomson Reuters).

GAMONAL CONTRERAS, Sergio (2017): "Daños punitivos y prácticas antisindicales", en: Revista de Derecho, Coquimbo (vol. 24, núm. 1), pp. 223-244.

GARCÍA LONG, Sergio (2019): "Resurrección y auge de los punitives damages en el Civil Law", en: Revista Actualidad Civil núm. 58, abril), pp. 189-224.

GARCÍA LONG, Sergio (2019): La función punitiva en el Derecho Privado (Perú, Instituto Pacífico S.A.C.).

GARCÍA MATAMOROS, Laura María y HERRERA LOZANO, Carolina (2003): "El concepto de los daños punitivos o punitive damages". Revista Estudios Socio Jurídicos (vol. 5, núm. 1), pp. 211-229.

HENAO PÉREZ, Juan Carlos (1998). El daño. Análisis comparativo de la responsabilidad extracontractual del Estado en Derecho Colombiano y Francés (Bogotá: Universidad Externado de Colombia).

HERNÁNDEZ PAULSEN, Gabriel y PONCE MÁRQUEZ, Matías (2022): "Daños punitivos, especialmente para proteger el interés colectivo o difuso de los consumidores", en: Revista Chilena de Derecho Privado (núm. 38), pp. 63-107.

ISLER SOTO, Erika (2019): Derecho del consumo. Nociones fundamentales (Santiago, Tirant lo Blanch).

KEMELMAJER DE CARLUCCI, Aída (1993): "¿Conviene la introducción de los llamados daños punitivos en el derecho argentino?". Separata de la Academia Nacional de Derecho y Ciencias Sociales de Buenos Aires (núm. 38).

LACROIX, Mariève (2018) : "Regard Québécois", en : Mallet-Bricout, Blandine (coord.), Vers une réforme de la responsabilité civile française. Regards croisés franco-québécois (Paris, Éditions Dalloz, coll. Thèmes et commentaires), pp. 79-94.

LARRAÍN PÁEZ, Cristián (2009). "Aproximación a los Punitive Damages", en: Pizarro, Carlos (coord), Estudios de Derecho Civil. Jornadas Nacionales de Derecho Civil, Olmué, 2008 (Santiago de Chile, Legal Publishing), pp. 707-719.

LLAMAS POMBO, Eugenio (2007): "Prevención y sanción, las dos caracas del derecho de daños", en: Moreno, Juan (coord.), La Responsabilidad Civil y su problemática actual (Madrid: Dykinson), pp. 443-478.

LLAMAS POMBO, Eugenio (2017): "Contra los daños punitivos", en: Prats Albentosa, Lorenzo y Martínez, Tomás (dir.), Culpa y responsabilidad (Pamplona, Thomson Reuters), pp. 669-686.

MALLET-BRICOUT, Blandine (2017) : "La fonction de sanction de la responsabilité civile", en : Larroumet, Christian (coord.), La responsabilité civile – Questions actuelles (Paris, Éditions Panthéon-Assas), pp. 139-160.

MARTIN-CASALS, Miquel (2011): "Cuestiones actuales en materia de responsabilidad civil", en: XV Jornadas de la asociación de Profesores de Derecho Civil. A Coruña, 8 y 9 de abril de 2011 (Murcia, Servicio de publicaciones Universidad de Murcia), pp. 11-120.

MUNITA MARAMBIO, Renzo (2020a): "Sobre la función sancionatoria de la responsabilidad civil. El derecho del consumo, elemento de un fenómeno que se impone", en: De la Maza, Íñigo y Contardo, Juan Ignacio, Estudios de Derecho del Consumidor II (Santiago de Chile, Rubicón), pp. 97-113.

MUNITA MARAMBIO, Renzo (2020b): "Riesgo a la seguridad del consumidor ¿sin daño?", en: Idealex.press, Disponible en: https://

idealex.press/riesgo-desconocido-y-dano-configurable/ [visitado el 15/07/2023].

MUNITA MARAMBIO, Renzo (2022): "Notas sobre los daños punitivos", en: Isler Erika, y Fernández, Felipe (dirs.), GPS – Consumo (Valencia, Tirant lo Blanch), pp. 607-617.

MUNITA MARAMBIO, Renzo (2023): "Nota sobre la relación entre el art. 24 inc. 5to, y el art 53 c, letra c de la ley 19.496; con especial interés en la agravante relativa al riesgo a la seguridad de los consumidores", en: Walker, Nathalie y Schiele, Carolina (dirs.), Estudios de Derecho del Consumidor IV (Valencia, Tirant lo Blanch), pp. 319-337.

NALLAR, Florencia (2016): El daño resarcible (En el nuevo Código Civil y Comercial de la Nación) (Buenos Aires, Cathedra Jurídica).

OTAOLA, María Agustina (2014): "La justificación de los daños punitivos en el derecho argentino", en: Revista de la Facultad Nacional de Córdova, Nueva Serie II (vol. V, núm. 1), pp. 135-155.

PAPAYANNIS, Diego (2022): "Responsabilidad civil (funciones)", en: EU-NOMÍA, Revista en Cultura de la Legalidad, núm. 22), pp. 307-327.

PEÑAILILLO ARÉVALO, Daniel (2003): Obligaciones. Teoría general y clasificaciones (Santiago, Editorial Jurídica de Chile).

PEREIRA FREDES, Esteban (2015): "Un Alegato en Favor de las Consideraciones Punitivas en el Derecho Privado", en: Revista de Derecho, Escuela de Posgrado Universidad de Chile (núm. 7), pp. 71-68.

PÉREZ FUENTES, Gisela (2019): "Los daños punitivos: análisis crítico desde el derecho comparado", en: Boletín Mexicano de Derecho Comparado (año LI, núm. 154), pp. 221-253.

PINO EMHART, Alberto (2022). "La función punitiva en la responsabilidad civil", en: Blog Instituto Chileno de Responsabilidad Civil. Disponible en: https://ichrc.cl/la-funcion-punitiva-en-la-responsabilidad-civil-por-el-profesor-dr-alberto-pino-emhart/ [visitado el 01/12/2023].

PIZARRO, Ramón (1993). Daños punitivos, en: AA.VV., Derecho de Daños. Segunda parte (Buenos Aires, La Rocca).

PRADO LÓPEZ, Pamela (2023): "¿Función punitiva de la responsabilidad civil del empleador por lesiones a derechos fundamentales? Una mirada desde el procedimiento de tutela laboral", en: Pinochet, Ruperto (dir.), Estudios de Derecho Civil, Jornadas Nacionales de Derecho Civil, Talca 2022 (Santiago de Chile, Thomson Reuters), pp. 1001-1018.

RIAS, NICOLAS (2018) : "Les nouvelles fonctions de la responsabilité civile' dans Vers une réforme de la responsabilité civile française. Regards croisés franco-québécois", en : Mallet-Bricout, Blandine (coord.), Vers une réforme de la responsabilité civile française. Regards croisés franco-québécois (Paris, Éditions Dalloz, coll. Thèmes et commentaires), pp. 63-77.

ROJAS QUIÑONES, Sergio (2012): "Apología del potencial preventivo de la responsabilidad: Desmitificación de la sanción en sede indemnizatoria", en: Revista Vniversitas, Pontificia Universidad Javeriana. (núm. 125), pp. 339-375.

SALVADOR CODERCH, Pablo (2000): "Punitive Damages", en: InDret Revista para el Análisis del Derecho núm. 01-2000, pp. 1-17. Disponible en: https://dialnet.unirioja.es/servlet/articulo?codigo=235353 [visitado el 01/12/2023].

SALVADOR CODERCH, Pablo y CASTIÑEIRA PALOU, María Teresa (1997): Prevenir y castigar. Libertad de información y expresión, tutela del honor y funciones del derecho de daños (Madrid, Marcial Pons).

SEGURA RIVEIRO, Francisco (2005): "Algunas consideraciones sobre la pena privada y los daños punitivos en el derecho civil chileno", en: Varas, Juan y Turner, Susan (coords), Estudios de Derecho Civil. Código y dogmática en el sesquicentenario de la promulgación del Código Civil (Santiago de Chile, Thomson Reuters), pp. 89-113.

STARCK, Boris (1947) : Essai d'une théorie générale de la responsabilité civile considérée en sa double fonction de garantie et de peine privée (Paris, Rodstein).

TERRE, François (dir.) (2011) : Pour une réforme du droit de la responsabilité civile (Paris, Dalloz).

Normas jurídicas citadas

Código Civil de Chile (1857). Disponible en: https://www.bcn.cl/leychile/navegar?idNorma=172986&idParte=8717776 [visitado el 01/12/2023].

Código Civil de Québec (1991). Disponible en: https://www.legisquebec.gouv.qc.ca/fr/pdf/lc/CCQ-1991.pdf [visitado el 01/12/2023].

Proyectos franceses de reforma al derecho de obligaciones y de la responsabilidad civil

Avant-projetdereformedudroitdesobligationsetdudroitdelaprescription, projet Catala. Rapport à Monsieur Pascal Clément Garde des Sceaux, Ministre de la Justice, 22 de septiembre de 2005. Disponible en: https://www.justice.gouv.fr/sites/default/files/migrations/portail/art_pix/RAPPORTCATALASEPTEMBRE2005.pdf [visitado el 04/12/2023].

Proposition de Loi portant réforme de la responsabilité civile, présentée par M. Laurent Béteille, Sénateur. Enregistré à la Présidence du Sénat le 9 juillet 2010. Session extraordinaire de 2009-2010, Sénat, n° 657. Disponible en https://www.senat.fr/leg/ppl09-657.pdf [visitado el 04/12/2023].

Projet de réforme de responsabilité civile, présenté le 13 mars 2017 par Jean-Jacques Urvoas, garde des sceaux, ministre de la justice suite à la consultation publique menée d'avril à juillet 2016. Disponible en : https://www.actu-environnement.com/media/pdf/news-28623-projet-reforme-responsabilite-civile.pdf [visitado el 04/12/2023].

Proposition de Loi portant réforme de la responsabilité civile, présentée par M. Phillipe Bas (*et al.*), Sénateur. Enregistré à la Présidence du Sénat le 29 de julio de 2020. Session extraordinaire de 2019-2020, Sénat, n° 678. Disponible en https://www.senat.fr/leg/ppl19-678.html [visitado el 04/12/2023].

Jurisprudencia citada

Yazmín Franzinetti Cabrera con Hospital Clínico de la Fuerza Aérea (2020): Corte Suprema, 1 de junio de 2020 (casación en el fondo, juicio ordinario de indemnización de perjuicios), Rol N°29.094-2019. Buscador jurisprudencial del Poder Judicial. Disponible en: https://juris.pjud.cl/busqueda/pagina_detalle_sentencia?k=YTUxUXVLRXVMdlVzaDNPYU41cm9CZZz09 [visitado el 04/12/2023].

Mario Quezada Silva y otros con Fisco de Chile (2017): Corte Suprema 17 de mayo de 2017 (casación en el fondo, juicio ordinario de indemnización de perjuicios), Rol N°22185-2016. Buscador West-law – Thomson Reuters. Indicador: CL/JUR/4716/2017.

Servicio nacional del consumidor con sociedad de consumo de energía eléctrica Charrúa Ltda. Acumulada (2022): Corte de Apelaciones de Concepción 30 de mayo de 2022 (casación en la forma y apelación, juicio ordinario de indemnización de perjuicios), Rol N°1465-2020. Buscador jurisprudencial del Poder Judicial. Disponible en: https://juris.pjud.cl/busqueda/u?dm8h [visitado el 04/12/2023].

María Betanzo Martínez y otros con ATC Sitios de Chile S.A. (2020): Corte de Apelaciones de Santiago 16 de marzo de 2020 (casación en la forma y apelación, juicio ordinario de indemnización de perjuicios), Rol N°5961-2018. Buscador jurisprudencial del Poder Judicial. Disponible en: https://juris.pjud.cl/busqueda/pagina_detalle_sentencia?k=MlQ5YmVsNDRJR01WM3hFWnJ5bHhsdz09 [visitado el 04/12/2023].

Fabiola Letelier del Solar y otro c. Aguas Andinas S.A. (2011): Corte de Apelaciones de Santiago 26 de octubre de 2011 (casación en la forma y apelación, juicio ordinario de indemnización de perjuicios), Rol N°5975-2009. Buscador Westlaw – Thomson Reuters. Indicador: CL/JUR/8443/2011.

Aníbal Montalva Rodríguez y otros con Empresa Metropolitana De Obras Sanitarias S.A (2013): Corte de Apelaciones de Santiago 25 de julio de 2013 (apelación, juicio ordinario de indemnización de perjuicios), Rol N°3147-2010. Buscador jurisprudencial del Poder Judicial. Disponible en: https://juris.pjud.cl/busqueda/u?j7n [visitado el 04/12/2023].

Gloria Warnken Díaz y otros con Fisco de Chile (2010): Corte de Apelaciones de Talca 13 de enero de 2010 (apelación, juicio de hacienda), Rol N°1356-2008. Buscador jurisprudencial del Poder Judicial. Disponible en: https://juris.pjud.cl/busqueda/u?fqi9 [visitado el 04/12/2023].

La función de los daños punitivos en la responsabilidad extracontractual

RODRIGO BARCIA LEHMANN[*]

RESUMEN: El presente artículo delimita el concepto de daño punitivo, como una consecuencia de la responsabilidad civil, y se detiene en el análisis de los daños punitivos que cumplen una función correctiva, por una parte, y disuasiva y ética, por la otra. Asimismo, este trabajo analiza someramente los incentivos que eventualmente generarán estas funciones de los daños punitivos en los litigantes.

PALABRAS CLAVE: concepto de daños punitivos, función punitiva, reducción de los daños punitivos, función resarcitoria.

INTRODUCCIÓN

La presente investigación analiza, fundamentalmente en la doctrina y jurisprudencia de países del *common law*, cómo se han articulado los daños punitivos en la responsabilidad por accidentes, *tort law* o responsabilidad extracontractual. Existen antecedentes suficientes que no permiten ignorar la relevancia de esta figura, que concede al derecho privado una funcionalidad que va más allá de la simple reparación integral del daño, y la extiende a una norma de conducta que busca un compor-

---

[*] El presente artículo forma parte de la investigación Proyecto Fondecyt Regular N° 1231006 "La protección del consumidor como una falla de mercado" (2023-2025). Doctor en Derecho Privado, Universidad Complutense de Madrid. Profesor titular y decano, Facultad de Derecho de la Universidad Autónoma de Chile. E-mail: rodrigo.barcia@uautonoma.cl.

tamiento social óptimo. Los daños punitivos se justifican en los propios fallos en el sistema de responsabilidad civil, pero también en una función preventiva y ética, que la sociedad y el derecho requieren.

I PLANTEAMIENTO

La función que debe cumplir hoy del derecho de daños —y casi todo el derecho privado de orden patrimonial— está sujeto a revisión. El principio del resarcimiento integral del daño está en franco retroceso, tanto desde consideraciones de justicia distributiva, como desde la justicia correctiva y preventiva[1]. De este modo, la justicia preventiva —tan típica del derecho penal— ha sido abordada desde el derecho administrativo y del derecho civil. Sintetizando, la tesis que fundaba el derecho de daños en el principio del resarcimiento integral del daño se ha visto afectada por el retroceso de la función preventiva, que cumplía del derecho penal. Es evidente que el Derecho penal ha renunciado a su función preventiva.

De esta forma, el derecho penal, por su afectación a la libertad individual, exige una tipificación legal muy estricta, como también una prueba mucho más exigente que la responsabilidad civil (más allá de cualquier duda razonable, como base de la presunción de inocencia)[2], que es incompatible con la justicia preventiva[3]. Nótese que la justicia preventiva se puede basar en una simple evaluación de proporcionalidad o probabilidad.

---

[1]   Este principio tiene sus orígenes en la *restitutio in integrum* y cuenta con una nutrida doctrina en el derecho chileno. Varios autores (RUZ (2009), pp. 661-677; DOMÍNGUEZ (2019), pp. 21-24).

[2]   VIVES (2007), pp. 166-188.

[3]   Por otra parte, esta función preventiva de los daños punitivos, como destaca SHARKEY, suele ir asociada a daños extendidos o de connotación social. Ello se evidencia con la consagración de esta figura en

Este retroceso de la función preventiva en Chile se aprecia en la consagración de los daños punitivos en una serie de materias. Así, por citar solo algunas, los daños punitivos se aceptan en las siguientes materias: (i) en el derecho de consumo, en la responsabilidad civil por transgresión a derechos colectivos o difusos (arts. 53, letra C y 24.5° de la Ley de Protección del Consumidor)[4]; (ii) en la responsabilidad por suspensión, interrupción o alteración del servicio telefónico (art. 27 inciso 2° de la Ley N° 18.168, General de Telecomunicaciones); (iii) en la indemnización por condena por prácticas antisindicales (art. 495, N° 3 del Código del Trabajo) [5] y (iv), finalmente, vía jurisprudencia en la responsabilidad civil a través del daño moral[6].

---

las *class action*, como ocurre en Chile en el derecho del consumo. BARCIA (2023), pp. 198-200. En este sentido, SHARKEY señala que esta figura opera fuera de las *class action* en los siguientes casos: "[t]hese non-class action cases are similar to class action cases in that punitive damages are in essence assessed on a putative 'class wide basis for harms actually or potentially inflicted upon numerous individuals. Two significant differences exist, however: (1) the absence of procedural and substantive protections accorded to a class action defendant, and (2) a windfall to an individual plaintiff (or group of plaintiffs)". SHARKEY (2003), p. 352.

[4] Varios autores (MUNITA (2018), pp. 97-113; (2022), pp. 607-617 y (2023), pp. 319-337; HERNÁNDEZ y PONCE (2022), pp. 63-107 y BARCIA (2023), pp. 197-210).

[5] GAMONAL (2017), pp. 223-244.

[6] La práctica jurisprudencial de recurrir a los daños punitivos, a través del daño moral, es antigua en el derecho chileno. Varios autores (PIZARRO (1996), p. 374; BARROS (2006), p. 218; PEREIRA (2015), pp. 63-64 y BARCIA (2023), p.198).

II CONCEPTO DE DAÑOS PUNITIVOS

Los daños punitivos son la cantidad de dinero a que es condenado un demandado, que exceden los daños propiamente tales (patrimoniales y morales), a favor ya sea del actor o parcial y/o totalmente a favor del Fisco, y que son una consecuencia de una sentencia condenatoria por responsabilidad civil. Si la condena es una consecuencia de la responsabilidad civil y la totalidad del monto va a beneficio fiscal no cabe confundir esta figura con una multa.

Lo que caracteriza a los daños punitivos es que son una consecuencia de la responsabilidad civil y no de la responsabilidad infraccional. Así, aunque la totalidad de los daños punitivos vayan a beneficio fiscal no se les debe considerar como una multa propia de la responsabilidad infraccional. En este sentido, la utilización de la palabra *daño* —en los daños punitivos— induce a error. Ello no solo desde que los daños punitivos pueden ser una forma de indemnizar el daño realmente producido (en los casos en que el sistema de responsabilidad civil falle), sino porque, aunque no cumplan con dicha función, deben ser aplicados a raíz del daño. Por eso precisamente que los daños inciertos no son una forma de daños punitivos[7], aunque excepcionalmente pueden separarse de la responsabilidad civil en los casos en que sustituyan totalmente al derecho penal o administrativo. Tampoco se ha

---

[7]　Ello se puede afirmar a pesar de que la lógica de los daños inciertos es la misma que la de los daños punitivos. Ambas figuras buscan prevenir un comportamiento antijurídico. La indemnización de los daños inciertos se justifica en áreas en que se debe actuar antes que el daño se produzca, como con los daños eventuales al medioambiente. En este caso operará la responsabilidad civil antes que el daño ocurra a través del principio de precaución, como destaca el profesor Domínguez Águila. DOMÍNGUEZ (2019), pp. 329-340.

entendido que los perjuicios agravados sean daños punitivos[8].
En todo caso, en estos supuestos, a lo menos se debe acreditar un reproche de imputabilidad propio de un hecho ilícito, o el incumplimiento contractual. Así sucede en el derecho norteamericano en los casos de ofensas, como humillación, insulto, etc.[9].

La reticencia a aceptar los daños punitivos, que también se había manifestado en la responsabilidad contractual, ha cedido en los países del *common law* muchas veces por consideraciones de equidad[10].

---

[8] En este sentido, VENOUR, a raíz del caso "In Uren v. John Fairfax & Sons'", señala que "[a]ggravated and punitive (or 'exemplary') damages are not the same thing". La sentencia diferenciaría estos conceptos en que los daños agravados obedecen a la forma en que se realiza en acto y no tienen un sustento disuasivo o moral. La verdad es que el argumento no es para nada convincente, ya que los daños agravados generarán naturalmente, *ex ante*, un incentivo a guardar la forma en los despidos. VENOUR (1989), p. 89. Por otra parte, estos daños agravados en muchos casos pueden ser considerados como daños morales, como casos de pérdida de la amenidad, pérdida de agrado o daños reputacionales.

[9] WEIGEL (1986), p. 121.

[10] En Chile, esta forma de daños punitivos, que se pueden calificar como *penales*, tiene cierto asidero en la asimilación de la culpa grave al dolo. Ello es evidente porque hay un aumento de la responsabilidad por cuanto el deudor responde de los daños directos previstos e imprevistos (arts. 44.2° y 1558.1° del Código Civil). Pero no se trata de daños punitivos ya que estos daños están considerados en la indemnización de perjuicios; en cambio, como se ha analizado, los daños punitivos —en la concepción de daño punitivo como sanción— se exceden los perjuicios. Este tema es realmente interesante pues en los países del *common law* precisamente la negligencia *enorme* autoriza al juez para aplicar daños punitivos. En este sentido, WEIGEL destaca el fallo de *The Texas Supreme Court in Missouri "Pacific Railway Co. v. Shuford"* por el cual se condena por "*exemplary damages*" en el caso de "*gross negligence*".

III LA FUNCIÓN CORRECTIVA, POR UNA PARTE, Y DISUASIVA Y ÉTICA, POR LA OTRA, COMO FUNDAMENTO DE LOS DAÑOS PUNITIVOS[11]

Los daños punitivos corresponde aplicarlos como un sistema de prevención de daño, por ello se les suele denominar también *daños ejemplares*. Pero, además de esta situación, los daños punitivos operan cuando el sistema de responsabilidad civil clásico —fundado sobre el principio del resarcimiento in-

---

WEIGEL se refiere a un segundo fallo: *The Texas Supreme Court in "Texas Pacific Coal & Oil Co. v. Robertson"*. Esta sentencia adicionaría que esta culpa debe ser *"positive or affirmative"*, no bastando la negligencia ordinaria (*"ordinary negligence"*) para dar lugar a los daños punitivos. WEIGEL (1986), p. 124 y pp. 125 y 126, respectivamente.

[11] Uno de los aspectos más interesante del derecho, entendido de forma más científica, es el aporte y la tensión que se genera entre las ciencias jurídicas —entendidas por parte de la doctrina como un arte o ciencia autónoma— y una concepción del derecho más interdisciplinaria, que se alimenta de la economía y la filosofía. A esta tensión no es ajena la responsabilidad extracontractual y en especial el derecho de daños. En este sentido, se puede recurrir a las claras palabras de ZIPURSKY, cuando señala que: "[a]nd so it is that a basic common law subject like Torts has turned into a battleground 'law-and-scholars' with scholars of law and economics pushing efficiency theories on one side and legal philosphers pushing corrective justice theory on the other". ZIPURSKY (2012), p. 1757.

tegral del daño— falla[12][13] . Así, el sistema de responsabilidad civil puede no cumplir la función preventiva o disuasiva, o incluso reparatoria (función ética), que el derecho exige, por lo que los daños punitivos jugarían como un mecanismo de aseguramiento o corrección del sistema de responsabilidad civil[14].

La concepción de los daños punitivos, de Polinsky y Shavell, juega en caso de que el sistema de responsabilidad civil en su concepción clásica falle. En este sentido, la fórmula para la determinación del daño punitivo sería bastante sencilla: "*calculating punitive damages, according to which harm is multiplied by a factor reflecting the likelihood of escaping liability*"[15]. En realidad, esta forma de entender los daños punitivos no es diferente

---

[12]   POLINSLY y SHAVELL, en tal vez el artículo más conocido respecto de los daños punitivos, señalan: "[p]unitive damages should be imposed when deterrence otherwise would be inadequate because of the possibility that injurers would escape liability". POLINSKY y SHAVELL (1998), pp. 869-962. En igual sentido, FRIEDMAN señala: "[u]nder the traditional common law, punitive damages were available for reckless or deliberate torts. The result would be to raise the expected damages above those in other cases, which, if my previous analysis is correct, corresponds to the efficient rule". FRIEDMAN (1989), p. 1137. En todo caso, la respuesta de FRIEDMAN a este problema dependerá de la elasticidad de la demanda en torno a lo sensible que sea el victimario con relación a la indemnización de perjuicios o la pena.

[13]   Los daños punitivos pueden tener distintas funciones, como las siguientes: (a) la función preventiva: la posibilidad de ser capturado e intensidad el castigo; (b) la eliminación de la ganancia del infractor; (c) los casos de separación del daño y la potencialidad del daño; (d) consideraciones éticas superiores en cuyo caso el daño punitivo cumple una función ético moral. BARCIA (2023), pp. 205-207.

[14]   Estas funciones son ya reconocidas por SCHULKIN cuando señala: "[p]unitive damages' have long been recognized as a means of punishing malicious, reckless, or grossly negligent wrongdoing and of deterring such future actions". SCHULKIN (1979), p. 1797.

[15]   POLINSKY y SHAVELL (1998), p. 954.

de los modelos de imputabilidad objetiva, que se basan en el daño probable. Pero también procederían los daños punitivos en caso de daños maliciosos. En este caso no tendría solo una función disuasiva, sino también sancionadora. Como destaca García en estos casos los daños punitivos cumplirían un rol de justicia correctiva social y no individual[16]. Ahora bien, ello también se genera cuando existen criterios de imputabilidad objetivos, aunque débiles[17]. Nótese que si ello no es de esta forma, los daños punitivos simplemente se transformarían en un mecanismo de justicia distributiva, como si suponemos que el victimario es el rico —o la parte fuerte— y la víctima es el pobre o la parte débil[18], o siempre se indemniza a una minoría o grupo desfavorecido. En este sentido, los daños punitivos po-

---

[16] En este sentido, GARCÍA señala que: "[v]isto de esta manera, la determinación de la cuantía de los punitive damages es una buena oportunidad para internalizar el costo sufrido por las víctimas que no logran ir a juicio, o de hacerlo, pierden el caso. Solo si el demandado es obligado a internalizar todo el costo social generado, entonces se logrará un verdadero efecto disuasivo. Tengamos en cuenta que la idea de los daños sociales no se enfoca en la función punitiva de los punitive damages, sino en la compensatoria, pero no compensatoria privada sino en la compensatoria social". GARCÍA (2019), p. 218. En realidad, este párrafo es contradictorio por cuanto acá lo que se supone es que se cumpliría una función correctiva, pero débil.

[17] Los criterios de imputabilidad objetivo —como también la responsabilidad objetiva— y la extensión del daño moral son formas de generar incentivos de comportamiento regulatorio, que cubran las fallas del sistema de responsabilidad civil. Así, por ejemplo, se puede entender que en Francia, a pesar del rechazo a los daños punitivos, logra que el sistema de responsabilidad civil funcione a través de estos mecanismos. CLERC-RENAUD (2019), pp. 65-82.

[18] Este inconfesado sustento distributivo de la indemnización de perjuicios puede ser fácilmente puesto en tela de juicio, puesto que la compensación de la víctima supone el empobrecimiento del victimario. Por lo tanto, un sustento de esta clase —bastante pobre,

drían ser cubiertos por un sistema de seguro, aunque con ello se puede afectar su función disuasiva[19]. Así, como he sostenido en otro trabajo, el otro rol reconocido a los daños punitivos es una función disuasiva, que desplaza al derecho penal[20].

La función ética comprende varios supuestos. Por ejemplo, como destaca García, ella puede comprender el pagar por el daño, como si un vecino causa una ofensa sabiendo que se le aplicará un indemnización o multa baja[21]. La idea para García sería aplicar la regla de la responsabilidad como una regla de inalienabilidad, que establecería una pena alta que impediría la transgresión. También la condena por daños punitivos puede ser un incentivo a la litigación para simplemente dilatar. De este modo, en algunos estados de Estados Unidos se carga al condenado con parte de los honorarios de los demandantes y la cantidad obtenida por indemnización de perjuicios, y ello *ex ante* es un incentivo para no litigar de forma aventurada[22]. Así,

---

por cierto— se hace insostenible en los daños punitivos. MORRIS (1931), pp. 1173-1174.

[19] Los seguros, en el sistema de responsabilidad civil, pueden conducir a una conducta riesgosa, que se puede combatir con los deducibles o con aspectos administrativos que hagan que el victimario ocupe un nivel de cuidado adecuado.

[20] La sustitución del derecho penal por el derecho civil —a través de los daños punitivos— se aplica desde antiguo en el derecho estadounidense. Así, los daños punitivos son tratados como: *punitive, vindictive,* o *"exemplar" damages,* o *smart-money.* SHARKEY (2003), p. 350. Este rol es reconocido en el derecho estadounidense, por ZIPURSKY cuando señala: "[b]ut American punitive damages law today-and for the past several decades-has included a robust conception of punitive damages as a criminal or quasi-criminal idea that envisions the imposition of damages as a deterrent and retributive sanction imposed by the state, on the occasion of a plaintiffs private law suit". ZIPURSKY (2005), p. 170.

[21] GARCÍA (2019), p. 34.

[22] TRICKETT (2011), pp. 1482-1483.

en los casos en que la responsabilidad civil es clara, el futuro demandante tendrá un incentivo para litigar y evitará hacerlo en los casos en que sea probable que el juicio le sea adverso.

IV LOS DAÑOS PUNITIVOS REDUNDANTES O EXCESIVOS

Los daños punitivos disuasorios, en la medida que no sean provocados por una acción de responsabilidad colectiva, podrían ser redundantes. Como destaca Huang, la función preventiva, o incluso la ética (como una forma de daños punitivos puros), puede ser excesiva (*redundant punitive damages*)[23]. Ello se daría en la medida que los daños punitivos se apliquen a favor de varios demandantes (en causas diferentes), y/o que se dispusiera una sanción que vaya más allá del incentivo a un comportamiento adecuado o deseado[24].

Los casos en el derecho estadounidense de exageración en los montos de daño punitivos han dado lugar a una importante jurisprudencia revocatoria de la Corte Suprema de Estados Unidos de América[25]. Así, los daños punitivos han causado pro-

---

[23]   HUANG distingue entre daños punitivos fijos (*fixed*) y variables (*variables*). El daño fijo es aquel que evita *ex ante* la conducta indeseada, de tal forma que no es conveniente conceder más daños punitivos. En este sentido la función disuasiva dependerá de la compensación total, indemnizatoria y por daños punitivos. Esto podría ser un problema si por ejemplo otro juzgado condena al demandado por daños punitivos por otra suma, entonces, para HUANG, se generaría un daño redundante. HUANG (2014), pp. 1034 y 1035.

[24]   HUANG (2014), p.1029.

[25]   Así, la sentencia de la Corte Suprema estadounidense, en el caso *"State Farm Mutual Automobile Insurance Co. v. Campbell"* —en que se condenó al demandado por la suma de US 145 millones por concepto de daños punitivos, siendo los daños compensatorios por

blemas de constitucionalidad y de legalidad. Las críticas a este concepto, desde una mirada constitucional, dicen relación con que se les pueden considerar como *una pena* y, en dicho caso, se debería recurrir a criterios de tipicidad y de estándares probatorios superiores a la responsabilidad civil.

En realidad, esta discusión se ha resuelto más bien a favor de analizar los daños punitivos (en cuanto a su procedencia y monto) como un problema de legalidad, más que de constitucionalidad[26]. Ello se ha hecho así desde que hay buenas razones de interés público, o bienestar social, para acoger la figura de los daños punitivos como una consecuencia de la responsabilidad civil. En cambio, los daños punitivos serían un proble-

---

solo US 1 millón—, rebajó sustancialmente los daños punitivos por infracción a las reglas del debido proceso. SHARKEY (2003), p. 349. En este sentido, el fallo precedente de la Corte Suprema resuelve que: "[t]e size of a punitive damages award should be decided according to the severity of the defendant's conduct, the difference between the plaintiff's actual harm and the size of the punitive damages award, and the difference between the punitive damages award and the civil penalties available in similar situations. In general, punitive damage awards should not exceed single-digit multipliers of the compensatory damages award, unless compensatory damages are nominal". Completar fuente. Disponible en: https://supreme.justia.com/cases/federal/us/538/408/ [visitado el 8 de mayo del 2023].

[26]   En el derecho estadounidense, ZIPURSKY señala que: "[y]et until the 1990s, punitive damages triggered virtually no constitutional protection whatsoever, and even now such protection remains quite minimal-certainly a far cry from that afforded even the most minimal criminal sanction. The reason for the near-immunity from scrutiny for punitive damages awards has been, of course, that punitive damages are nominally civil and nominally part of private tort cases. But in a legal system that regularly cautions against elevating form over substance, it is peculiar that there has been near-immunity for what are openly labeled forms of 'punishment'". ZIPURSKY (2005), p. 106.

ma de constitucionalidad en la medida en que las razones en que se sustentan fallan. En dicho caso la figura no tendría una justificación más allá de la responsabilidad administrativa.

Nótese que se trata de supuestos diferentes, como si la ley o el juez establecen que los daños punitivos solo se justifican como una sanción infraccional y no como una corrección al sistema de responsabilidad civil basado en consideraciones correctivas o distributivas. En este sentido, es relevante el fallo de la Corte Suprema estadounidense *"BMW of North America, Inc. v. Gore"*, de 1996, por el cual el *quantum* del daño punitivo es revisado, conforme con los siguientes tres criterios basados en el debido proceso:

a) el grado de reproche de la conducta del demandado;

b) la relación entre la indemnización otorgada (daño real o potencial infligido al demandante); y

c) la comparación de la indemnización por daños y perjuicios y las sanciones civiles o penales que podrían imponerse por faltas de conducta comparables.

Este caso aparece tratado como una aplicación excesiva o injustificada de los daños punitivos, o sea, un caso en que, conforme con lo indicado, se viola la garantía constitucional del debido proceso. De alguna forma no se trataría de un daño punitivo, sino de una sanción penal o administrativa[27].

---

[27]   Nótese que aquí la línea de diferenciación es delgada porque se ha resuelto también que los daños punitivos no deben exigir un estándar de prueba similar a los propios del derecho penal. Ello no es incompatible con lo acá señalado desde que en los casos de violación de las reglas del debido proceso no se trata en realidad de daños punitivos. En el fallo *"Pacific Mut. Life Ins. Co. v. Haslip"*, como destaca MCKOWN, los daños punitivos no exigen un estándar equiparable al Derecho penal, como "clear and convincing evidence" o "beyond a reasonable doubt". MCKOWN (1995), p. 454.

En este juicio, el Dr. Gore, compró un BMW aparentemente nuevo, cuando en realidad se trataba de un auto que tenía un daño menor (estaba repintado por la empresa vendedora). Por ello, demandó a BMW de América del Norte, que señaló que ellos vendían coches dañados como nuevos en la medida que el daño no se extendiera más allá del 3 % del valor del vehículo. El actor obtuvo US 4.000 en daños compensatorios y USD 4 millones por daños punitivos, siendo rebajados los daños punitivos por la Corte Suprema de Alabama a USD 2 millones[28].

Los daños punitivos, en estos casos, se presentan como una sobrerreacción del ordenamiento jurídico. El tema es relevante desde que los daños punitivos, al ser excepcionales, deben tener unos contornos y límites precisos[29], de lo contrario no solo se corre un peligro regulatorio, sino también de lo que se podría denominar de justicia material.

---

[28]   ZIPURSKY explica el fallo señalando que "[f]or a 5-4 majority, Stevens reversed, but did not rely on the Eighth Amendment or on any particular defect of Alabama civil procedure. Rather, he simply decided that there were notice difficulties implicating the Fourteenth Amendment's Due Process Clause for a verdict that was so excessive relative to plausible guideposts of reprehensibility, proportionality to (or disparity from) actual or potential harm suffered, and comparable statutory sanctions". ZIPURSKY (2005), p. 109.

[29]   MORRIS destaca que los daños punitivos deben ser excluidos en los casos de imprudencia de la víctima o superposición de penas. MORRIS (1931), p. 1209.

V LOS DAÑOS PUNITIVOS EXIGEN UN *SPLIT-RECOVERY SYSTEM* QUE DISTINGUE ENTRE DAÑO, PROPIAMENTE TAL, Y DAÑO PUNITIVO

Independientemente de lo señalado previamente, para aplicar un sistema de daños punitivos disuasivos, se señala que se debe distinguir claramente qué parte de la compensación a la que es condenado el victimario corresponde a la indemnización de perjuicios y qué cantidad corresponde a daños punitivos[30]. Lo anteriormente indicado es relevante porque, si bien el victimario tendrá un incentivo para negociar y no a ir a juicio, la víctima sabe que si el victimario pierde el juicio deberá pagar una suma mayor —que la que corresponde por el daño efectivamente producido, precisamente por la aplicación de los daños punitivos—, y esto incentivará a que la víctima solo transe por una suma superior al daño, pero inferior a la totalidad del daño, más el daño punitivo (ello sucederá si la victima quiere quedarse con una parte de los daños punitivos, lo que es muy probable que ocurra)[31].

Esto puede ser un problema desde dos puntos de vista. El primer problema será de justicia distributiva, sobre todo, como ocurre en el derecho estadounidense, cuando los daños punitivos favorecen al Estado (aunque si los recibe totalmente la víctima, igualmente se cumplirá la función disuasiva).

---

[30]   La legislación estatal de Alaska establece un *split-recovery statute* de 50 % de los daños punitivos a un fondo estatal. Sin perjuicio de lo anterior, se han suscitado problemas de constitucionalidad respecto de estas penas. DODSON (2000), pp. 1351-1352.

[31]   Este efecto es reconocido por LIUZZO en los siguientes términos: "[t]he second point to be made is that once the case is commenced, the presence of punitive damages makes it less likely that the case will be settled before trial. Settlement is important to society since it reduces court congestion and thus saves tax dollars". LIUZZO (1993), p. 61.

Este problema, que analiza la doctrina estadounidense, dice relación con la justicia distributiva. El tema no deja de ser interesante desde que si se llega a un acuerdo —después de un largo juicio— se puede plantear el daño punitivo como una forma de resarcimiento para los contribuyentes, y de esta forma la víctima se estaría apropiando de lo que le corresponde al Estado a través de un acuerdo entre las partes[32]. Ello se debe a que el Estado no sería compensado de los costos del litigio[33].

Pero existe también un segundo problema que se presenta cuando la suma acordada es menor que la correspondería por daños punitivos; entonces se ha entendido que los daños punitivos no cumplirán su función disuasiva. Ello sería de esta forma desde que *ex ante* puede generarse un incentivo para no ir a juicio por parte del victimario, que sabe que los daños punitivos no cumplirían el rol correctivo en torno, por ejemplo, a una eventual prueba del proceso.

Las objeciones precedentes deben balancearse aplicando criterios de justicia distributiva, sobre todo, con relación a los costos terciarios[34]. Los costos terciarios comprenden los costos de litigación. Los abogados solemos pensar que los tribunales son gratis, pero son costosos. Los ciudadanos son los que los fi-

---

[32] Ello es evidente desde los daños punitivos cuando se enteran a favor del Fisco, en principio, abaratan la administración de la justicia. DODSON explica este fenómeno señalando que si por ejemplo la evaluación del daño es $50.000 y de los daños punitivos, $50.000, el incentivo de la víctima para llegar a un acuerdo no es $50.000 (el daño), sino una suma entre $75.000 y $100.000. DODSON (2000), pp. 1351-1352.

[33] Nótese que en este supuesto la víctima no llega a tribunales por cuanto en este sentido hay un ahorro fiscal, entonces, ¿cuál sería el coste del fisco? Naturalmente que sería el proveer de justicia, ya que gran parte de este costo es fijo.

[34] CALABRESI y MELAMED (1972).

nancian mediante impuestos, por tanto, es razonable que estos costos los asuma la parte que ha perdido el litigio[35].

Dichos costos también comprenden los tiempos de litigación o las ineficacias que genera el proceso. Aspectos que no se toman en cuenta en las costas judiciales. Estos costos, por tanto, deberían ser asumidos por el condenado en la sentencia condenatoria (ellos son independientes al daño y de los daños punitivos). Pero la solución no es fácil pues en caso de diferenciarse entre daños, daños punitivos y pago real de las costas, puede generarse un incentivo para una litigación mucho más allá de lo deseable u óptimo.

Se pueden plantear dos soluciones para este problema: que el pago de las costas para el demandante vencido contemple una sanción por daño punitivo (solo por demandas temerarias); ello disuadirá de presentar demandas temerarias, pero también es posible que parte del daño punitivo o de las costas no vayan al actor, sino que vayan a beneficio fiscal[36]. Nótese

---

[35]   En este sentido, los daños punitivos generan un incentivo a disminuir los costos de litigación —si ellos reducen las conductas reprochables—, pero también tienden a aumentarlos a causa de la mayor litigiosidad asociada a los aumentos de pena. En este sentido FRIEDMAN señala que: "[t]hus increasing the size of a punishment simultaneously increases litigation costs (or enforcement, litigation, and punishment costs in the criminal case) per offense, and decreases the number of offenses. Total cost (cost per offense times number of offenses) may go up or down". FRIEDMAN (1989), p. 1132.

[36]   Esta última solución es planteada por POLINSKY y SHAVELL que señalan que "[t]he second point is that punitive damages generally should not be augmented for the purpose of inducing suits that otherwise might not be brought because of the cost of litigation. Raising the probability of suit is usually unnecessary to achieve proper deterrence, and encouraging suits has the disadvantage of increasing the litigation costs borne by society. Indeed, we argue that a policy adopted in many states of decoupling punitive damages giving the plaintiff only a fraction of the punitive damages paid by the de-

que no se trata solo de un tema de costos, sino también de justicia, ya que el sistema en su conjunto se hace más eficiente. En otras palabras, la víctima está más protegida si la justicia llega a tiempo (al bajar la judicialización), y se evitarían demandas temerarias.

CONCLUSIONES

Los daños punitivos se aceptan en Chile en ciertos estatutos regulatorios particulares, en que juegan un rol fundamentalmente sancionatorio, como en el derecho del consumo, la suspensión, interrupción o alteración del servicio telefónico, o las prácticas antisindicales. Pero los daños punitivos, como ha señalado la doctrina, también se aplican en el derecho común de forma encubierta. Así, se aplican a través del daño moral, la extensión de los criterios de imputabilidad objetiva, que amplían la responsabilidad, etc.

Sin embargo, para determinar cómo juegan los daños punitivos, se han destacado las distintas funciones que pueden cumplir. Y, conforme con ellas, se ha analizado si efectivamente pueden cumplir la función que se les ha encomendado.

En este sentido, se aprecia la necesidad de consignar en la sentencia qué es lo que se atribuye a daños propiamente tales y qué se atribuye a daños punitivos, como también de considerar los costos terciarios y la necesidad o no de su establecimiento.

---

fendant, with the remainder going to the state may be desirable because it can reduce the volume of litigation without compromising deterrence". Posteriormente, los autores señalan que esta solución se presenta en algunos estados, que solo otorgan un porcentaje del daño punitivo a la víctima (algunos un 25 %, otros un 50%). POLINSKY y SHAVELL (1998), p. 921 y p. 923.

También eventualmente se pueden calificar los daños punitivos como excesivos de forma constitucional —en caso de que no revistan ninguna de las justificaciones que se han analizado—. En este supuesto, en realidad no se trata de daños punitivos, por tanto, se debe aplicar un estándar propio del derecho administrativo o del derecho penal. El monto de los daños punitivos también pueden ser exagerados, en cuyo caso deberían ser rebajados. Su exceso será determinado conforme con la funcionalidad que cumplan, que otorgará criterios conforme a los cuales se puede morigerar su monto.

BIBLIOGRAFÍA CITADA

BARCIA LEHMANN, Rodrigo (2023): "Capítulo X: Los daños punitivos en el sistema de responsabilidad civil y los derechos del consumidor", en: ed. Barona Vilar, Silvia y dirs. Barona Vilar, Silvia y Barcia Lehmann, Rodrigo Derecho del consumo y protección del consumidor sustentable en la sociedad digital del siglo XXI (Santiago, Ediciones Universidad Autónoma de Chile), pp. 197-210.

CALABRESI, Guido y MELAMED, A. Douglas (1972): "Property Rules, Liability Rules, and Inalienability: One View of the Cathedral", en: Harvard Law Review (vol. 85, N° 6), pp. 1.089-1.128 (versión traducida en: Estudios Públicos N° 63, invierno, 1996).

CLERC-RENAUD, Laurence (2019): "El principio de reparación integral confrontado con las funciones de la responsabilidad civil: origen, fundamento y valor constitucional", en: ed. Domínguez Hidalgo, Carmen, El principio de reparación integral en sus contornos actuales (Santiago de Chile, Thomson Reuters,), pp. 65-82.

DODSON, Scott (2000): "Assessing the Practicality and Constitutionality of Alaska's Split-Recovery Punitive Damages Statute", en: Faculty Publications (N° 719), pp. 1335-1369.

DOMÍNGUEZ HIDALGO, Carmen (2019): "Los principios que informan la responsabilidad en el Código Civil: versión original y mirada presente", en: ed. Domínguez Hidalgo, Carmen, El principio de reparación integral en sus contornos actuales (Thomson Reuters, Santiago de Chile), pp. 13-43.

FRIEDMAN, David, (1989): An Economic Explanation of Punitive Damages, en: Alabama Law Review (vol. 40, 1125), pp. 1125-1142.

GAMONAL CONTRERAS, Sergio (2017): "Daños punitivos y prácticas antisindicales", en: Revista de Derecho Universidad Católica del Norte, Estudios (Año 24–N° 1), pp. 223-244.

GARCÍA LONG, Sergio (2019): La Función Punitiva en el Derecho Privado (Perú, Facultad de Derecho, PUCP, Instituto Pacífico SAC).

HERNANDEZ PAULSEN, Gabriel y PONCE-MARQUEZ, Matías (2022): Daños punitivos, especialmente para proteger el interés colectivo o difuso de los consumidores", en: Revista chilena de derecho Privado (N.° 38), pp. 63-107.

HUANG, Bert I. (2014): "Surprisingly Punitive Damages", en: Virginia Law Review (vol. 100), pp. 1027-1059.

LIUZZO, Anthony (1993): "Punitive Damages: Policies and Problems" en: Legal Econ, pp. 53-64.

MCKOWN, James R. (1995): "Punitive Damages: State Trends and Developments", en: The Review of Litigation (vol. 14, N.° 419), pp. 420-463.

MORRIS, Clarence (1931): "Punitive Damages in Tort Cases", en: Harvard Law Review (vol. XLIV June, N.° 8), pp. 1173-1209.

MUNITA, Renzo (2022): "Los daños punitivos y su tratamiento en la LPC", en: ¿eds.? Isler Soto, Erika y Fernández Ortega, Felipe, GPS Consumo–guía profesional (Tirant Lo Blanch, Valencia, España), pp. 607-617.

MUNITA MARAMBIO, Renzo (2018): "Sobre la función sancionadora de la responsabilidad civil. El derecho del consumo, elemento de un fenómeno que se impone", en: López Días, Patricia y Cortez López, Hernán (editores), Estudios de Derecho del Consumidor II, VIII Jornadas de Derecho de Consumo (Santiago de Chile, Rubicón), pp. 97-113.

MUNITA MARAMBIO, Renzo (2023): "Nota sobre la relación entre el art. 24 inc. 5to y el Art. 53 [C], letra C de la Ley 19.496; con especial interés en la agravante relativa al riesgo a la seguridad de los consumidores", en: Walker Silva, Nathalie y Schiele Manzor (editores), Carolina, Estudios de Derecho del Consumo IV, X Jornadas Nacionales de Derecho Consumo, Facultad de Derecho, Universidad Andrés Bello (Valencia, España, Tirant Lo Blanch), pp. 319- 337.

346   Rodrigo Barcia Lehmann

PEREIRA FREDES, Esteban (2015): "Un alegato a favor de las consideraciones punitivas en el Derecho privado", en: Revista de Derecho. Escuela de postgrado (N.° 7, Julio), pp. 61–78.

PIZARRO, Ramón Daniel (1996): Daño moral. Prevención. Reparación. Punición. El daño moral en las diversas ramas del Derecho (Buenos Aires, Hammurabi).

POLINSKY, A. Mitchell y SHAVELL, Steven (1998): "Punitive Damages: An Economic Analysis", en: Harvard Law Review (Feb., vol. 111, N.° 4), pp. 869-962. Disponible en: https://www.jstor.org/stable/134200 [5 de mayo del 2023], pp. 869-962.

RUZ LÁRTIGA, Gonzalo (2009): "La reparación integral del daño: ¿mito o realidad?", en: PIZARRO, Carlos (coordinaros), Estudios de Derecho Civil IV, Jornadas Nacionales de Derecho Civil, Santiago de Chile, Legal Publishing), pp. 661-677.

SHARKEY, Catherine M. (2003): Punitive Damages as Societal Damages, The Yale Law Journal (¿vol. N.°? 113), pp. 347-453.

SCHULKIN, Alan (1979): Mass Liability and Punitive Damages, Overkill, en: The Hastings Law Journal (July), pp. 1797-1814.

TRICKETT, Rachel D. (2011): Punitive Damages: The Controversy Continues, en: Oregon Law Review (vol. 89), pp.1475-1500.

VENOUR, David E. R. (1988): "Punitive Damages in Contract", en: Canadian Journal of Law and Jurisprudence (vol. 1, N.° 1, January), pp. 87-104.

VIVES ANTÓN, Tomás S. (2007): "Más allá de toda duda razonable", en: Teoría & Derecho" (N.° 2), pp. 167-188.

WEIGEL, Charles J (1986): "Punitive Damages in Medical Malpractice Litigation", en: South Texas Law Review (¿vol. N.°? 119), pp. 119-138.

ZIPURSKY, Benjamin C. (2005): "A Theory of Punitive Damages", en: Texas Law Review (vol. N.° 84:105), pp. 106-171.

ZIPURSKY, Benjamin C. (2012): "Palsgraf, Punitive Damages, and Preemption", en: Harv. L. Rev. (vol. N° 125: 1757), pp. 1757-1797.

Normas jurídicas citadas

Arts. 53, letra C y 24.5.° de la Ley N° 19.496 sobre de Protección al Consumidor. Diario Oficial, 7 de marzo de 1997.

Art. 27, inciso 2° de la Ley General de Telecomunicaciones, N° 18.168. Diario Oficial, 2 de octubre de 1982.

Art. 495, N° 3 del Código del Trabajo. Diario Oficial de 16 de enero del 2003.

Jurisprudencia citada

Estados Unidos

State Farm Mut. Automobile Ins. Co. v. Campbell, 538 U.S. 408 (2003).

BMW of North America, Inc. v. Gore, BMW of North America, Inc. v. Gore, 517 U.S. 559 (1996).

Pacific Mut. Life Ins. Co. v. Haslip, 499 U.S. 1, 23 n.11 (1991)

The Texas Supreme Court in Missouri "Pacific Railway Co. v. Shuford", 72 Tex. 165, 170, 10 S.W. 408, 411 (1888).

Texas Pacific Coal & Oil Co. v. Robertson, 125 Tex. 4, 79 S.W.2d 830 (1935).

High Court of Australia: In Uren v. John Fairfax & Sons'" 40 A.I.J.R. 124 (1960).

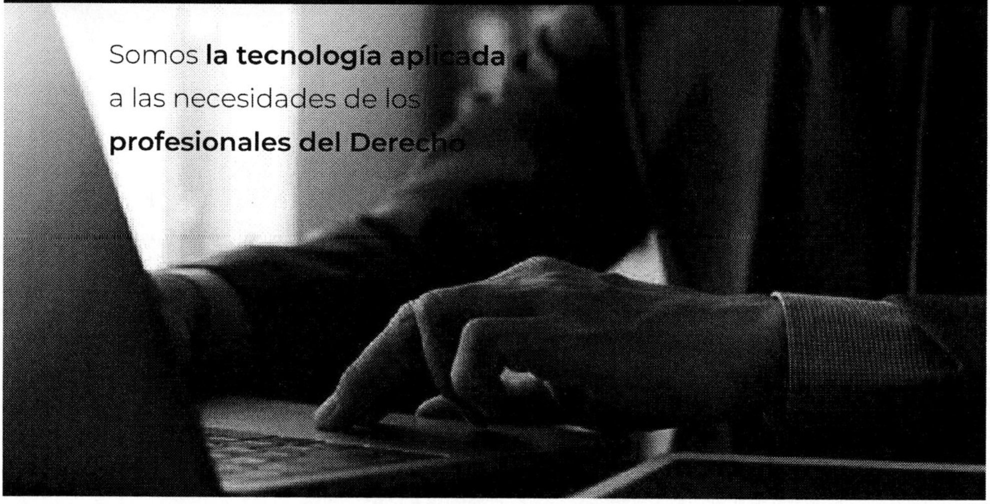